DE FATALE STAAT

De fatale staat

Over de politiek noodzakelijke verzoening met tragiek

P.H.A. FRISSEN

vangennep
amsterdam

Eerste druk augustus 2013

Nieuwezijds Voorburgwal 330, 1012 RW Amsterdam

Beeld omslag Armando, *Fahne*, 225 x 175 cm, 1980/1981.
Permanente bruikleen van Tony de Meijere aan het Kröller-Müller Museum
Ontwerp omslag Erik Prinsen
Foto auteur Renée Frissen

Drukwerk Ten Brink, Meppel
ISBN 9789461642400 / NUR 740

www.uitgeverijvangennep.nl

Aan Pieter Smals (1949 – 2012)

Seen the troubles and the evils of this world – I've seen the stretches between godliness and sin – I've heard the promise and confessions of good Faith – And hypocrisy that always lies within – And they left it for you, all of this for you – And they left it for you, all of this for you

JOY DIVISION, *The Drawback*

Inhoud

III
De politieke orde hersteld

Proloog

'En dan begint het grote gevecht tegen het lot. Het grote gevecht tegen de weg. Het grote gevecht tegen de dingen die nu eenmaal zijn zoals ze zijn. Het ligt in de natuur van de dingen besloten dat ze zijn zoals ze zijn. Wanneer we ermee in gevecht gaan, zullen we lijden. Laios begint een gevecht. Hij neemt zich voor nooit kinderen te krijgen. Nooit zal zijn vrouw zijn moordenaar baren. Daar wil hij eigenhandig voor zorgen. Maar de dingen laten zich niet regeren. De dingen zijn zoals ze zijn en zo zal het altijd blijven.'[1]

Waarom weigeren we tragiek te aanvaarden?

De bezoekster van het popfestival waar een orkaan heeft toegeslagen vraagt zich verontwaardigd af waarom de organisatie geen meteoroloog in dienst heeft. Het Kamerlid eist beleid tegen pesten op school. De wetenschapper waarschuwt voor de laatste keer: als zijn oplossing niet verplicht wordt voorgeschreven, valt het leed niet te overzien. Het consultatiebureau bestookt jonge ouders met vragenlijsten, protocollen en kinddossier om risico's zo spoedig mogelijk op te sporen. En de burger eist bescherming tegen alle soorten pech.

1 Zo spreekt het koor in de *Oedipus* van Oscar van Woensel, gespeeld door RO Theater in het seizoen 2012-2013

Dat de wereld fundamentele tekortkomingen kent, lijken we steeds minder te aanvaarden. Zelfs al kunnen we tenminste vermoeden dat deze tekortkomingen gevolg zijn van ons eigen handelen verdragen we ze niet. Alle leed, pech en risico moeten worden uitgebannen. Veiligheid is een nationale obsessie. We richten er onderzoeksraden voor in, stapelen toezicht op toezicht en schrijven op dat als de overheid geen fouten meer maakt, er ook geen slachtoffers zullen vallen. In de zorg kennen we zelfs het fenomeen van vermijdbare sterfgevallen. Methodologisch houdt dat natuurlijk geen stand en ook elke rechter zal er korte metten mee maken, maar ministers kunnen er zomaar over struikelen.

Dat de menselijke conditie er een is van tragiek, lezen we graag in de Griekse tragedies, maar aanvaarden we niet in ons maatschappelijk bestaan. Natuurlijk, in het persoonlijke leven moeten we wel pech, leed en ramp verdragen. Toch eisen we al snel bescherming en verzekering tegen dergelijk ongemak. Zelfs als we bewust risico's opzoeken verwachten we dat de staat beschermengel speelt. En als dat allemaal toch niet helpt, verwachten we dat dezelfde engel ons redt.

Na de antieken zijn de grote wereldreligies ons komen vertellen dat verlossing wacht in het paradijs. Door de erfzonde toonde de mens zijn hoogmoed. Die kon niet onbestraft blijven – de mens brengt zichzelf ten val. Dat is echter geen onvermijdelijke tragiek of noodlot, laat staan goddelijke wispelturigheid. De goddelijke voorzienigheid brengt immers het heil, zodat er altijd hoop is en uiteindelijk de troost van de verzoening. Natuurlijk, sommige geloven kennen slechts een wrekende en genadeloze god, maar ook dan wacht de uitverkorenen de verlossing.

Met de komst van de moderniteit zijn we deze verlossing gaan zoeken in de oplossingen van de maakbaarheid. Het geloof daarin leek in politieke theorie en sociale wetenschap ernstig gerelativeerd, maar is in de politieke en bestuurlijke praktijk terug als nooit tevoren. De technocratie van de moderne beleidsvoering heeft van de wetenschappelijke kennis en filosofische reflectie geen alleszins te rechtvaardigen bescheidenheid geleerd, maar is veeleer geëxplodeerd in ongebreideld interventionisme. In de moderniteit verwachten we dat de waarheid ons op aarde brengt wat daarvoor de religie in het hiernamaals beloofde: het goede leven, waarin de tragiek van het bestaan is opgeheven. Er is dus een continuïteit tussen christendom en modernistisch geloof, dat wist Weber al.

De populistische uitdaging

En nu is er dan de opmerkelijke uitdaging van het populisme. Zonder geïnteresseerd te zijn in rationele onderbouwing formuleert het bij voortduring radicale oplossingen voor het leed dat door de ander en het andere over ons komt. Deze tragiek van de wereld wordt nog bevorderd door de samenzwering van de elites die de wil van het volk miskennen. Belangrijkste politieke opgave is deze wil weer op de troon van de macht te zetten. Dan kunnen we van de tragiek worden verlost in het hier en nu.

De populistische boodschap is daarom zo krachtig, omdat het populisme ten volle symbolisch durft te zijn. Onredelijkheid, in de dubbele betekenis van irrationaliteit en onmatigheid, is zijn handelsmerk. Het is een vitalistische stroming, waarin de emotie authentieke bron van waarheid is. Het populisme kan daarom het verwijt van symboolpolitiek met een gerust hart negeren. Het weet immers dat de politieke orde eerst en vooral een symbolische orde is.

De traditionele politiek van de moderniteit met zijn technocratisch repertoire heeft daarop geen antwoord behalve een uitbreiding en intensivering van ditzelfde repertoire. Tussen traditionele en populistische politiek is de verbindende schakel de weigering tragiek te aanvaarden. De antwoorden worden gezocht in ofwel de waarheid van de interventiestaat ofwel de moraal van een ongedeeld volk.

Al lang dromen we in praktijk en theorie van de politiek over het ideaal van consensus, over de juiste weg, of die ons nu naar de waarheid leidt of het goede leven brengt. Wij moderne mensen lijken er zelfs van overtuigd dat de waarheid het goede leven is, en omgekeerd. Conflicten over kwesties van leven en dood, van verdeling en herverdeling, van vriendschap en vijandschap, van gezondheid en geluk denken wij met de inzet van de wetenschap en met een beroep op een moraal van het goede leven te beslechten.

Als we het echter aan de waarheid of moraal overlaten onze strijd om de macht tot een goed en rechtvaardig einde te brengen, verdwijnt de politiek. De onenigheid die eigen is aan het politieke kan dan oplossen in de regels van de wetenschappelijke objectiviteit en in de werkzaamheid van de technieken en procedures van de bureaucratie. De wereld is dan een technocratische orde, waar het weten en zijn doelgerichte rationaliteit uiteindelijk kunnen heersen. Of we denken de onenigheid te kunnen oplossen door het eens te worden over een universele morele waarheid.

Zonder het te beseffen, zo lijkt het, zijn wij daarmee slachtoffer van een illusie die ons in het beste geval de totalitaire verleiding en in het slechtste geval de burgeroorlog brengt. Deze situatie – die van totalitarisme of burgeroorlog – is op vele plekken in de wereld zichtbaar. Het totalitarisme zien we echter niet alleen in landen waar politiek het hele leven doordringt in de naam van de een of andere ideologie of moraal. We zien het ook in de vorm van een totalitaire verleiding in landen waar democratie en rechtsstaat juist waarborgen tegen deze verleiding zouden moeten bieden. Uit naam van een democratisch gelegitimeerde meerderheid raakt dan de vrijheid van de minderheid bekneld, als assimilatie aan de een of andere constructie van nationale identiteit wordt afgedwongen. Of vrijheden van burgers komen in het gedrang als de goede bedoeling tot paternalistische interventies leidt. Ik verwijs naar de onstuitbare opmars van op risicoanalyses gebaseerde preventieprogramma's, bij voorbeeld in de jeugdzorg en de gezondheidszorg.

De burgeroorlog is in verschillende landen gaande tussen groepen die elkaar bevechten om de macht over de staat en dat doen vanuit de absolute zekerheid van het eigen morele gelijk. Deze burgeroorlogen raken ook aan interstatelijke verhoudingen als er externe interventies plaatsvinden om de strijd te beslechten en terroristische groepen transnationaal terreur willen ontketenen. Of we zien het optreden van zogenaamde 'lone wolfs' die handelen vanuit een geharnaste overtuiging dat de wereld moreel verdorven is geraakt en dat slechts de zuivering via het eenzame geweld rest.

Machiavelli's erfenis

We weten het al eeuwenlang: politiek is het domein van onenigheid, strijd en macht. Dat is wat Machiavelli bedoelt als hij politiek autonoom verklaart.[2] Dat was revolutionair in zijn tijd, omdat de heerser zichzelf toen beschouwde als de

2 Machiavelli, 1976 en 1997

vertegenwoordiger op aarde van een morele waarheid die van een hogere, buiten de aarde gelegen orde is. De grote Florentijns theoreticus knipt deze band met een hogere orde door en laat daarmee zien dat de macht alleen zichzelf kan legitimeren.

Deze amorele opvatting van politiek is nog steeds even relevant als omstreden. Zowel in de praktische politiek als in de politieke theorie is er de ambitie om aan het politieke een moreel fundament te verlenen, of het nu gaat om de beslissing ten oorlog te trekken of om de beslissing een verzekering tegen ziektekosten verplicht te stellen. Toch lijkt de moderniteit zich met Machiavelli's opvatting van de amorele autonomie van het politieke te willen verzoenen. De vooruitgang gebiedt de macht zich te legitimeren in termen van objectiviteit en rationaliteit. En als de macht zich in de gedaante van kennis hult, is dat weer bevorderlijk voor de vooruitgang. Politiek moet evidencebased en allesbehalve 'fact free' zijn. Niet gehinderd door methodologische scrupules blijven ook wetenschappers ervan overtuigd dat hun waarheid zal bijdragen aan beter beleid en dus aan een betere samenleving.

In mijn twee vorige boeken – *De Staat van Verschil* en *Gevaar verplicht* – heb ik de totalitaire gedaante die politiek daardoor kan aannemen uitvoerig besproken. In het streven naar gelijkheid zet de politiek de staat in om met omvangrijke en ingrijpende beleidsprogramma's de burger te modelleren naar een enkelvoudige opvatting van het goede leven. Afwijkingen daarvan verdienen de preventieve aandacht van risicoanalyses en signaleringssystemen of de bestrijding door regressief ingrijpen. Beleidspanoptica op allerlei terreinen zijn het gevolg. Het gevaar schuilt in het paternalisme van de goede bedoeling, dat door de inzet van de monopolies van de staat minder onschuldig is dan vaak wordt voorgewend. Hoe demagogisch dit ook mag klinken: het gaat om het wijd verbreide verschijnsel van het hellend vlak waarop deze nobele en soms ook minder nobele intenties ons kunnen brengen.

Politiek is dan machtsuitoefening met de monopolies van het geweld en de belastingheffing op de achterhand of onmiddellijk zichtbaar, gelegitimeerd door het discours van de waarheid of dat van de moraal. Kennelijk kunnen we het inzicht van Machiavelli nog steeds niet aanvaarden. We kunnen ons niet neerleggen bij de gedachte dat waar waarheid niet helpt en waar de moraal ons verdeeld houdt, ons niets anders overblijft dan het politieke – en dus het conflict over de macht – om de samenleving vorm te geven.

Politiek als symbolische orde

Alle politiek is symbolisch. Alle politiek heeft immers vorm en is representatie. Alle politiek kent rollen, stijlen, genres. Alle politiek is voorstelling, wordt geënsceneerd, kent een script en vaak een intrige. En politiek is meer dan tekst en woord. Politiek denken en handelen vinden altijd plaats in een esthetisch gevormde wereld. Dat lijkt het populisme beter te begrijpen dan welke politieke stroming in de westerse wereld van dit moment dan ook.

Dat maakt ook dat vanuit een esthetisch perspectief veel beter te begrijpen is waarom het populisme de bestaande orde zo indringend weet te beroeren. Het populisme bedient zich – al dan niet als bewuste politieke strategie – bij uitstek van een bijzondere stijl en hanteert een zeer uitgesproken retorica, waarmee het vooral de performatieve of theatrale kant van de politieke orde expliciteert. Daarom ook helpt het discours van de rationaliteit evenmin als het discours van de moraliteit tegen de aanvallen van het populisme. Neem de strafmaat – een welhaast klassiek populistisch thema. Deze zou te laag zijn en daardoor geen afschrikkende werking vervullen. Bovendien zijn gevangenissen geen oorden van vergelding, maar instellingen, luxer dan menig hotel nota bene, die de gevangene vooral als slachtoffer van maatschappelijke omstandigheden bejegenen.

Het helpt niet daar *de* feiten tegenin te brengen dat de strafmaat fors is gestegen en dat deze desondanks geen afschrikkende werking heeft. Evenmin werken morele tegenwerpingen dat de gevangenisstraf niet slechts vergelding of nodeloos wreed en de gevangenis geen inhumaan oord mag zijn. De populist kan feiten en moraal smalend terzijde schuiven als linkse mythologie en elitair erbarmen, die tegen het gelijk en de morele superioriteit van het volk ingaan. En met dit beroep op een artificieel volk veroorzaakt het populisme groot ongemak bij de politieke elite van vertegenwoordigers en bestuurders, die toch allen het volk menen te representeren.

De symbolische orde van de politiek wordt daarmee in een dubbele beweging geraakt. Enerzijds toont het populisme aan dat de bestaande politieke orde nauwelijks betekenisvol verweer heeft tegen de aanvallen op waarheid en moraal. Anderzijds bewijst het populisme daarmee dat het bij uitstek de symbolische aard van het politieke domein is waarin de legitimiteit van dit domein berust.

De politieke orde is een symbolische orde, waarin het gaat om mythen, rituelen, symbolen. Niet de rationele inhoud van het beleid staat centraal, maar de vorm en de vormgeving van verhoudingen, van posities. Volkomen terecht verwijst Aerts naar het inzicht dat politiek altijd metapolitiek is. Politiek spreken is altijd ook spreken *over* politiek en dus over de culturele inhoud en betekenis ervan. Ik heb dit zelf zo aangeduid, dat de vraag naar politiek de belangrijkste vraag van de politiek is.[3]

Als het ware en het goede niet allesbepalend zijn, dan resteert in de filosofie het schone. Als het politieke domein buiten het ware en het goede staat, blijft het esthetische als dominant kenmerk over. Vrij vertaald is dat ook de conclusie van politieke theoretici die zich door Machiavelli geïnspireerd weten: politiek is een esthetisch domein, waarbij het niet gaat om een benadering van het politieke in termen van artistieke schoonheid, maar in termen van stijl, vorm, ordening en constituering.[4] Zo'n benadering van politiek zien we ook bij auteurs die een 'agonistische' opvatting van politiek propageren en deze daarom buiten moraal en waarheid willen houden. Vaak geldt voor hen de omstreden politiek theoreticus en rechtsfilosoof Carl Schmitt als inspiratiebron.[5] Zij zien gebrokenheid en vervreemding als belangrijkste karakteristieken van politiek, niet eenheid. Waarheid en moraal zijn dan mogelijke articulaties van strijd om de macht.

Daarom ook is een begrip als representatie zo cruciaal. Die is immers nodig om politiek betekenis te kunnen geven aan een wereld die vervuld is van contradicties, contingenties en strijd. In het proces van representatie immers komt politiek tot stand, net zoals dat geldt in de wereld van de kunst. Esthetische politieke theorie en filosofie, waartoe dit boek te rekenen valt, is dan weer een representatie van deze politieke werkelijkheid. Ze is verwant met geschiedenis en kunstkritiek, meer dan met moraalfilosofie. Het gaat erom discontinuïteiten zichtbaar te maken en niet de eenheid van de wereld.

3 Aerts, 2009: 109; Frissen, 2007: 260 en Frissen, 2009: 17

4 Ankersmit 1996; Hariman, 1995; Hoogers, 1999; Rancière, 2004

5 Schmitt, 2001 en 2005; Agamben, 2002 en 2005; Mouffe, 2008; Žižek, 2009 en 2011

Voltooiing, verlossing, verzoening

In dit boek staat de symbolische orde van het politieke centraal. Dat is niet alleen een klassiek thema in de politieke filosofie, zoals ik hiervoor al aangaf, maar ook in de politieke wetenschap en de bestuurskunde. Bekend is het werk van Murray Edelman, dat handelt over het symbolische karakter van politiek handelen, over politieke symboliek als strategie, over de symboliek van politieke taal en over politiek als 'spectacle'.[6]

Belangrijk is ook de school van de 'cultural theory'. 'Founding mother and father' daarvan zijn Mary Douglas en Aaron Wildavsky. Deze theorie heeft als conceptueel model veel school gemaakt in de politieke wetenschap en de bestuurskunde.[7] Ik ben in dit boek vooral geïnteresseerd in een van de grondpatronen die deze theorie als culturele oriëntatie onderscheidt, namelijk 'het fatalisme'. Juist vanwege het vitalisme van de daad en de daadkracht dat het populisme zo kenmerkt, lijkt het interessant om de culturele keerzijde daarvan – een fatalistische houding die de tragiek van de menselijke conditie aanvaardt – nader te verkennen als mogelijk contrast.

Dat is des te meer relevant omdat de bestaande politieke orde nog steeds een preoccupatie kent met de gedachte van maakbaarheid. Veronderstelling in dit boek is dat de grenzen van de maakbaarheid eerder als tragiek dan als de gevolgen van tekortschietende kennis en kunde moeten worden opgevat. De moderniteit met zijn streven naar maakbaarheid wil de tragische conditie van de wereld oplossen. Het wil leed bestrijden en voorkomen, pech zo veel mogelijk uit de wereld helpen en bijdragen aan het geluk van iedereen. Het modernisme weigert te erkennen dat de tragische conditie van de wereld – vol noodlot, rampen en leed – onontkoombaar is. Het kan zich immers niet neerleggen bij een weten dat fundamenteel beperkt is. De tragiek van het bestaan moet worden opgelost. Ook al is deze onontkoombaar, dan nog blijft tragiek onaanvaardbaar en wil het modernisme deze oplossen. Het modernisme kan berusting niet verdragen. De oplossing – zo luidt de hoop die in het modernisme besloten ligt – brengt de voltooiing van het project van de moderniteit.

6 Edelman, 1971, 1977, 1985, 1988

7 Douglas, 1986; Hendriks, 2006; Hood, 1998; Thompson, Ellis & Wildavsky, 1990; Wildavsky, 1987

Het populisme verzet zich eveneens tegen de tragiek van de wereld. In plaats van het modernisme, dat geheel in het teken staat van de rationele oplossing van de problematiek van de wereld, streeft het populisme echter naar verlossing door uitsluiting en zuivering. De tragiek van de wereld kent altijd een oorzaak in het vreemde, in de een of andere besmetting. Het gaat erom deze besmetting te verwijderen. Vandaar ook dat het populisme in discours en symboliek niet anders dan radicaal kan zijn. Zachte heelmeesters maken stinkende wonden, om het triviaal te duiden. Tegelijkertijd dient de verwijdering van de besmetting vaak het doel van de herstelde gemeenschap. De beelden van die gemeenschap zijn in populistische kring vaak traditioneel burgerlijk.

Dit boek gaat over de dubbele uitdaging van de politieke orde door modernisme en populisme. Het modernisme stelt oplossing en voltooiing als alternatief tegenover het populistische streven naar zuivering en verlossing. Beide weigeren de aanvaarding van het tragische.[8] De aanvaarding van het tragische beschrijf ik in dit boek als een verzoening. De bij deze aanvaarding van tragiek passende symboliek van de politieke orde is die van het fatalisme. Dat immers kan ons verzoenen met de tragiek zonder deze te willen oplossen of ons ervan te willen verlossen.

Ik sluit daarmee aan bij wat Van Eeten heeft benoemd als een 'techniek van de onmacht', die zeer wel als verstandig bestuurlijk arrangement valt in te zetten.[9] Mijn bedoeling is het om deze onmacht niet in de eerste plaats te behandelen als een bestuurlijke strategie, maar om deze een plaats te geven in de symbolische politieke orde. Het monopolie van het geweld moet rechtsstatelijk en democratisch worden ingesnoerd om de maatschappelijke pluraliteit draaglijk te houden. Dat is in mijn overtuiging slechts betekenisvol te legitimeren als de symbolische orde van het politieke berust op een esthetische aanvaarding van de tragische condities van het menselijk bestaan.

Dit inzicht ontleen ik aan het belangrijke werk van De Mul.[10] Deze auteur heeft in *De domesticatie van het noodlot* overtuigend duidelijk gemaakt dat elke samenleving haar omgang met het noodlot moet bepalen. Hij bepleit een her-

8 Hoewel deze weigering aan populistische zijde vooral theatraal is. Weinig aanhangers zullen alle voorstellen van Wilders serieus nemen.

9 Van Eeten, 2010

10 De Mul, 2006

waardering van de tragische houding: het noodlot dient heroïsch op de schouders te worden genomen. Maar het fatalistisch besef dat we daarin altijd tekort zullen schieten – een besef dat overigens veel PVV-kiezers lijken te delen – vindt zijn verlichting in de ironie dat vrijheid nooit los te zien is van noodzaak en dat deze noodzaak vooral als toeval dat is gelukt moet worden gezien. Wellicht valt zo een esthetica van het tragische te verbinden met een esthetica van de komedie.[11]

Woorden van dank

Voor zijn uitgebreide commentaar dank ik Michel van Eeten. Enkele jaren her bleek het fatalisme ons onafhankelijk van elkaar te hebben geraakt. Gelukkig is het thema rijk genoeg en zijn onze opvattingen voldoende gevarieerd. Hij wees me er onder meer op dat een populistisch leider als Wilders veel gemeen heeft met de tragische held van de klassieken.

Met Mark van Twist deel ik een grote liefde voor het verschil. Onze complementariteit is daarvan een uitdrukking, net als zijn bijzondere commentaar. Veel daarvan heb ik verwerkt, ook en juist als het een fundamenteel verschil van opvatting representeerde. Ook daarom is het een genoegen met hem en Hera Tseng onze mooie school te leiden.

Marijke van der Putten leverde niet alleen commentaar, maar had ook het idee een werk van Armando te kiezen voor het omslag. Daarvoor dank ik haar en natuurlijk voor het delen (en soms verdragen) van existentiële ervaringen die ziekenhuisopnamen meebrengen.

Voor het verzamelen van literatuur dank ik de Tilburgse studenten bestuurskunde Renske Sinke en Arno van Wijk. Ook Beatrijs Haverkamp, Amsterdamse studente filosofie en stagiaire bij de Nederlandse School voor Openbaar Bestuur (NSOB), dank ik daarvoor, maar vooral voor grondig redactiewerk en het stellen van lastige vragen over de tekst.

Irmi Dekker en Rutger Frissen dank ik voor de verwerking van een opnieuw

11 De Mul, 2006: 37; Combs & Nimmo, 1996

met de vulpen[12] geschreven manuscript. Het boek zal voor Rutger de niet altijd gemakkelijke, maar dapper bevochte overgang tussen Liverpool en Sydney symboliseren. Renée Frissen maakte wederom het portret en is nu met haar eerste grote boek bezig, waarvan ik gelukkig getuige mag zijn.

Voor de voortreffelijke redactionele ondersteuning dank ik Nadia Ramer en vooral Rebecca Wilson van uitgeverij Van Gennep.

Ik draag het boek op aan mijn goede vriend Pieter Smals, die in 2012 besloot zich niet langer te verzoenen met tragiek.

12 Een Mont Blanc Limited Edition Thomas Mann, 09461/12000 en een Parker Duofold Limited Edition P.W. Akkerman 1910-2010, 117/201

I

De politieke orde uitgedaagd

Zolang wij blijven geloven dat wij op het publieke domein te doen hebben met doeleinden en middelen, zolang zullen wij niemand ooit kunnen beletten alle middelen te gebruiken om een eenmaal gesteld doel te bereiken.

HANNAH ARENDT, *De menselijke conditie*

1 *De vitale onmiddellijkheid van het populisme*

De meest zichtbare uitdaging van de bestaande politieke orde is zonder twijfel het populisme. In grote delen van de westerse, democratische wereld zijn er bewegingen en partijen die onder dat banier te scharen zijn en die zonder uitzondering een breuk met de gevestigde orde willen forceren. De meeste van de meer bekende bewegingen en partijen kiezen voor de parlementaire weg, maar er is uiteraard een bonte verzameling buiten- en antiparlementaire groepen.[13] Wat wel opvalt, is dat de deelname aan de parlementaire instituties steevast gestalte krijgt in de rol van buitenstaander, die in vaak heftige toonzetting wordt gespeeld. Wilders is een goed voorbeeld. Tijdens het kabinet Rutte I speelde hij een dubbelzinnig spel van meedoen zonder mee te doen waardoor hij zichzelf niet alleen een grote recensiemacht[14] verschafte, maar al gedogend zijn agenda sluipenderwijs ten uitvoer bracht of gebracht zag door de regerende coalitie. De klassieke partijen waren van zijn steun afhankelijk of vreesden zijn invloed op het discours, waardoor in termen van hegemonie zijn agenda cultureel domineerde en in beleidspraktijken de staat grimmiger in optreden en instrumentering werd. De val van de gedoogcoalitie doet daar, zo valt aan te nemen, weinig tot niets aan af. De agenda is er nog steeds en van afnemende grimmigheid is nog niet veel vernomen.

De uitdaging die het populisme aan de bestaande politieke orde stelt, is bij

13 Wat dat aangaat lijkt er nogal wat overeenkomst te bestaan tussen het actuele populisme en de 'tegencultuur' van de jaren zestig en zeventig. Zie ook: Smeets, 2011

14 Met dank aan Mark van Twist voor deze term.

uitstek een symbolische. De democratie maakt haar democratische pretenties allesbehalve waar, omdat zij elitistisch is, zo luidt de populistische kritiek. Het oorspronkelijk linkse ideaal van de directe democratie is door het rechtse populisme overgenomen, met zo veel overtuiging dat links inmiddels erg terughoudend is geworden op dit punt.[15] Het is een ideaal geworden dat aan het volk één stem wil toekennen – de 'vox populi'. Het volk heeft immers een gedeelde geschiedenis en in zijn identiteit vallen etnos en demos samen. Dat alles wordt steevast met grote stelligheid geponeerd door de leider die de stem van het volk articuleert. Er is een pathos van ressentiment: tegen het verraad van de elite, in het bijzonder die van linkse snit. De Noorse terrorist van rechts-extremistischen huize kiest een zomerkamp van jonge sociaaldemocraten als schietschijf. Uiteraard is een dergelijke daad onvergelijkbaar met het overwegend in parlementaire instituties geuite ressentiment. Wie van tijd tot tijd echter debatten op het internet volgt of daarvan (ongewild) onderwerp wordt, valt wel de onmiddellijkheid van de blinde woede op.

Het populisme is bovendien sterk vitalistisch in oriëntatie.[16] Emoties zijn bewijzen van authenticiteit en de uiting daarvan moet niet door rationaliteit of deugdzaamheid worden getemperd.[17] Van dergelijke belemmeringen, zeker als ze voortkomen uit de verafschuwde politieke correctheid van het multiculturalisme, moet het volk worden verlost. Vrijheid is de gekoesterde kern van de nieuwe symbolische orde die het populisme wil bewerkstelligen. Een vrijheid die overigens uitsluitend van aard is en die grenzen verschuift en stelt. De verschuiving van betekenissen die daardoor gaande is raakt de politieke orde in het symbolische hart. De vitale onmiddellijkheid van het populisme wil verlossing door zuivering en uitsluiting.

15 Met uitzondering van het linkse populisme natuurlijk.

16 Van Roermund wijst er op dat deze vitalistische oriëntatie in het populisme niet met Verlichtingsargumenten alleen te pareren valt. (Van Roermund, 2011: 124 e.v.)

17 Terecht kan worden betoogd dat deze deugdzaamheid vaak hypocriete dimensies heeft. De emoties waaraan het populisme appelleert komen vaak voort uit legitieme zorgen over vervreemding, verlies en deprivatie.

Radicale democratische pretenties tegen 'linkse kak'

In mijn vorige boek wijdde ik een hoofdstuk aan het populisme.[18] Sindsdien heeft dit politieke fenomeen allerminst aan betekenis ingeboet. Zijn discours is in een aantal opzichten genormaliseerd en heeft vele beleidspraktijken beïnvloed. In Denemarken en Nederland was of is sprake van indirecte regeringsmacht, in Italië en Zwitserland van directe. In heel Europa lijkt het populisme als politieke stroming zich definitief te hebben gevestigd. De stelling dat het populisme een pathologie is, die van tijd tot tijd in democratische stelsels zal opduiken, daarin een al dan niet heilzame werking zal hebben om vervolgens door datzelfde stelsel te worden opgenomen in een proces van accommodatie of zichzelf zal vernietigen door interne tegenstellingen, is volgens veel auteurs niet meer plausibel. Populisme is 'here to stay', althans voorlopig, zo lijkt het.

Dat het populisme niet als een pathologie terzijde kan worden geschoven is niet alleen empirisch evident. Ook theoretisch beschouwen vele auteurs de pathologiethese als problematisch. Dat heeft vooral te maken met het feit dat het actuele populisme radicale democratische pretenties heeft.[19] Canovan typeert het populisme als een schaduw van de democratie zelf.[20] Populisme formuleert een venijnige kritiek op bestaande politieke praktijken die elitair zouden zijn en gesloten voor het volk. Anti-elitisme is een kernachtige boodschap van het populisme. Het appelleert natuurlijk aan de letterlijke betekenis van de term democratie: heerschappij van het volk. Daarom ook noemt Mudde het populisme een spiegelbeeld van het elitisme. Ze delen in zijn ogen een manicheïstisch wereldbeeld maar zijn radicaal verdeeld over de vraag wie de verlossing brengt: elite dan wel volk.[21] In zijn sterke nadruk op leiderschap is het populisme overigens elitistischer dan het zal willen toegeven.

Wat de populistische ideologie volgens Canovan beoogt is een overbrugging

18 Frissen, 2009: 147-171

19 Mény & Surel, 2002; Canovan, 1999, Akkerman, 2003

20 Canovan, 1999: 2-3 (cursivering auteur)

21 Mudde, 2004: 543-544. Met manicheïsme wordt een (al dan niet religieus geïnspireerd) wereldbeeld bedoeld, waarin de wereld het toneel is van strijd tussen de duivelse krachten van het kwaad en de heilige krachten van het goede, het licht. Opdracht aan de mens is dan om de krachten van het goede te laten winnen.

te bewerkstelligen van de spanning tussen macht en volk: '*bringing the people into politics and taking politics to the people*'.[22] Het volk moet worden gepolitiseerd en de politiek moet weer volks worden. In deze dubbele beweging toont zich het anti-elitisme van het populisme volop. Politiek mag niet langer het monopolie zijn van een kleine groep die over voldoende sociaal en cultureel kapitaal beschikt om de wereld te begrijpen en deze te kunnen besturen, maar moet weer worden gedemocratiseerd.

PVV'er Bosma spreekt over de elite als 'linkse kak' die uit snobisme het multiculturalisme omarmt zonder zelf veel van de gevolgen van de migratie aan den lijve te ervaren. De politieke partijen van deze elite, naar zijn zeggen Groen Links, D66 en PvdA, hebben in een electorale strategie kennelijk de massa-immigratie bevoordeeld en zijn dus verantwoordelijk voor de islamisering in Nederland. Dat patroon zien Bosma en zijn politieke geestverwanten in heel Europa. De elite is niet alleen een aanduiding van de machthebbers, maar vooral ook van de linkse hegemonie die sinds de jaren zestig in Europa bestaat en nu aan het afbrokkelen is.[23] Op een vergelijkbare wijze is volgens de populisten 'het project Europa' door de elite aan het volk opgedrongen.

Dit anti-elitisme is de belangrijkste democratische pretentie van het populisme. Of het nu van linkse of rechtse signatuur is, steevast luidt de beschuldiging dat de elite het volk verraadt. Daarom benoemt Pels het populisme als de 'radicale zelfkant' van de democratie.[24] Daarin situeert hij de grote uitdaging die het aan de gevestigde politieke orde stelt. Theoretisch vinden we deze uitdaging geformuleerd in de beschouwing over populisme van Laclau. Met zwaar conceptueel gedonder komt hij tot de conclusie dat het populisme de nieuwe politieke logica in het tijdperk van het globaliserende kapitalisme is. Het populisme construeert een identiteit van het volk dat door antagonismen wordt verdeeld. Er is een plura-

22 Canovan, 2002: 42-43 (cursivering auteur)

23 Bosma, 2011: 281 e.v. De flaptekst van dit boek bevat een Vrij Nederland-citaat, waarin Bosma de 'intellectuele kracht achter Geert Wilders' heet. Havenaar (2011) wijst op veel feitelijke en theoretische onzorgvuldigheden in Bosma's referenties aan De Kadt. Havenaars 'schotschrift' is door uitgeverij Van Oorschot in een oplage van 10.000 verspreid ter gelegenheid van de verkiezingen voor Provinciale Staten op 2 maart 2011. Dat bevestigt overigens ironisch genoeg weer de samenzweringsthese die het populisme koestert als het over de elite gaat.

24 Pels, 2011a: 8

liteit van sociale eisen die tot een per definitie vage eenheid wordt geconstitueerd. Van het miskende en denigrerend bejegende volk, in de betekenis van plebs en lompenproletariaat, wordt een politieke categorie gemaakt die naar hegemonie streeft in de Gramsciaanse betekenis van dit begrip.[25] Populisme is dus de nieuwe aanduiding van het politieke, omdat het in zijn pretenties radicaal democratisch is.

De soevereiniteit ligt dan ook niet bij de staat, maar bij het volk. Vandaar de in populistische kringen breed gedeelde voorkeur voor directe democratie: de democratie in haar meest volmaakte vorm, zonder representatie en dus ook zonder de in deze representatie latente en soms manifeste mogelijkheid van het verraad der elites. 'Populisme behelst het verlangen politieke representatie te vervangen door presentie', zo betoogt Schinkel. Dit verlangen is gericht op de onmiddellijkheid van een mimetische politiek en is daarom het meest ultieme en ook bedreigende democratische streven. Het herinnert de democratie aan haar oerbelofte van een soeverein volk dat zichzelf regeert.[26]

De media, de oude maar vooral ook de nieuwe, spelen daarin een belangrijke rol. Enerzijds belichamen vele virtuele gemeenschappen en netwerken hetzelfde verlangen naar onmiddellijkheid. Wikileaks is gefundeerd op een absolute opvatting over transparantie die elke bemiddeling verdacht maakt. Niet gehinderd door belemmeringen die niet zelf gekozen zijn, vindt in de virtuele wereld de verspreiding van politieke opinies plaats. Dat is de 'message' van het medium: ruimte voor iedereen en zeker voor de door de elite misprezen opvattingen van het echte volk. Anderzijds kenmerken de media (oud en nieuw) zich door een logica van duidelijkheid. Alleen boodschappen die simpel zijn, blijven 'hangen'. Het gaat om 'soundbites', 'oneliners' en 'cliffhangers'. Dat sluit dan weer mooi aan bij de populistische overtuiging dat complexiteit een samenzwering van intellectuele en politieke elites is. Elke constatering dat maatschappelijke verschijnselen complex zijn, dat er volop dilemma's bestaan en dat over deze verschijnselen bovendien nog eens forse verschillen van inzicht bestaan wekt populistische argwaan op. Dat is helemaal het geval als daaruit conclusies worden getrokken dat problemen onoplosbaar zijn, een onvoorspelbare dynamiek kennen, en dat maatregelen dus op zelf veroorzaakte reflexiviteit stuiten. Al snel duikt dan het

25 Laclau, 2005: 117-124, 224 e.v. Zie ook: Arditi, 2010 en Marchant, 2005

26 Schinkel, 2010: 115, 117-118; Schinkel, 2012: 59-72

verwijt op dat politici zich niet moeten laten afleiden door 'bestuurskundige doctorandussen met designbrillen'.

Populistische retoriek is daarom altijd simplificerend van inhoud en sterk beeldend van vorm. Wilders is uitzonderlijk getalenteerd op dit punt: krachtige beelden, pakkende metaforen, kernachtige zinnen, tactische herhalingen en veel verzwarende adjectieven. Hij domineert daarmee de politieke arena en gijzelt het debat. In debat gaan is daarom voor opponenten gecompliceerd en riskant. De medialogica wordt door hem systematisch en zeer bekwaam benut. In die zin spreekt hij niet alleen met de stem van het volk, maar *is* hij deze stem.[27]

Demos en etnos: identiteit en geschiedenis

Het volk is in het populisme een cruciale categorie, zoals de naam van de stroming al zegt. Het is een problematische categorie, omdat het volk soms als eenheid wordt gedefinieerd, soms als meerderheid, soms als ideaal, soms als zuivere entiteit. Bovendien is er de bekende en verwarrende notie dat het volk kennelijk een leider nodig heeft om zijn stem te laten horen. En dat terwijl de directe democratie weer geldt als meest zuivere uitdrukking van het ideaal van volkssoevereiniteit. Laten we daarom het begrip 'volk' in het populistische discours eens nader onder de loep nemen.

Spreken over 'het' volk impliceert dat het volk als een eenheid wordt opgevat. Onduidelijk is of deze eenheid voorgegeven is, of dat deze moet worden gecreëerd. Is het volk bijvoorbeeld één omdat het een gedeelde geschiedenis heeft en een gedeelde identiteit? Of is het volk een politieke eenheid die gemobiliseerd moet worden? Of ontstaat die politieke eenheid pas in een politieke act van machtsverovering?

In het rechtse populisme is de eenheid van het volk meestal een culturele en historische. In het overzichtswerk van Mudde over populistische radicaal rechtse partijen in Europa is er sprake van overeenkomsten in nationalisme en

27 Voor een nauwgezette analyse van de taalkundige en communicatieve logica van het populistische discours zie De Bruijn (2011).

monoculturalisme.[28] Het linkse populisme daarentegen is doorgaans gericht op een eenheid van sociaaleconomische aard, die pas te realiseren is als klassen of tenminste grote ongelijkheden verdwijnen.

Dit laat al zien dat de eenheid van het volk waarover het populisme spreekt geen alle burgers omvattende eenheid is. De klassenvijand hoort er voor links niet bij en voor rechts is het vaak de immigrant die geen deel uitmaakt van het volk. De vreemde die wordt buitengesloten is een buitenstaander die geen geschiedenis en identiteit deelt met het volk en daarom geen deel heeft aan de culturele inhoud van deze eenheid. Maar beide richtingen stemmen overeen in de uitsluiting van de elite. Deze verraadt het volk immers door economische uitbuiting of door culturele uitsluiting. De eenheid van het volk betreft dus maar een deel van het volk. De elite hoort daar niet bij. Zijderveld haalt in een beschouwing over het populisme met terechte instemming Thorbecke aan, die spreekt van een 'romp zonder hoofd' als er geen politieke elite bestaat.[29] Abts en Rummers spreken van een tweevoudige hiërarchie van vriend en vijand: volk versus elite en volk versus de onderkant van criminelen, buitenlanders, profiteurs en geperverteerden.[30]

De eenheid van het volk is dus eerder de eenheid van een deel van het volk. Voor de populist is dat deel natuurlijk de meerderheid, of moet dat in ieder geval worden. Deze meerderheid moet de volkssoevereiniteit belichamen. De meerderheid is een homogene entiteit die democratisch gelegitimeerd de macht over de minderheid kan uitoefenen. Complementair daaraan is het ook altijd een minderheid die ofwel het volk verraadt door in culturele zin de hegemonie op te eisen en economisch exuberant winstbejag te vertonen, ofwel dreigt een meerderheid te worden en zo een vreemde cultuur aan het oorspronkelijke volk op te leggen. Tussen de elite en de minderheid van vreemde herkomst wordt altijd een coalitie, of beter een samenzwering verondersteld. Kennelijk ziet de decadente linkse grachtengordel (de 'radical chic' om met Amerikaanse populisten te spreken) niets liever dan een islamisering van de westerse cultuur. Dat is natuurlijk een opmerkelijke veronderstelling: decadentie en jihad in een gevaarlijk bondgenootschap.

De democratieopvatting van het populisme is vanzelfsprekend majoritair.

28 Mudde, 2007: 22-23, 145 e.v.

29 Zijderveld, 2009: 70

30 Abts & Rummens, 2007: 418

Belangrijkste oogmerk van de democratie is de wil van de meerderheid – de volkseenheid – te verwerkelijken. Bescherming van minderheden en een constitutionalistisch perspectief van checks-and-balances en 'countervailing powers' passen daar niet in. Het volk is een eenheid die berust in de meerderheid van het volk.

Deze eenheid is tevens een ideaal, zowel in de zin van een nastrevenswaardige gemeenschap als in de betekenis van een zuivere entiteit, een ideaaltype. De nastrevenswaardige gemeenschap berust op een gedeelde geschiedenis en een gemeenschappelijke cultuur. Het is, met andere woorden, de eenheid van de etnos die berust op afkomst en herkomst.[31] Het kan gaan om een eenheid in taal, in geloof, in etniciteit, in tradities, in cultuur. Verbindend is het ontbreken van een politieke keuze. Afkomst en herkomst staan immers vast in deze opvatting. Etnos staat daarom ook tegenover demos. Die verbeeldt een politieke gemeenschap die gebaseerd is op een constitutie, een rechtsorde en dus op politieke besluitvorming. De verbondenheid van de etnos gaat altijd aan de gekozen verbondenheid van de demos vooraf. De natiestaat is de historische poging om etnos en demos te verbinden, met vaak desastreuze uitkomsten als de eenheid van de etnos toch minder vanzelfsprekend is vanwege taal, etniciteit of religie.[32]

Het huidige populisme in Nederland tekent voor een zeer fanatieke oriëntatie op de eenheid van geschiedenis en cultuur. Daarvoor wordt een beeld van de geschiedenis gecreëerd dat ontkent een beeld – en dus een interpretatie en dus bron van meningsverschil – te zijn.[33] Dan kan men ook trots zijn op een geschiedenis die voorbij alle dieptepunten, breuklijnen en burgeroorlogen gaat.[34]

31 Akkerman, 2003; Mény & Surel, 2002; Frissen, 2009

32 In Europa is de historische vergissing van etnische zuiverheid nog overal herkenbaar. Een wereldrecord kabinetsformatie is nog een van de lichtere uitingen daarvan.

33 Ook hierin toont het populisme zich een tegenstander van de idee van representatie als verbeelding, als distantie, als gebrokenheid en een voorstander van mimetische onmiddellijkheid.

34 Dat de Nederlandse geschiedenis een schoolvoorbeeld is van verdeelde geschiedenis doet daaraan niets af. Dat Sinterklaas een Turkse bisschop van katholieken huize is maakt hem tot een bepaald ironisch icoon: nog steeds zal geen SGP-burgemeester ook maar overwegen een verklede variant ervan een officiële ontvangst te bereiden. Minder ironische voorbeelden als slavernij, kolonialisme, Beeldenstorm en politieke moorden schetsen wel een geschiedenis, maar bepaald geen gedeelde. En de katholieke inspiratie voor antisemitisme en pogroms vertroebelt het beeld wat onze 'joods-christelijke beschaving' nu eigenlijk precies betekent aanzienlijk. Waarbij de pogrom geen exclusief katholiek fenomeen is, natuurlijk.

De culturele eenheid van het volk die door het populisme wordt geponeerd is dus feitelijk een identiteit zonder geschiedenis, hoe heftig het dit ook zal ontkennen. Als we immers een gefragmenteerde geschiedenis delen, als we verschillende interpretaties van deze geschiedenis hebben, als we weten dat onze herinneringen gekleurd en geconstrueerd zijn, dan is wat wij delen juist gebrokenheid. De geschiedenis kent slechts vaststaande feiten in de context van een verhaal. Het is het verhaal dat betekenis verleent aan de feiten, in de geschiedenis nog pregnanter dan in het heden.

De geschiedenis die de populisten als feit willen presenteren berust op de verwantschap van afkomst en territorium. Alleen narratief kan daaraan betekenis worden verleend: in overlevering, in onderwijs, in musea, in boeken. De archieven moeten altijd worden ontsloten en de verhalen beluisterd. Film en foto zijn pas recent beschikbaar. Genetische verwantschap is voor een politieke gemeenschap ontoereikend. Ook de vanzelfsprekendheid van de etnos is uiteindelijk een constructie van sociale en culturele aard. Voor de verbinding met het politieke geldt dat per definitie. Het volk van het populisme is dus ook een constructie. Maar het is een constructie die culturele eenheid en historische verwantschap tot absolute grootheden verklaart. Vandaar de woede jegens het afwijkende en het vreemde. Vandaar de symboliek van het ressentiment. Als narratief is het populisme daarom ook zo krachtig. Het intervenieert op een volop symbolische wijze in de strijd om de macht. Daarom ook moet dit hoofdstuk toch vooral als een analyse en niet als een kritiek van het populisme worden gelezen.

Boze, blanke, kale mannen – ressentiment als symboliek

Hoewel de huidige leider van het Nederlandse populisme allesbehalve kaal kan worden genoemd, is het beeld van blanke mannen die vooral boos zijn en regelmatig zonder hoofdhaar door het leven gaan toch treffend. Dat het in meerderheid om (blanke) mannen gaat die een monoculturalistische oriëntatie hebben en gezagsgetrouw en autoritair zijn, laat veel empirisch vergelijkend onderzoek zien.[35]

35 Bijvoorbeeld Mudde, 2007; Spangenberg, Lampert & Van der Lelij, 2009.

Ik vat enkele onderzoeksresultaten samen: 61 procent van de achterban is man. Voor 41 procent is mbo de hoogste opleiding, 46 procent heeft een lagere en 13 procent een hogere opleiding.[36] Het inkomen is modaal. Men is sterk gericht op het eigen leven en hecht aan 'law and order'. Meer dan gemiddeld is er een fascinatie voor spanning en technologie, ook bij de vrouwelijke achterban. Empathie is minder sterk aanwezig. De PVV-achterban blijkt meer aan mannelijkheid dan aan vrouwelijkheid te hechten; meer aan fysieke kracht dan aan intelligentie; meer aan luxe dan aan soberheid. De voorkeur gaat meer dan gemiddeld uit naar snelheid, consumptie, materie en markt, maar ook naar gelijkheid, christendom en traditie. Paradoxaal is de voorkeur voor gelijkheid boven individuele verschillen, terwijl men de markt boven de overheid prefereert. Ook geeft men de voorkeur aan opstandigheid, net als aan de keerzijde daarvan – gehoorzaamheid. Over het eigen leven is men net zo tevreden als de rest van Nederland, maar over de samenleving oordeelt men anders. Men is minder betrokken, minder tevreden en heeft minder vertrouwen. Als maatschappelijke problemen scoren integratie en het rechtssysteem hoog, terwijl men minder zorgelijk is over de zorg. Het sombere oordeel over waarden en normen komt overeen met dat van de gehele bevolking. De eigen financiële positie is vaker verbeterd in de recente periode. Vrijetijdsvoorkeuren zijn 'Hollandse cultuur, thrillseeking en anti-autoritaire persoonlijkheden'.[37]

Het beeld is in al zijn variëteit natuurlijk herkenbaar. Er is een deel van de bevolking dat potentieel tot de aanhang van populistische partijen kan worden gerekend. Het is sociaaleconomisch en sociaal-cultureel niet volstrekt eenduidig te lokaliseren, maar dat het in meerderheid gaat om lager opgeleiden, modaal of minder verdienenden en sterk op een nationale identiteit georiënteerden is duidelijk. Ze zijn traditionalistisch en conservatief; natuurlijk is een flink deel 'gewoon' burgerlijk, maar niet in de betekenis van 'high culture'. De lagere cultuur is veel sterker vertegenwoordigd. Betz spreekt daarom al vroeg over 'postmodern rechts'.[38] Ze staan tegenover de postmoderne kosmopolieten die in al hun postmo-

36 In de totale Nederlandse bevolking zijn de verhoudingen respectievelijk 30 procent, 40 procent, 30 procent.

37 Al deze resultaten uit: Spangenberg, Lampert & Van der Lelij, 2009.

38 Betz, 1993

derne relativisme toch nog behoorlijk 'high culture' zijn, hoe vaak ze ook zeggen een soap of een smartlap te kunnen appreciëren. Die zijn voor hen vooral 'camp'.

Uit onderzoek komt een sterk antidenken naar voren, tegen de gevestigde orde en het vreemde. Er is een opmerkelijk gevoel van miskenning en onderhuids is altijd een zich bedreigd weten voelbaar.[39] Boosheid lijkt een belangrijke drijfveer te zijn van de populistische achterban. Van Stokkom heeft die fraai beschreven in een studie, getooid met de titel *Wat een hufter* en met een afbeelding van de gestrekte middelvinger op het omslag.[40] Dit maakt de ambiguïteit fraai zichtbaar: de ander is natuurlijk de hufter en dat laten we hem (meestal hem) met het symbool bij uitstek van deze boosheid weten ook. De ambiguïteit wordt alleen maar groter als deze 'verhuftering' in menige analyse een articulatie van breed maatschappelijk onbehagen heet. Van Stokkom laat zien dat de dubbele beweging van verruwing en verharding niet rechtstreeks is te terug te voeren op evidente toename van criminaliteit, onleefbaarheid in wijken, immigratie of terrorismedreiging. 'Kwetsbare mensen met grote ego's' zijn het, die in de privésfeer mild en tolerant zijn, maar jegens de buitenwereld assertief en afgesloten tegelijk.[41]

De boosheid richt zich tegen de buitenwereld, waarin migranten en in het bijzonder de islam de rol van zondebok vervullen, en tegen de elites, die het gewone volk verraden en waarin vooral links een iconische rol vervult. Er is veel onzekerheid. De globalisering zorgt voor economische dreiging en voor omvangrijke migratiebewegingen. Cultureel is er angst voor vrijheidsbeperking en aantasting van liberale verworvenheden. Tegelijkertijd ziet men in de Verlichting ook de bedreiging van een 'geloofsleer' die een al te kosmopolitisch relativisme en een afbraak van traditionele gemeenschappen en nationalistische identiteit voorstaat.[42] Opmerkelijk is de vaak opduikende weerstand tegen het feminisme, dat voor 'ontmannelijking' zou hebben gezorgd. Sarah Palin is daarvoor een even dubbelzinnige als prachtige metafoor: zeer geëmancipeerd (carrièrepolitica immers) draagt zij 'family values' uit en laat ze triomfantelijke beelden van

39 Zie bijvoorbeeld Raad voor Maatschappelijke Ontwikkeling, 2006: 71 e.v..

40 Van Stokkom, 2010

41 Van Stokkom, 2010: 144-145

42 Heyne, 2011

haar persoonlijke jachtpartijen zien. Masculiener kan het welhaast niet.[43] Niet voor niets is de taal van het populisme vaak een vorm van oorlogsretoriek, die veelvuldig over de rand van gewelddadigheid gaat. Haat zaaien is vrijheid van meningsuiting, behalve natuurlijk als het in moskeeën plaatsvindt, die vervolgens wel weer 'haatpaleizen' mogen worden genoemd.

Er is dus een nieuwe verbeelding aan de macht. In de jaren zestig was die ook niet bepaald fijnzinnig en subtiel.[44] Met het nagenoeg volledig wegvallen van morele belemmeringen en sociale controle in delen van de virtuele ruimte van het internet en de nieuwe media is echter de combinatie van verruwing en verharding op een hoger, of zo men wil lager, plan gekomen. *GeenStijl* is een normaal verschijnsel geworden en heeft ook een reguliere omroepvariant gekregen. De 'reaguurders' hebben zich een stevige plaats verworven in de publieke ruimte en herdefiniëren de codes van het publieke debat. In klassieke links-rechtstermen is het maatschappelijke klimaat niet zo gemakkelijk te duiden. Op nogal wat onderwerpen is er sprake van een rechtse hegemonie, maar tegelijk is op sociaal en economisch gebied nog veel appreciatie voor de verzorgingsstaat, mits de toegang daartoe beperkt blijft tot de eigen groep. Binnen delen van de elite is er een duidelijke verschuiving naar rechts, zeker als het gaat om kwesties van verdeling, veiligheid en publieke moraal. Aan de onderkant heerst het ressentiment, aan de bovenkant het conservatisme in soms revanchistische gedaante. Emoties spelen dus aan beide kanten een grote rol.[45]

Vitalisme en verlossing

Een van de krachtigste elementen in het populisme als politieke stroming en maatschappelijke beweging is de erkenning van de emotie als authentieke uitdrukking van het 'Volksempfinden'. Fortuyn zei nog vooral wat hij dacht, in het huidige discours verwoordt de populist vooral wat het volk voelt.

Dit is in overeenstemming met een veel bredere, wereldwijde ontwikkeling

43 Zij is in zekere zin ook een verwarrend voorbeeld van androgynie.

44 Smeets, 2011

45 Van Ginneken, 2013: 53-86

waarin ook internationale verhoudingen steeds meer door emoties worden gekleurd en geleid. Volgens Moïsi is deze 'geopolitiek van de emotie' te verklaren door het feit 'dat globalisering onzekerheid veroorzaakt en de identiteitsvragen oproept'.[46] Hij onderscheidt drie emoties en verbindt deze met culturen: 'hoop', die vooral India en China drijft; 'vernedering', als een kenmerkende emotie van de islamitische Arabische wereld; 'angst', die nu het westen in de greep heeft. En dan zijn er mengvormen, of, zoals Moïsi ze noemt, 'moeilijke gevallen': Rusland waar angst, vernedering en hoop samengaan; Iran dat eenzelfde combinatie van emoties kent, maar vitaler lijkt; Israël, dat tussen hoop en angst balanceert; Afrika, waar tussen alle wanhoop hoop gloort; Latijns-Amerika, waar naast de hoop van Brazilië sprake is van een 'populistische cyclus' die gebaseerd is op vernedering.[47]

Het is natuurlijk een grove schets, maar dat emoties een belangrijke dimensie zijn van politieke en maatschappelijke ontwikkelingen is geen revolutionair nieuw inzicht. We zijn dat in het modernistische discours van rationaliteit, redelijkheid en rechtvaardigheid echter al te gemakkelijk vergeten.

De aantrekkingskracht van het populisme ligt in zijn volledige en enthousiaste aanvaarding van de emotie. Deze is zowel empirisch als moreel waar, omdat de emotie authentiek is. Wat onmiddellijk wordt ervaren – ongemak, onvrede, irritatie – is onbezoedeld door de ratio en de daarmee samenhangende bemiddeling. De uitingsvormen daarvan – woede, agressie, haat – zijn daarom eerlijk en puur.[48] Het is echter een narcistisch vertoon van authenticiteit, dat voortdurend naar voren komt: we zijn lichtgeraakt, extreem sensitief, zeker voor schendingen van wat we als onze integriteit en eer zien. Uiteraard eisen we daarom respect. Dit leidt tot een levensstijl die assertief is en tot gedrag in de openbare ruimte dat zo mooi met het begrip 'kort lontje' wordt aangeduid. Tussen gedrag in de publieke ruimte en in de privésfeer bestaan veel minder verschillen. De Eliasiaanse 'informalisering' is verder opgerukt.[49]

In de media is dat volop zichtbaar: in de klassieke media moeten emoties

46 Moïsi, 2009: 31

47 Moïsi, 2009: passim

48 De waardering van woede, agressie en haat als pure en eerlijke emoties sluit overigens aan bij een lange traditie. Zie: Sloterdijk, 2007.

49 Van Stokkom, 2010: 32-54

ongeremd kunnen worden getoond en geldt er een grote waardering voor authenticiteit; in de nieuwe media is er een overmaat aan exhibitionisme en voyeurisme, waarbij elke trivialiteit betekenis heeft omdat hij aan een *ik* kan worden gekoppeld, dat zich daarmee verwerkelijkt. Tegelijkertijd is beledigen een volstrekt genormaliseerd communicatiepatroon geworden: de volmaakte botsing van authentieke emoties, zonder last van knellende banden als terughoudendheid of taboes. Taboedoorbreking was in de jaren zestig al een belangrijk streven, nu is het norm geworden. Taboedoorbreking dient immers de waarheid.

'De poort van het gevoel' staat volgens Docters van Leeuwen wagenwijd open.[50] Ons tijdsgewricht is in de ban van het vitalisme. Dat was oorspronkelijk een filosofische stroming, met Bergson als belangrijke protagonist, die de dynamiek van het bestaan verbond met de scheppende en creatieve kracht van het leven. Daarin spelen de intuïtie en het instinct een minstens zo belangrijke rol als de analytische kracht van het verstand. Bovendien zijn we ons niet permanent van alles bewust en handelen daarom vanuit wat Bergson een vitale impuls noemt. Het verbaast niet dat het vitalisme belangrijke maatschappelijke en politieke invloeden heeft uitgeoefend. Bekend is de inspiratie die het aan het fascisme heeft geboden, zeker in combinatie met een Soreliaanse fascinatie voor geweld.[51]

Het actuele vitalisme is overigens minder intellectueel en artistiek dan de inspiratiebronnen van zeker het Italiaanse fascisme. Het vitalisme nu is eerder anti-intellectueel en in ieder geval anti-elitair. Daarom ook verhoudt het zich vijandig tot *de* feiten die zo worden gekoesterd in de rationaliteit van beleid en bestuur. Wat in vitalistisch perspectief telt is de indringendheid van het incident, het verleidelijke van het 'sweeping statement', de helderheid van de versimpeling en natuurlijk de inspirerende inconsistenties van een groot verhaal. De burger die daarvoor gevoelig is noemt Docters van Leeuwen 'de emotionele anti-burger'. Die 'stort zich blindelings op eenieder die ordening, discipline, vooral de publieke discipline, met enige kracht representeert'.[52] In combinatie met gewelddadigheid kan dat nog knap gevaarlijk worden, maar als de 'kale mannen' zich als Kamerlid aan de orde onderwerpen ziet de antiburger dat weer met opmerkelijk begrip door de vingers.

50 Docters van Leeuwen, 2009

51 Zie: Gregor, 2005; Griffin, 2007; Sorel, 1999.

52 Docters van Leeuwen, 2009: 42-43

Canovan spreekt in dit verband over de aan democratie inherente spanning tussen pragmatisme en verlossing. Het is precies deze spanning die door het vitalisme van het populisme permanent wordt opgevoerd.[53] Een politiek die streeft naar verlossing wil een volmaakte orde realiseren en heeft de overtuiging dat politiek handelen deze kan bereiken als het volk wordt gemobiliseerd in zijn enthousiasme voor dit ideaal. Juridische beperkingen en pragmatische overwegingen zijn dan vooral hinderlijk. Verlossingspolitiek is vatbaar voor de totalitaire verleiding. Hoewel een politiek gericht op verlossing ogenschijnlijk tegenover rationalisme staat, is dit rationalisme, vooral in zijn utopische gedaante, evenzeer een vorm van romanticisme en in die zin de keerzijde van een populistische retoriek van de verlossing.[54]

Democratie kent zowel een pragmatisch perspectief als een idee van verlossing. Ze belooft immers redding door politiek, maar is ook gericht op gereguleerde conflictoplossing. Democratie is volkssoevereiniteit: het volk wordt gered als het zichzelf bestuurt. Maar democratie is ook eenvoudigweg een regeringsvorm. Democratie is institutioneel in een pragmatisch perspectief maar kan ook stevig anti-institutioneel zijn, vanwege 'the romantic impulse to directness, spontaneity and the overcoming of alienation'. [55]

Populisme belooft verlossing, dat is evident. Het wil 'Henk en Ingrid' verlossen van de elite die samenzweert tegen het volk. Dat heet dan dat het zuivere volk zich moet ontdoen van de 'goedmens' of ook wel de 'linksmens', die altijd goed wil doen voor het zwakke en het onderdrukte, die Henk en Ingrid van xenofobie beschuldigt, maar die zelf in een witte wijk woont en zijn kinderen naar het categoriaal gymnasium stuurt.[56] Natuurlijk moet het volk vooral ook worden verlost van de islam en dus van migranten die dat geloof aanhangen. De islam is immers een vorm van fascisme, die onze vrijheid bedreigt. Het is een achterlijke ideologie die als niet eens zo verborgen agenda heeft het westen te bezetten en te koloniseren, waarbij de linkse 'goedmens' de rol van vijfde colonne speelt.

53 Canovan, 1999. De auteur ontleent deze dualiteit aan Oakeshott (1966) die een onderscheid maakt tussen 'the politics of faith' en 'the politics of scepticism'.

54 Canovan, 1999: 8-9

55 Canovan, 1999: 10

56 Voor dit type redeneringen is Bosma (2011) een onuitputtelijke bron.

De vrijheid die in gevaar komt, is overigens een enkelvoudige vrijheid die in het exclusieve bezit is van het soevereine volk. Dat is als gemeenschap één en homogeen en deelt cultuur, tradities en afstamming. De vrijheid is dus een monopolie en allesbehalve gebaseerd op reciprociteit. De vrijheid van de vreemde, van de ander is per definitie een bedreiging in de ogen van het populisme. In zijn vitalisme van de onmiddellijkheid verschuiven vele betekenissen ingrijpend.

Verschuivende betekenissen

Wat is nu de populistische uitdaging aan de gevestigde politieke orde? Die is in hoge mate symbolisch van aard. Dat wil zeggen: het populisme raakt aan de betekenis van politiek en is daarmee politieker dan veel bestaande actoren en instituties in deze orde. Het weet de betekenissen te verschuiven in een domein dat zijn eigen codes en aannames steeds onzichtbaarder heeft weten te maken. Schinkel noemt dat een strategie van 'depolitisering' die politiek in het politieke domein onzichtbaar heeft gemaakt.[57] Door deze verschuiving van betekenissen, vaak in de vorm van een omkering, raakt het de politieke orde in het hart. Dat verklaart ook het ongemak waarmee deze orde en de vertegenwoordigers ervan reageren op het populisme en vervolgens ook hun tekortschieten in de bestrijding ervan. De beproefde contrastrategie, waarmee de politieke elite in Nederland radicale kritiek en verzet altijd bejegend heeft, is de repressieve tolerantie of het dynamisch conservatisme: tolereer en subsidieer het verzet en dwing daarmee pacificatie en accommodatie af; toon dynamiek en aanpassingsvermogen, waardoor veel bij het oude kan blijven. De gedoogconstructie was daar stellig ook op gebaseerd, maar de recensiemacht en de definitiemacht die Wilders zich zo verwierf maakte de contrastrategie vooralsnog improductief. Hij ging voortdurend 'vol op het orgel'.[58]

De populistische uitdaging valt in vier aspecten te duiden: het object van populisme, zijn stijl, zijn strategie en zijn perspectief.

57 Schinkel, 2012: 54-58

58 Met deze typisch calvinistische bewoordingen voorspelde CDA-onderhandelaar Klink waar het gedogen op neer zou komen. Hij deed dat in de uitgelekte brief waarin hij motiveerde waarom hij zich terugtrok uit de formatie die tot de gedoogconstructie moest leiden.

Het object van populistische politiek is altijd een 'anti', een 'tegen'. Het populisme is anti-elite, anti-orde, antirepresentatie, antivreemdeling, anti-islam, en soms betoont het zich ook nog eens antiparlementair en antidemocratisch. Zijderveld noemt het populisme daarom metafysische antipolitiek.[59] In dit antidenken bedrijft het populisme metapolitiek, omdat het zich bij uitstek en bij voortduring richt op wat politiek *niet* moet zijn en doen. Daarom ook vind ik Zijdervelds definitie van populisme als metafysische antipolitiek veel adequater dan Laclaus omschrijving waarin populisme de nieuwe vorm van het politieke is.[60]

De veelgeuite kritiek, dat het populisme nooit in positieve termen oplossingen voor problemen benoemt snijdt nauwelijks hout. In het populistische discours gaat het juist om het benoemen van problemen. Door dit systematisch op een antagonistische wijze te doen maakt het duidelijk dat het probleem alleen maar op te lossen is door het radicaal te laten verdwijnen, door de oorzaak ervan te verwijderen. Er is nooit een compromis, nooit een 'tussen', omdat het populisme de politieke orde juist aanvalt op dit compromiskarakter. Vandaar ook dat uitroeien, vernietigen, verwijderen, bestrijden, opheffen, laten verdwijnen populaire woorden zijn. De samenleving is fundamenteel ziek en het populisme is de verwoording par excellence van deze sociaal hypochondrische diagnose.[61]

De stijl van het populisme is daarvan afgeleid en levert misschien wel de meest ingrijpende confrontatie met de bestaande orde op.[62] Deze stijl wijkt in vrijwel alles dramatisch af van de heersende codes, maar gaat tegelijkertijd een permanente confrontatie aan met de vraag wat politiek, of beter nog het politieke, in een samenleving nu eigenlijk is. In de stijl valt in de eerste plaats de retoriek op: dat is er een van strijd, conflict en dan meestal in de meer geëxalteerde vorm van de oorlog en de vijandschap. Daarop wordt het populisme vaak aangevallen, zeker als er maatschappelijk geweld optreedt dat een concretisering van deze retoriek lijkt of zegt te zijn. Zo vinden velen dat Wilders zich moet verantwoorden als de Noorse terrorist in zijn omvangrijke manifest regelmatig naar Wilders verwijst. Natuurlijk, woorden zijn niet onschuldig. Dat weet het populisme als geen andere

59 Zijderveld, 2009: 10; zie ook Van Reybrouck, 2008.

60 Laclau, 2005: 117-124

61 Schinkel, 2008

62 Frissen, 2012

beweging, maar de politiek is vanzelfsprekend een arena van strijd en volgens sommige auteurs is het antagonisme tussen vriend en vijand daarvan de kern: 'the proper identification of the enemy is an essential part of the art of politics'.[63] Dat in zo'n arena metaforen van oorlog en strijd snel opduiken ligt voor de hand. In de jaren zestig en zeventig was dat ook binnen links tamelijk gebruikelijk.[64]

Behalve voor een in de Nederlandse politiek ongebruikelijk harde retorische stijl, kiest het populisme ook voor het ressentiment als inspiratiebron van deze stijl. Het ongenoegen en het onbehagen wil het onomwonden vertolken. De 'gewone man' wordt aangesproken en tot soeverein verklaard, met al zijn emoties en onmiddellijke passies. En waar Pim Fortuyn nog een 'politieke dandy' was, die de rol van politicus en die van beoogd premier vooral speelde, als was hij een creatieve kunstenaar (Oscar Wilde), is Wilders veel meer de volkstribuun, hoewel ook hij bepaald niet grijs en doorsnee te noemen is.[65] De stijl is vitalistisch, gericht op het volk dat systematisch wordt verraden.

De strategie van het populisme is die van de permanente campagne, gericht op mobilisatie van de massa die voorheen buitengesloten en gemarginaliseerd werd.[66] Het creëert zichtbaarheid van de populistische agenda door een zorgvuldig uitgekiende mediastrategie op eigen voorwaarden. Het is voortdurend in de openbaarheid, terwijl het spaarzaam op media-uitnodigingen ingaat.[67] Incidenteel is er een interview, een televisieoptreden, een radioprogramma. Juist door zijn afwezigheid is het permanent aanwezig en zichtbaar, vooral ook in het verhaal van de ander. Van de nieuwe media wordt intensief gebruik gemaakt en het laat niet na meer directe democratie op te eisen. Het profileert zich in dit opzicht dus radicaal democratisch. Des te opvallender dat de PVV als partijorganisatie een stichting[68] is, en de meeste populistische partijen leiderschap juist accentueren.

63 Abts & Rummens, 2007: 422

64 Kuitenbrouwer (2011) daagt de gevestigde politiek dan ook uit zelf 'een toontje harder' te debatteren in plaats van Wilders tot matiging te manen.

65 Pels, 2003: 255

66 Jansen, 2011: 32

67 De 'tweets' van Wilders halen vaak voorpagina en 'primetime' en hebben als belangrijk voordeel dat ze nooit hoeven te worden toegelicht: 'the medium is the message'.

68 Uiteraard zonder leden. Wilders deelt met de katholieken een afkeer van verenigingsdemocratie.

Het populisme koestert een politieke mythe die mobiliseert – het ene volk – en het benadrukt de politieke onvrede door voortdurend op de kloof tussen elite en massa te wijzen. Het celebreert incidenten en laat bij herhaling zien dat de politieke agenda juist uit incidenten en hun diepere betekenissen bestaat. Daarmee creëert het populisme een breuk met de bestaande orde, die veel meer gericht is op compromisvorming, onderhandeling tussen minderheden en afweging van belangen. Het rechtse populisme van Wilders doet dat nog veel radicaler dan het linkse populisme van de SP.

Het populistisch perspectief tenslotte is er een van verlossing. Het populisme is, zoals eerder gezegd, manicheïstisch. Het 'goede' volk moet verlost worden van kwade krachten. Daartoe wil het populisme de gemeenschap van het volk herstellen als een homogene eenheid met een eenduidige geschiedenis en een gekoesterde traditie. De demos – de politieke gemeenschap – berust daarom op de etnos – de gemeenschap van identiteit, verbondenheid, afkomst en herkomst. De natiestaat moet in ere worden hersteld en wie erbij wil horen moet veel meer onderschrijven dan alleen de eisen van democratie en rechtsstaat, maar zich assimileren in een historische cultuurgemeenschap. De oorspronkelijke leden daarvan hebben het exclusieve recht de toegang daartoe te bepalen en te beperken. Rechten en plichten komen niet voort uit de reciprociteit van de politieke afspraken, maar berusten op een historisch en cultureel enkelvoudig gedefinieerde gemeenschap.

Het populistisch perspectief is desondanks uitermate politiek van karakter. Als geen ander beseft de populist dat beleid niet rationalistisch maar bij uitstek symbolisch van aard is.[69] Via de symboliek van het beleid wordt de orde van de macht bepaald. En die orde van de macht is voor hem de politieke orde van een homogene gemeenschap. Het populisme weet dat die orde maakbaar is en speelt daarop in, niet door middel van een incrementalistisch repertoire van schikken en plooien en passen en meten, maar door de orde van het grote verhaal te herstellen. Dat is de dramatische waarheid die het populisme propageert. Het is de waarheid van een historische en culturele gemeenschap die wordt bedreigd, maar waarvan de eenheid en zuiverheid kunnen en moeten worden hersteld. Het is een waarheid over een gedroomd verleden, zonder verraad en zonder tragiek.

69 Een op feiten, op rationaliteit gebaseerde bestrijding schiet dan ook hopeloos tekort. (Oudenampsen, 2010)

In alle onmiddellijkheid is de verlossing die het populisme brengen wil verwant met de modernistische utopie van de rationele orde die in de toekomst ligt en die de vooruitgang tot voltooiing brengen zal. In deze onmiddellijkheid schuilt natuurlijk een zekere schoonheid: het is de heroïek van een tragisch heldendom.

2 *De permanente voltooiing van de moderniteit*

Een tweede uitdaging waarvoor de politieke orde zich gesteld ziet, is die van de maakbaarheid. Dat is inmiddels een klassiek thema in politieke wetenschap en bestuurskunde, al was het maar omdat beide wetenschappen dit verschijnsel zowel analyseren als kritiseren, maar ook medeverantwoordelijk zijn voor het verlangen ernaar. Dat laatste geldt natuurlijk voor veel wetenschap. In het zoeken naar waarheid schuilt vaak ook een verlangen naar beheersing. Daaruit zijn veel technisch kunnen en technologieën voortgekomen.

Maakbaarheid is een van de belangrijkste ambities van de moderniteit, door Bauman aangeduid als 'man-made order'. En ondanks alle relativeringen van de mogelijkheid van maakbaarheid of alle kritiek op de normatieve wenselijkheid ervan persisteert het menselijke verlangen ernaar en krijgt dit verlangen gestalte in praktijken en technologieën die volgens vele auteurs steeds 'gulziger' worden.[70]

Dat moet haast van doen hebben met de mythologie van de moderniteit die ons (nog steeds) in de greep heeft. Deze berust op een geloof in de rationaliteit die zowel de waarheid als de macht fundeert. Als we de waarheid kennen, kunnen we niet alleen handelen, maar mogen en moeten we ook handelen. Passiviteit is geen optie, als de wereld vervuld is van het onvolmaakte en het onvoltooide en als er bovendien nog altijd leed, pech en risico bestaan. Daarin is de redelijke rechtvaardigheid van de rationaliteit gelegen.

70 Trommel, 2009

Tussen populisme, maakbaarheid en rationaliteit bestaat een uiterst gecompliceerde verbinding. Het populisme wil verlossing en verwacht dat deze politiek te verwezenlijken is als de waarheid van het volk wordt gevolgd en in de bureaucratische uitvoering gestalte krijgt. Daarbij moet die uitvoering door de bureaucratie natuurlijk niet bureaucratisch zijn, want daarvan is het populisme afkerig. Het populisme politiseert de ambitie van maakbaarheid en haalt deze uit de wereld van de technocratie.[71] Rationeel is voortaan wat de meerderheid wil. En wat de meerderheid wil is doorgaans een populistische evidentie. De meerderheid heeft het gelijk van de emotie en intuïtie. De waarheid ligt op straat. Dat daagt de politieke orde uit, omdat het populisme de waarheid van het bureau, van de technologie en van de wetenschap ten diepste wantrouwt. Het traditionele verweer van de rationaliteit – feiten, cijfers, modellen – stuit op een muur van populistische argwaan. Het populisme ziet haarscherp dat politiek meer is dan publiek management en rationele belangenafweging.[72]

Door de symbolische zeggingskracht van het populistische discours wordt de maakbaarheid steeds gulziger. Het volk heeft veel leed dat bestrijding behoeft, terwijl het tegelijkertijd veel leed veroorzaakt. Het interventionisme is het ritueel van de rationele mythologie, terwijl tezelfdertijd het modernistisch vertoog moet ontkennen mythologisch te zijn. De zucht naar kennis blijft daarom voortduren en de wil tot beheersen eveneens. Zelfs als deze kennis 'sophisticated' is, zoals in de beschouwingen over complexiteit, is nietsdoen nog steeds geen optie. De moderniteit kan de tragedie van het bestaan niet aanvaarden. Het zoekt daarom voortdurend naar oplossingen in een streven het project van de vooruitgang te voltooien. Deze permanente voltooiing gaat met de populistische uitdaging een bijzondere relatie aan.

Mythologie van het rationele: waarheid en macht

Van Rooden constateert in een prikkelend essay 'dat onze politieke gemeenschappen zich van "primitieve" of "premoderne" onderscheiden omdat zij niet meer

71 Dat is op zichzelf verademend te noemen.

72 Oudenampsen, 2010; Schinkel, 2012; Uitermark, Oudenampsen, Van Heerikhuizen & Van Reekum, 2012

mythologisch zijn, omdat zij in hun fundering niet meer uitgaan – en uit willen gaan – van een oorsprongsmythe'.[73] In de verschillende politieke ordes die aan de moderniteit voorafgaan heeft de mythe die deze ordes fundeert tot taak zowel de historische contingentie van deze ordes als de noodzakelijke gewelddadigheid bij de creatie ervan te doen vergeten, zo betoogt deze auteur. Dit nu is precies de betekenis van een mythe: een verhaal dat de toevalligheid van elke orde betekenis geeft, tegenstrijdigheden in het bestaan verzoent en deze verzoening verbindt met een glorieuze toekomst.[74] Deze is slechts te bereiken als de logica van de zingevende mythe wordt aanvaard en met serieuze rituelen bevestigd en onderhouden.

In de moderniteit is de belangrijkste mythe van de politieke orde een tamelijk ingewikkelde: het is namelijk een mythe die niet alleen verhult mythe te zijn – dat doen alle mythes – maar juist de pretentie verwoordt dat we eindelijk in een niet-mythologisch tijdperk terecht kunnen komen. De mythe van de moderne politiek is immers dat zij enerzijds is gebaseerd op de wil van het volk, die democratisch te lezen is, en anderzijds op de nuchtere waarheid van de wetenschappelijke feiten en de rationele beleidsvoering.

Terecht stelt Van Rooden vast dat deze dubbele ontkenning van haar mythologische grondslag een 'valse bescheidenheid' is die gemakkelijk kan omslaan in 'gevaarlijke hoogmoed'.[75] Het populisme zet deze dreiging op scherp, omdat het zich de exclusieve vertolker van de wil van het volk acht en omdat het de rationaliteit van beleid en regelgeving onderdeel vindt uitmaken van het verraad van de elites. De feiten zijn immers onbemiddeld en evident: intuïtie en emotie zijn belangrijker inspiratiebronnen dan wetenschap en wetenschappelijke twijfel.[76] En precies met een vertoog over de feiten, over de waarheid, probeert de bestaande orde zich teweer te stellen tegen de uitdaging van het populisme. Vergeefs overigens.

Daarin wreekt zich de mythologie die geen mythologie wil zijn. Rationaliteit is een absolute waarde die vanzelfsprekend is en dus geen legitimatie behoeft bui-

73 Van Rooden, 2010: 108

74 Cassirer, 1974: 15 e.v.

75 Van Rooden, 2010: 112

76 Berger & Zijderveld, 2010

ten die rationaliteit zelf.[77] De rationaliteit kent immers de dubbele betekenis van waarheid en redelijkheid. De rationaliteit die de Verlichting ons heeft gebracht berust op de zekerheid dat de wereld kenbaar is langs de weg van het wetenschappelijke onderzoek dat geleid wordt door een almaar verder en beter uitgewerkte methodologie van procedures en technieken voor kennisverwerving. Daardoor kennen we de wereld steeds beter en grondiger. En hoewel we eveneens weten dat kennisverwerving geen einde heeft, hetgeen alle weten potentieel steeds opnieuw op losse schroeven zet, lijkt de mythe van de rationaliteit toch de mogelijkheid van een volledig weten te veronderstellen. Als kennis volledig is resteert dus de alomvattendheid van een voltooid weten, waardoor de geschiedenis haar einde kent. De eindigheid van de geschiedenis valt samen óf met een volledig nihilisme óf met de sacraliteit van het volledig weten, waarin geen contradictie, paradox of dilemma meer bestaat en alles transparant is geworden. Menig wetenschapper lijkt daarvan te dromen, als hij er al niet van uitgaat.[78]

Het modernisme schakelt waarheid echter al te lichtvaardig gelijk met de werkelijkheid van de empirie. *Diepere* waarheden kunnen losstaan van de empirische werkelijkheid waaraan de wetenschappelijke methode refereert. Een verhaal, een parabel, een sprookje kunnen waarheden ontsluiten die niet direct empirisch zichtbaar zijn in een werkelijkheid.[79]

Nieuwste loot aan deze stam van absolute waarheidzoekers is de hersenwetenschap. Meer in het algemeen is er een fors gegroeide aandacht voor biologische grondslagen van menselijk gedrag. Met zeer vaardige pen en aanstekelijke humor geeft Lamme een overzicht van wat we weten. Opvallend weinig aarzeling en twijfel laten de volgende citaten zien:

> 'Kunnen we iemands "ware ik" dan met een hersenscan boven water halen? Kunnen we daarmee wel zien wat iemand gaat doen in een noodsituatie? Of simpeler, waar zijn voorkeur op valt als hij een keuze moet maken tussen een broodje zalm of een kroket? Zover is het nog niet maar heel ver ervandaan zitten we evenmin.'

77 Snellen (1987) onderscheidt vier rationaliteiten die elk onherleidbaar zijn.

78 Denk aan de natuurwetenschappelijke zoektocht naar een 'theorie van het Al'.

79 Met dank aan Mark van Twist die me op dit onderscheid tussen waarheid en werkelijkheid wees.

En:

'Brein en geest zijn identiek.'[80]

De tekst van Lammes boek *De vrije wil bestaat niet* maakt glashelder dat deze boude interventie in een eeuwenlang filosofisch debat allerminst ironisch is bedoeld. Verrassend vaak ook is in dit wetenschappelijke discours sprake van verwarring van statistische correlatie met causaliteit. Dat wordt weliswaar met een charmante glimlach gepresenteerd[81], maar diezelfde glimlach wordt ijzingwekkend als ik denk aan de gretigheid waarmee deze inzichten in de domeinen van veiligheid, justitie en zorg zullen worden toegepast. Een verplichte preventieve chemische castratie is voor de pedoseksueel en zijn potentiële slachtoffer toch zeker humaner dan decennia tbs na het misdrijf?

Daarmee raken we ook aan de tweede betekenis van rationaliteit, namelijk redelijkheid. Als we rationeel zijn, laten we de rede werken en dat valt uiteraard te prefereren boven de irrationaliteit van emotie en intuïtie. We beheersen onze driften en instincten, nemen verstandig onze beslissingen, die daardoor ook verstandig zijn, en komen zo tot wijsheid met beleid.[82] De politieke orde van de moderniteit is van deze overtuiging doordrenkt. In morele zin verbindt deze redelijkheid rationaliteit ook met rechtvaardigheid. Wat we met inzet van rationaliteit doen is het meest redelijke handelen en levert daarom ook de meest rechtvaardige resultaten op. Habermas' idee van de 'herrschaftsfreie Kommunikation' als doel van de moderniteit is een cruciaal leerstuk in deze visie, die het eigen mythologische karakter ontkent. Niet voor niets noemt Habermas de moderniteit daarom een – weliswaar onvoltooid – project.[83]

Rationaliteit en redelijkheid zijn bovendien rechtvaardig, omdat ze voor vooruitgang zorgen. De wereld wordt een betere plaats: welvarender, vrediger en

80 Lamme, 2010: 50 en 280. Merk de subtiliteit van het woordje 'nog' op.

81 Dick Swaab in het tv-programma *Zomergasten* van 31 augustus 2011.

82 Het is opmerkelijk dat uitgerekend de hersenwetenschap – toch een avant-garde van wetenschappelijke rationaliteit – van de notie van een rationeel handelende mens niets, maar dan ook niets heel laat en dat ook nog met sardonisch genoegen lijkt te doen. Zou dat inzicht niet reden tot ironie of op zijn minst zelfreflectie moeten zijn?

83 Habermas, 1981; zie ook Van den Brink, 2007.

minder wreed, om met Rorty te spreken. Hoe postmodernistisch we de wereld ook beschouwen, niet te ontkennen valt dat de wereld – in ieder geval delen ervan – in allerlei opzichten een betere plaats is geworden: minder armoede, hogere levensverwachtingen, meer vrijheid van keuze en zelfbeschikking. Technologisch kunnen we bepaald meer, veel meer. Tegelijkertijd heeft het postmodernisme ons de relativering gebracht van veel van het absolute in de claims van de moderniteit. De vooruitgang bracht ook massamoord op industriële schaal. De rationaliteit is niet in alle opzichten redelijk en niet voor iedereen en overal rechtvaardig. Terreur, ook door staten, onderdrukking en exploitatie zijn allerminst verdwenen.

En de waarheid onderhoudt een uiterst complexe relatie met de macht. Als wetenschappers al niet zelf de tovenaarsleerlingen van de macht zijn, dan zijn hun bevindingen en technologieën met gretigheid aanvaard door de tovenaarsleerlingen van bureaucratie en beleidspanoptica. Ringeling onderscheidt in de relatie tussen macht en – vooral bestuurskundig – weten vier posities. 'L'art pour l'art' kenmerkt de wetenschapper die zijn werk niet wil laten bezoedelen, maar overigens wel vindt dat de machthebber moet betalen en vooral ook luisteren. 'Speaking truth to power' doet de wetenschapper die de macht met zelf geclaimde autoriteit voorhoudt hoe te handelen en erop rekent serieus te worden genomen. 'Souffleur van de macht' is de wetenschapper die deel uitmaakt van de macht, maar op de achtergrond, in de coulissen. Tenslotte zijn er de instrumentalisten – 'U vraagt, wij draaien' – die dienstbaar zijn en handzame antwoorden op concrete, maar soms lastige vragen verschaffen.[84] Wat alle posities verbindt is de diepe overtuiging dat waarheid kan helpen. Als echter de politieke orde waarbinnen de waarheid de macht moet dienen of kritiseren gebaseerd is op de mythologie van rationaliteit, redelijkheid en rechtvaardigheid, dan is het alleen binnen deze mythologie dat de relatie tussen macht en waarheid betekenis heeft. Als deze mythologie wordt aangevallen, dan is er onmiddellijk verwarring, vaak gehuld in de toonzetting van morele verontwaardiging. Intrigerende voorbeelden zijn er te over: de bijna conspiratieve bezwaren tegen baarmoederhalskankervaccinatie bij meisjes; de voortdurende kritiek op de klimaatwetenschap; de ontkenning van meevallende criminaliteitscijfers of

84 Ringeling, 2007; zie ook Van Twist, 2010.

hoge strafmaat. In dit koor zingt het populisme een belangrijke stem omdat het de vanzelfsprekende band tussen waarheid en macht ter discussie stelt. Juist omdat dit gebeurt met een stevig beroep op democratische kernwaarden als volkssoevereiniteit, vrijheid van meningsuiting en meerderheidsbesluitvorming zet het een deel van de mythologie van de moderniteit op scherp. De democratie is de meest redelijke van alle politieke ordes, maar is dat alleen voor zover de stem van het volk wordt gehoord. De redelijkheid van de wetenschappelijke rationaliteit botst vaak met het 'bevinden van het volk' en is daarom elitair en verdacht. Ziedaar de uitdaging.

Gulzige maakbaarheid

Over de relatie tussen weten en macht is al vaak en vroeg gepubliceerd. Machiavelli heeft vooral in zijn *Discorsi* historische en militaire kennis bijeengebracht om machthebbers wijze lessen te (laten) leren.[85] Een van de eerste bestuurskundigen in de Angelsaksische traditie, de achtentwintigste president van de Verenigde Staten Woodrow Wilson, publiceerde in 1887 een pleidooi voor de verwetenschappelijking van het bestuur. Ook toen al bestond de overtuiging dat besturen steeds complexer en moeilijker werd en dat bovendien de staat steeds meer taken op zich nam.

> 'This is why there should be a science of administration which shall seek to straighten the paths of government, to make its business less unbusinesslike, to strengthen and purify its organization and to crown its duties with dutifulness.'[86]

Opmerkelijk hoe al in de negentiende eeuw een vooraanstaande vertegenwoordiger van de Amerikaanse bestuurskunde bedrijfsmatigheid propageerde. New Public Management is dus zo bezien oude wijn in nieuwe zakken. En ook toen al een pleidooi voor gedecentraliseerd bestuur met veel checks-and-balances.

85 Machiavelli, 1997

86 Wilson, 1887: 201

Ook in Nederland heeft de idee dat kennis nodig is om de wereld te maken en te ontwerpen met behulp van bestuur en recht oude wortels.[87]

In de twintigste eeuw heeft deze oriëntatie op wetenschappelijkheid en verwetenschappelijking zich verbonden met de goede bedoelingen van autoritaire staten en met die van verzorgingsstaten. De goede bedoelingen van autoritaire staten waren altijd ingebed in enerzijds een meer of minder totalitaire ideologie en anderzijds in de filosofische en maatschappelijke stroming van het modernisme. Nog steeds is *Seeing Like a State* van Scott een fenomenale studie van deze historische dynamiek. In het streven de wereld te scheppen naar het een of andere ideaal moet de wereld natuurlijk worden beheerst. Dat kan door een strategie van leesbaarheid – 'legibility' – waarin mensen en hun relaties worden geclassificeerd en gestandaardiseerd. Klassiek is het voorbeeld van het adres: in de bevolkingsregistratie staat de burger als belastingplichtige, als dienstplichtige en als potentiële crimineel geregistreerd. De via adressen geordende samenleving is nodig om de staat te financieren en voor de uitoefening van gezag gestoeld op het geweldsmonopolie.[88] Achterhuis noemt dit een politiek van de goede bedoelingen en betoogt dat deze onmogelijk en gevaarlijk is. Het doel-middelschema hoort in de politiek niet thuis, omdat politiek '(...) niet over goede of slechte bedoelingen, morele of immorele daden ten opzichte van medemensen gaat, maar om wat zij (Arendt, PF) omschrijft als het behoud en de inrichting van "de wereld"'.[89] Wat Achterhuis verwerpt is een moralisering van de politiek, waardoor het geweld van de staat – dat natuurlijk nooit moreel rechtvaardig kan zijn – zal worden ingezet voor een specifieke moraal en daardoor per definitie totalitaire gevolgen heeft. Precies dat is wat we niet alleen in openlijk totalitaire staten, maar zeker ook in de milde despotie van de verzorgingsstaat hebben gezien en nog steeds zien.[90]

Beleid en in het kielzog daarvan geïnstrumentaliseerd recht zijn de technieken van een politiek van goede bedoelingen. Vandaar ook dat beleid en recht geëxplodeerd lijken in omvang en intensiteit. Beleid moet nu evidencebased zijn:

87 Duyvendak & De Haan, 1997

88 Scott, 1998. Voor een verzameling lichtvoetige beschouwingen over de anarchistische politieke keuzes die aan zijn analyse zijn te verbinden: Scott, 2012.

89 Achterhuis, 1999: 11. Zie ook Achterhuis, 2008 en Teulings, Bovenberg & Van Dalen, 2005.

90 Kruiter, 2010; zie ook Peeters, 2013.

alleen als interventies of programma's hun effectiviteit hebben bewezen, mogen ze worden ingevoerd in een beleidsdomein.[91] We zien dit uitgangspunt terug op uiteenlopende terreinen als onderwijs, justitie, gezondheidszorg, welzijn, milieu en klimaat. Gaat het om sociale werkelijkheden, dan levert de eis van 'ceteris paribus' – alle relevante omstandigheden die niet in het onderzoek (kunnen) worden gecontroleerd zijn gelijk – nogal wat problemen op, natuurlijk. Desondanks blijft de overtuiging gelden dat vooruitgang in wetenschappelijke kennis beleid steeds rationeler zal maken en daardoor effectiever en rechtvaardiger. Dat geldt bepaald niet alleen voor de bestuurskunde.[92]

Elk beleidsterrein kent zijn eigen industrie van onderzoek en advisering, die met diepe overtuiging deze mantra reciteert: als het beleid faalt, is meer onderzoek nodig; als we maar betere beleidstheorieën weten te formuleren, zal het falen kunnen afnemen. Dat hiermee middelen zijn te verwerven is natuurlijk een plezierige bijkomstigheid. De mantra is in dat opzicht heel behulpzaam. Beleid verdient evaluatieonderzoek. Vaststellen dat beleid faalt, schraagt de conclusie dat het beleid moet worden bijgesteld en verfijnd. Dat vraagt uiteraard weer om onderzoek. En het nieuwe beleid verdient opnieuw evaluatieonderzoek.

In het najagen van de maakbaarheidsdroom is de staat een gulzige institutie geworden die zich meester maakt van alle domeinen waar leed, pech en risico bestaan en waar de burger kan worden verheven en verlost.[93] En in de bestrijding van de tragiek zijn vooralsnog geen begrenzingen te vinden in het ethos van de verzorgingsstaat. De cultus van het slachtofferschap die daarin zo'n belangrijke inspiratiebron is, blijft niet langer beperkt tot de zwakke of kansarme burger maar

91 Dit is inmiddels een wereldwijde beweging van onderzoekers, adviseurs en beleidsmakers die beleidsprogramma's en beleidsinterventies wetenschappelijk willen funderen. Opmerkelijk is dat van overheidswege, ook in Nederland, hierin fors wordt geïnvesteerd. Daarbij ontbreekt het besef dat als beleid wetenschappelijk moet worden gefundeerd, er op grote schaal beleidsmoratoria zouden moeten worden ingesteld. Zelfs als gewenste effecten optreden is lang niet altijd een causale relatie met het gevoerde beleid te leggen. Een van de protagonisten in Nederland, Frans Leeuw, behalve hoogleraar ook directeur van het wetenschappelijk onderzoekscentrum van het ministerie van Veiligheid en Justitie, lijkt dat in zijn oratie ook te suggereren als onvermijdelijke uitkomst (Leeuw, 2008). Hij vermijdt die conclusie echter en pleit vervolgens voor intensieve studie van gedragsmechanismen.

92 En dan geldt in de bestuurskunde nog dat de feiten altijd 'gekker' zijn dan de onderzoeker ze verzonnen kan krijgen. In andere domeinen laten recente schandalen zien hoe ver de obsessie met experimentele wetenschapsopvattingen kan strekken.

93 Coser, 1974

raakt in de risicosamenleving iedereen. De fall-out van een kernramp is klassen-neutraal, zegt Beck.[94] In de gulzigheid echter van het maakbaarheidsdenken is niet alleen iedereen potentieel slachtoffer van pech, leed en vooral risico's, maar is ook iedereen potentieel veroorzaker van risico's en het daaruit voortvloeiende leed. Aan de cultuur van het slachtofferschap is die van het potentiële daderschap toegevoegd.

Trommel verklaart de gulzigheid van het bestuur, die hij een pathologie noemt, uit een 'moderniseringsverlies' dat op het eerste gezicht de notie van maakbaarheid lijkt te ondermijnen maar uiteindelijk een radicalisering daarvan oplevert. Hij spreekt van de 'kraamkamer van gulzig bestuur' die het gevolg is van een drievoudig proces van 'verdamping': het ideaal van de verzorgingsstaat erodeert door reflexiviteit en globalisering; gezag en traditie raken onttoverd en dat brengt de staat in een legitimiteitscrisis; de samenleving raakt in een toestand van wat Bauman 'liquid modernity' noemt en dat tast sociaal kapitaal aan.[95] Doordat de obsessie met maakbaarheid intensiveert, wordt het bestuur gulziger dan ooit. De pathologie die dat oplevert bestaat uit 'hybris', 'hybriditeit' en 'hypochondrie'. We passen overal het ogenschijnlijk sympathieke voorzorgbeginsel toe: iedereen wordt verantwoordelijk gehouden voor wat in de toekomst kan misgaan en nu wellicht te voorkomen is. Verantwoordelijkheden raken wijd verspreid in complexe arrangementen die in naam van transparantiebevordering het zicht vooral troebleren. En er ontstaat 'een laboratoriumvisie op samenleven, een staat op zoek naar steriliteit in een wereld vol bacteriën en vuil'.[96] In de inmiddels in heel bestuurlijk Nederland gebruikte Rotterdamse slogan 'schoon, heel en veilig' zien we deze hypochondrie helder geformuleerd. Duidelijk is dat hierin ook de populistische afkeer van het vreemde en het andere meeresoneert. 'Dirt is matter out of place', zei Mary Douglas al.[97]

De obsessie met maakbaarheid, al dan niet pathologisch, is uitdrukking van een aloud faustisch verlangen. In zijn modernistische vorm is dit verlangen

94 Beck, 1986. De kanttekening kan wel worden gemaakt dat lagere sociaaleconomische klassen meestal dichter bij dergelijke risicobronnen wonen.

95 Trommel, 2009: 11-14; Bauman, 2000

96 Trommel, 2009: 26

97 Douglas, 1966: 35

technocratisch geworden: het gaat, aldus Fischer, om een politiek van de expertise.[98] In een democratie is pluraliteit van doelen, van strategieën, van intenties principieel gegeven.

Dat betekent onvoorspelbaarheid en onbeheersbaarheid. De wetenschappelijke rationaliteit verzet zich tegen deze vaststelling en wil beleid ontwerpen dat een doel in de toekomst wil realiseren of risico's voorkomen. De staat wordt in het licht daarvan een interventiemachine, hoe hard de minister-president ook roept dat de staat geen geluksmachine is.[99] Dat laatste klopt in ieder geval wel, als we het resultaat van de technocratie zien: beleidspanoptica waarin repressie en preventie angstaanjagend rationeel samengaan. De gulzige maakbaarheid toont zich in de gedaante van een preventieve staat.[100]

Interventionisme als ritueel

Natuurlijk is veel van het beleid dat het gulzige bestuur maakt symbolisch van aard. De woorden zijn succesvol, maar van het beleid zelf moet dat vaak worden afgewacht.[101] Het spreekt de taal van daadkracht en doorzettingsmacht, maar stuit voortdurend op belemmeringen, omdat kennis diffuus is, burgers eigenwijs en maatschappelijke actoren machtig. Bovendien moet het bestuur handelen onder condities van grenzeloosheid, ambiguïteit en conflict. Noordegraaf noemt dit 'de interventiefuik', waarin elk verlangen naar maakbaarheid terechtkomt. Willke spreekt over de ironische toestand van de staat. Ik heb me bij die diagnose regelmatig aangesloten.[102] We zouden het daarom bij een ironisering van het maakbaarheidstreven kunnen laten en kunnen wijzen op de symboliek van veel van het beleid dat wordt voorgesteld. Maar afgezien van een al te beperkte opvatting van symbolisch beleid die daaruit zou kunnen spreken, miskennen we dan

98 Fischer, 1990

99 Zie ook Terpstra (1997: 167 e.v.) over dit beeld van de machine.

100 Frissen, 2008

101 'Words that Succeed and Policies that Fail' luidt de ondertitel van een van de beroemde werken van Edelman (1977). Zie ook Edelman, 1971 en 1985.

102 Noordegraaf, 2004: 43-71; Willke, 1992; Frissen, 1996

toch de ingrijpende gevolgen van het om zich heen grijpende interventionisme. Niet alleen raakt het recht steeds meer geïnstrumentaliseerd, maar ook komen rechtsstatelijke grenzen regelmatig in zicht, als ze al niet worden overschreden. In ieder geval is de vrijheid van de burger zonder twijfel in het geding.

Veel van het interventionisme komt voort uit een verschijnsel dat 'securitisering' heet en dat gemunt is door Ole Wæver, boegbeeld van de Copenhagen School, een groep onderzoekers op het gebied van internationale betrekkingen en veiligheidsstudies. Oorspronkelijk komt het begrip uit de financiële wereld en verwijst het naar risicospreiding, waarvan we nu vele wrange vruchten plukken. In de wereld van politiek en bestuur gaat het om een proces waarin een actor elk onderwerp in een veiligheidsvraagstuk kan transformeren. Het onderwerp komt aldus op de politieke agenda en kan – bij voldoende sensitiviteit – aanleiding zijn tot extreme veiligheidsmaatregelen. De perceptie van het publiek speelt daarbij een zeer belangrijke rol.[103] Het is duidelijk dat '9/11' een geweldige impuls heeft gegeven aan deze securitisering. De 'war on terror' was een politiek-strategisch antwoord op een huiveringwekkende terreurdaad. Daad én antwoord hadden een evidente symbolische lading – performativiteit.[104] De grenzen van de rechtsstaat zijn daardoor aanzienlijk opgerekt en vrijheden van burger fors ingeperkt.[105] De tegenstander is geen staat maar een netwerk van individuen en milities dat premoderne waardeoriëntaties gewelddadig wil verspreiden met gebruikmaking van moderne en soms zelfs postmoderne strategieën en media. Staten bombarderen hoofdkwartieren in verre, onherbergzame oorden, terwijl de tegenstander opereert in netwerken, die internationale conflicten een wereldwijde verspreiding geven tot in onze steden. Het beeld van de vijand is even voor de hand liggend als misleidend.[106]

Het denken in termen van risico's en het daaruit voortvloeiende gevoel dat preventie noodzakelijk en heilzaam is, heeft zich tot ver buiten het domein

103 Buzan, Wæver & De Wilde, 1998

104 Zie daarover hoofdstuk 8.

105 Recent is echter van enige liberalisering sprake. De conservatief-liberale regering in Engeland heeft nogal wat Blair-maatregelen op dit punt teruggedraaid en de Nederlandse regering heeft recent – in stilte overigens – een omstreden terreurwet ingetrokken.

106 Zie Frissen (2010) voor een analyse van dit beeld van de vijand.

van de terreurbestrijding verspreid. 'Via het veiligheidsbegrip wordt het criminaliteitsprobleem dus in materiële zin breder, in bestuurlijke zin diverser en in psychologische zin dieper.'[107] Het streven is erop gericht gedrag, waarden en leefpatronen zo vroeg mogelijk in beeld te brengen en te beïnvloeden opdat de normaliteit kan worden gerealiseerd en de burger gedisciplineerd. Daarbij zijn het niet alleen de staat en zijn politieke bestuurders, noch de volksvertegenwoordiging die deze ontwikkeling eenzijdig afdwingen, maar is er een breder maatschappelijk onbehagen – althans de breed gedeelde veronderstelling daarvan – dat eraan ten grondslag lijkt te liggen. Bovendien bestaat er ook een sterk professioneel en wetenschappelijk belang bij de verspreiding van deze technologieën voor risicobeheersing en preventie. Vaak ligt het emancipatiedilemma eraan ten grondslag: we willen de emancipatie van de burger – de goede bedoeling – maar moeten deze tegen zijn wil aan hem opleggen – paternalisme.[108]

Het denken in termen van risico's, zowel risico's die we veroorzaken als risico's ons bedreigen, bouwt daarop voort. We willen emancipatie en de utopie van veiligheid, omdat we weten dat geslaagde emancipatie in zijn vitalistische uitwerking weer allerlei risico's met zich brengt.[109] Goed voorbeeld daarvan is het terrein van zorg voor de jeugd.

Om een samenleving te karakteriseren is het altijd behulpzaam haar verhouding tot de jeugd nader te beschouwen. Wat dan opvalt, is dat onze vermeend autoritaire ouders in de vermaledijde jaren zestig heel wat toleranter voor *onze* gedragingen waren dan wij dat nu zijn voor onze jeugd. Een sympathieke maatregel om jeugdigen uit het strafrecht te houden (de instelling van bureau Halt) maakt nu elke vorm van kattenkwaad tot risicovol gedrag waaraan professionele aandacht dient te worden geschonken.[110] Vanaf de geboorte wordt van elk Nederlands kind een dossier bijgehouden waarin niet alleen medische gegevens, maar ook allerlei informatie over de opvoedingscompetenties van de ouders en over sociale contexten worden bijgehouden. Met behulp van

107 Boutellier, 2011: 73

108 Blokland, 2001: 264

109 Boutellier, 2002; Beck, 1986

110 We willen kennelijk jongeren uit het justitiële systeem houden door ze er eerder mee in aanraking te brengen.

'verwijsindexen' worden risico's geregistreerd en kan het politieke bestuur in de gemeente opdracht geven tot interventies in de privésfeer. Ouders voelen zich inmiddels niet meer ondersteund door het consultatiebureau, maar vooral verdacht als potentiële plegers van mishandeling en verwaarlozing: de eerder genoemde cultuur van het slachtofferschap gaat naadloos over in een cultuur van het daderschap.[111]

We zien hier een panoptische verwevenheid van professionele zorg, wetenschappelijk onderzoek, politieke ambities en bureaucratische beheersingsdrang. Er is een omvangrijk complex van wetenschappelijk onderzoek naar risicofactoren, professionele methodieken voor risicoanalyses, politieke ambities gericht op omvattende preventie en een medialogica die steeds weer nieuwe 'Maasmeisjes' en 'Savanna's' produceert. Het zijn panoptische werkelijkheden omdat het uitgangspunt er een is van emancipatie en verheffing – alle kinderen beschermd, goed opgeleid en, kan het zijn, gelukkig[112] – dat gerealiseerd wordt via omvattende systemen van preventieve disciplinering, waarachter steeds de normaliteit van de politieke meerderheid schuilgaat, stevig ondersteund door de professionele drang tot standaardisatie en de bureaucratische zucht naar beheersing.

Dit is de radicalisering van het maakbaarheidsdenken die de moderne staat in de greep heeft gekregen. De begrijpelijke nadruk op 'intelligence' in de terreurbestrijding is een opmerkelijke inspiratie gebleken voor risicoanalyses en preventietechnieken in andere domeinen. Het goede leven is daarom niet langer een nastrevenswaardig maar nooit volledig te bereiken ideaal, maar een reële praktijk van gedragsbeïnvloeding via directe en tegenwoordig ook steeds meer indirecte technieken.[113] Dit goede leven wordt natuurlijk door vele risico's bedreigd. Deze moeten in beeld worden gebracht, zodat interventies ter voorkoming ervan kun-

111 Ouders Online, 'Code Oranje (wees alert)'. Het kwetsbare vertrouwen van ouders in de jeugdgezondheidszorg. Februari 2011 (www.ouders.nl)

112 Dat de Nederlandse jeugd volgens internationale surveys steevast zeer gelukkig is, zouden beleidsmakers dus op hun conto kunnen schrijven, ware het niet dat de Nederlandse jeugd door diezelfde beleidsmakers ook steevast als ongedisciplineerd en 'verhufterd' wordt aangeduid.

113 Dit is het 'Nudge-principe', waarbij kennis over determinanten van gedrag wordt gebruikt om gedrag te beïnvloeden zonder dwang. De normatieve vraag of dit ook aan de staat is toegestaan is relevant, maar blijft bij de toenemende populariteit van dit principe in beleidspraktijken onderbelicht. (Zie: Thaler & Sunstein, 2008) De vraag is relevant welke implicaties de toenemende populariteit van hersenonderzoek in verband hiermee zal betekenen.

nen worden ontworpen. Normatief is dit vertaald in het voorzorgbeginsel: als gedrag risico's meebrengt, moet het worden bestreden.

Ten aanzien van burgers, verbanden en organisaties kan daaruit de eis tot regulering en zelfregulering worden afgeleid. De WRR heeft zelfs voorgesteld dit voorzorgbeginsel uit te breiden tot kennisonzekerheid en het grondwettelijk te verankeren.[114] Ook hier zien we de plek van de macht steeds voller raken, omdat risico's en de preventie daarvan onderwerp van politieke sturing worden. Na een ongeluk, een ramp, een falen, is de pavlovreactie in publieke opinie en politieke arena steevast: 'dat nooit meer', met als gevolg een nog sterkere aandrang om systemen voor risicopreventie te ontwikkelen.

Dit leidt tot beleidspanoptica waarin de waarde van het goede leven is geconcretiseerd in een geheel van opvattingen over de normaliteit die technologieën van disciplinering dan moeten afdwingen. De jonge ouder probeert een aantekening in het kinddossier te vermijden door gedrag te rapporteren dat in overeenstemming is met de norm. Geleidelijk ontstaat het besef dat het gemakkelijker is de norm dan ook maar 'echt' na te leven. Zo ontstaat via internalisering de disciplinering in de normaliteit. Deviantie is een risicocategorie die wordt 'gemonitored', geregistreerd en gesignaleerd. Controle en toezicht moeten gewenst gedrag bevorderen. Zelfs in de bestrijding van de kredietcrisis is dit paradigma zichtbaar.

De plek van de macht raakt vol omdat politieke opvattingen over het goede leven, die vaak neerkomen op de normaliteit van het veilige, het zekere en het in meerderheid gewenste, rechtstreeks verbonden raken met de machtsmonopolies van de staat en door middel van bureaucratische en professionele praktijken worden opgelegd aan burgers en hun verbanden. Staat en samenleving raken daardoor meer en meer met elkaar vervlochten. Gecombineerd met de gelijkheidsobsessie die de verzorgingsstaat doordrenkt leidt dit tot maatschappelijke homogenisering van burgers naar een politiek bepaalde standaard. Lees de woorden van De Toqueville:

> 'Boven hen torent een immense en beschermende macht uit die zich als enige belast met de zorg voor hun genietingen en het toezicht op hun lot. Zij is absoluut, nauwkeurig, regelmatig, vooruitziend en zachtmoedig.'[115]

114 Wetenschappelijke Raad voor het Regeringsbeleid, 2009

115 De Tocqueville, 2011: 748; zie ook Kruiter, 2010

Het is een 'milde despotie' die de onvermijdelijke uitkomst is van een democratie die zichzelf als meerderheidsformatie van gelijken opvat. Slama noemt dit het 'vernietigende engelendom' van de preventieve staat die mede wordt geleid door de heerschappij van de experts.[116]

Maar er zijn ook breuken. Want hoewel het risicodenken in velerlei opzichten klassenblind is, raken interventies toch vele malen vaker en intensiever de onderklasse. Interventieteams bezoeken 'krachtwijken' net even vaker dan wijken waar 'Ons Soort Mensen' pleegt te wonen. Dat besef is er ook en soms is er verzet. In de Almelose wijk De Riet hangen burgers na ontvangst van een brief waarin de gemeente het bezoek van interventieteams aankondigt een 'tegenbrief' op, waarin men meldt geen prijs te stellen op een dergelijk bezoek. Maar het feit dat het Elektronisch Patiënten Dossier mislukt omdat een ongekend groot aantal burgers het niet wenst en dat ook formeel kenbaar maakt, is een bewijs van verzet van de bovenklasse, de groep die zich graag als weldenkend afficheert, waaronder waarschijnlijk erg veel 'linksmensen', die de populisten zo wantrouwen. Datzelfde verzet geldt jegens het centrale databestand waarin de paspoortvingerafdruk zou worden opgenomen. En zie: ook deze maatregel trekt de regering in. Kennelijk is de privacy van de eigen soort ook machthebbers wel wat waard.

En dan is er nog de weerstand tegen de technocratisering van het beleid, die door sommigen in verband wordt gebracht met theoretische inzichten over complexiteit.

Complexiteit als samenzwering

Zelden valt te lezen of te beluisteren dat de wereld een stuk simpeler is geworden, of dat iemands werk of organisatie te situeren is in een niet-complexe omgeving. Nee, de wereld wordt al maar complexer, we leven in buitengewoon turbulente tijden en onzekerheid is de enige vaststaande zekerheid. Dit maakt werk en wereld natuurlijk ook interessanter, in ieder geval in de ogen van degene met wie het triviale inzicht wordt gedeeld.[117]

In de wetenschap is er inmiddels een hele beweging van complexiteits-

116 Slama, 1993

117 Ook levert het waarschijnlijk een betere salarisinschaling op.

onderzoekers. De oorsprong ligt in de natuurwetenschappen en met name in de perspectieven van chaostheorie, systeemtheorie, cybernetica en feedbackstudies, zo lezen we in een helder review essay van Boin.[118] In toenemende mate dringt de complexiteitstheorie ook de sociale wetenschappen binnen. Dat heeft alles te maken met de these dat we in een netwerksamenleving zijn beland, zoals verwoord in de grote trilogie van Manuel Castells, *The Information Age*.[119] Kernbegrippen daarin zijn 'timeless time' en 'space of flows' en deze laten zien dat de netwerksamenleving een razende vermenigvuldiging van informatiebronnen kent die nauwelijks nog aan territorium gebonden zijn. Eerder heb ik deze processen van 'deterritorialisering' uitvoerig geanalyseerd met name voor wat betreft de gevolgen voor de staat in zijn nationale gedaante.[120] Daarin heb ik me overigens in nogal wat opzichten schromelijk vergist: de staat is bepaald niet verdwenen en weet, zeker in de panoptica die ik hiervoor heb beschreven, de nieuwe technologieën tamelijk succesvol aan te wenden.

Een van de ambities van de complexiteitstheorie is om haar inzichten te (laten) benutten voor politiek en bestuur.

De theorie formuleert drie wetten. In de eerste plaats vertonen complexe systemen door feedback op interacties patronen die uiteindelijk naar orde tenderen. Tot een bepaald kritiek punt – dat is de tweede wet – waarop ze van orde in anarchie overgaan: '*the edge of chaos*'. [121] De kunst is dus om voortdurend tegen dit punt aan te schurken – dan is er een 'optimale combinatie van flexibiliteit en robuustheid'. Bestuurskundigen zouden van dynamisch conservatisme spreken. Dit optimale kritieke punt is overigens zeer kwetsbaar. De derde wet die dit betoogt impliceert dat kleine verstoringen dramatische gevolgen kunnen hebben: 'cascades'. Slim meebewegen en het ontwikkelen van veerkracht moeten systemen weerbaar maken.

Dat is ook de les die Boutellier aan de complexiteitstheorie ontleent. Hij concludeert dat in de 'nodale ordening' van de netwerksamenleving structuren horizontaal van karakter zijn geworden, dat ordening het resultaat is van synchroniciteit in

118 Boin, 2006

119 Castells, 1996, 1997 en 1998

120 Frissen, 1996, 1999 en 2002

121 Boin, 2009: 95-96 (cursivering auteur)

interacties en dat stabiliteit een resultaat is van zelforganisatie en zelfregulering.[122] Dat leidt echter tot 'complexiteit zonder richting' die normatieve oriëntatie behoeft. Die kan niet anders dan verticaal zijn, maar de klassieke wijzen van ordening via hiërarchie, vanzelfsprekend gezag van bestuurders en externe en geformaliseerde legitimatie werken niet goed meer.[123] Boutellier formuleert een alternatief en noemt dit 'de improvisatiemaatschappij', waarbij improvisatie 'de menselijke variant van complexiteit' is. Deze geeft wel normatieve richting door gebruik te maken van zingevingspatronen die passen bij praktijken en instituties in de netwerksamenleving. Afstemming is daarin heel belangrijk om coherentie te bereiken tussen verschillende actoren en zelfreferentiële domeinen. Het recht blijft in deze ordening een cruciale rol vervullen omdat het houvast biedt voor 'governance' en vertrouwen.[124]

Daarmee wil Boutellier weerstand en weerwoord bieden aan al te apocalyptische beschouwingen over het panoptische karakter van de netwerksamenleving en professionele en bureaucratische praktijken daarin, vooral geïnspireerd door securitisering. Hij heeft bezwaar tegen de conclusies die al te gemakkelijk aan deze beschouwingen te verbinden zijn, namelijk dat de staat onmachtig moet worden verklaard en dat het politieke primaat verdampt. Dat zien we bijvoorbeeld bij Willke, die betoogt dat '(...) die Steuerung komplexer Gesellschaftssysteme nicht der Politik überlassen bleiben kann'.[125] Sturing kan alleen maar zelfsturing zijn, zo concludeert deze auteur, en politieke sturing wordt dan reflexieve contextsturing.

Wat beide auteurs en vele anderen in deze theoretische benaderingen van de complexe netwerksamenleving en de sturing daarvan verbindt, is een taboeïsering van onmacht.

> 'Fatalisme is een houding die door meer mensen met wantrouwen wordt bekeken, maar niemand toont zoveel afschuw als politici. Onze volksvertegenwoordigers doen er alles aan fatalisme uit te drijven als ware het een ziekte of moreel defect.'[126]

122 Boutellier, 2011: 103-120

123 Boutellier, 2011: 121-138

124 Boutellier, 2011: 139-158

125 Willke, 2001: 42

126 Van Eeten, 2010: 4

Dat komt volgens Van Eeten omdat fatalisme in de ogen van de tegenstanders in morele zin niet zou deugen, onaanvaardbaar is voor de burger en aanvaarding ervan publicitaire zelfmoord zou betekenen.

De taboeïsering van onmacht is echter niet exclusief voor politici. De wetenschap, zelfs in zijn meer 'sophisticated' varianten als de complexiteitstheorie, kent eenzelfde taboe. We bestuderen de wereld om deze beter te leren begrijpen, zodat we slim kunnen meebewegen, flexibel kunnen zijn en interventies kunnen plegen. Deze taboeïsering van fatalisme, onmacht en tragiek is natuurlijk verklaarbaar uit de droom van de moderniteit: langs rationele weg het goede leven dichterbij brengen.

Vandaar ook dat diezelfde wereld van politiek en bestuur deze inzichten met opvallende gretigheid instrumenteert. Recent kreeg ik een brief van de Nationaal Coördinator Terrorismebestrijding over zijn nieuwe organisatie. Daarin staat als een van de staatstaken inzake terrorismebestrijding en nationale veiligheid: 'in vredestijd is de overheid verantwoordelijk om het netwerk te smeden'. De notie dat in een nodale ordening 'alignment' een cruciale taak is, blijkt zelfs tot een van de meest klassieke onderdelen van de staat doorgedrongen.

Deze taboeïsering van onmacht heeft in de afgelopen decennia geleid tot wat De Beus 'ADHD-bestuur' noemt. Voortdurende adaptiviteit, permanent meebewegen, oneindig reorganiseren zijn reacties op complexiteit en maken het bestuur zelf op zijn beurt weer dramatisch veel complexer.[127] En Tops verzucht '(...) dat een onoverzichtelijke wereld ertoe neigt zich te reproduceren in een als onoverzichtelijk ervaren bestuur. Het bestuur toont zich in een veelvoud aan arrangementen, die soms uitdrukking zijn van maatschappelijke variëteit en fragmentatie, maar soms ook van doelloos overleg en richtingloos activisme.'[128] Inderdaad: zoals sommige vormen van improvisatiemuziek niet om aan te horen zijn.

Niet voor niets is de door Tops zo scherp geanalyseerde regimeverandering in Rotterdam mede het gevolg van de sensationele gemeenteraadsverkiezingen in 2002. Die hadden immers de partij van Pim Fortuyn een eclatante overwinning gebracht, met nog steeds voelbare gevolgen in het politieke discours en de

127 Geciteerd in Trommel, 2009: 24.

128 Tops, 2007: 30. Conceptueel is zijn analyse geïnspireerd door Stone (1989).

bestuurlijke praktijk. Deze overwinning was uitdrukking van een populistisch sentiment, waarin onder meer tot uiting kwam dat de diagnose van complexiteit als een samenzwering van politieke en culturele elites te begrijpen was. Aan de ene kant werd niet langer aanvaard dat maatschappelijke ontwikkelingen, zoals globalisering en migratiepatronen, autonoom en onvermijdelijk zouden zijn. Aan de andere kant was er minstens latent een verlangen het politieke primaat te herstellen en een einde te maken aan de omvangrijke technocratisering van het bestuur. Alle deliberatieve ontwikkelingen ten spijt verlangde de stem van het volk niet naar dialoog en consultatie, niet naar 'governance', maar vooral naar krachtdadig ingrijpen, 'government' dus. In deze zin heeft het populisme de lessen van de regimetheorie goed begrepen: politiek is verbeelding en heeft een verhaal over de goede samenleving nodig. Daarbij past een vitalistisch bestuur dat weliswaar coalities smeedt, maar niet om aan complexiteit bij te dragen noch om complexiteit te aanvaarden als reden voor onmacht.

Opnieuw zien we dat populisme de politieke orde in het symbolische hart uitdaagt. Vitale onmiddellijkheid staat tegenover tragische bemiddeling. Het gaat, met andere woorden, om de betekenis van representatie.

3 *De verstoorde voorstelling van de representatie*

Als bij iedere verkiezing het politieke landschap dramatisch verandert, spreekt menig politiek beschouwer van een crisis van de partijendemocratie. Als dan ook nog een trek naar de extremen van het politieke spectrum optreedt, heet het al snel dat het electoraat op drift is, met als ondertoon dat 'op drift' meestal ook 'buiten zinnen' betekent. Daar valt natuurlijk tegen in te brengen dat een electoraat dat iedere verkiezing opnieuw zijn stem bepaalt en dus ook van partij kan wisselen, getuigt van een grote democratische volwassenheid.[129] En voor wie de moderniteit opvat als een overwinning van de rationaliteit op de traditie zou een electoraat dat permanent zweeft ook nog een kwestie van vooruitgang kunnen heten. Daar komt nog bij dat in ieder geval in Nederland de opkomst bij verkiezingen relatief hoog is en de belangstelling voor politiek groot, zo vertellen ons steevast verkiezingsonderzoek en opiniepeiling.

Dat lijkt dan weer te botsen met de veel betreurde kloof tussen politiek en burger. Volgens Bovens en Wille is de vertegenwoordigende democratie een 'diplomademocratie' geworden.[130] Parlement en regering worden bevolkt door hoger opgeleiden die niet alleen geen afspiegeling zijn van de sociale stratificatie in onze samenleving, maar vooral ook in culturele zin heel eenzijdig zijn samengesteld en in ieder geval niet de lagere cultuur representeren. Juist in deze kloof stapt het populisme dat *de* politiek aan het 'gewone volk' wil

129 Andeweg en Thomassen spreken over 'de emancipatie van het electoraat' (2011: 103).

130 Bovens & Wille, 2011

teruggeven en daarmee *het* politieke aan zijn oerbelofte van democratie als meerderheidsmacht herinnert.

Politiek, bestuur en bureaucratie zijn een heel precieze weerspiegeling van het proces van meritocratisering dat zich in westerse landen voltrekt. In een samenleving waarin kennis de belangrijkste productiefactor is, maar ook een steeds prominentere bron van sociaal en cultureel kapitaal, is juist wat geen verdienste is – talent en intelligentie – de belangrijkste grondslag voor ongelijkheid. En de ongelijkheid van talent en intelligentie is de meest spijkerharde die er bestaat. Daaraan helpen maakbaarheid noch interventionisme.

Daarom is het populisme een schreeuw om de verstoorde representatie te herstellen in een mimetisch perspectief. Democratie moet de afspiegeling zijn van de wil van het volk. De politicus zonder partij verbeeldt deze claim van onmiddellijkheid heel duidelijk: geen verdeeldheid, geen stromingen, geen facties. Binnen de beweging van het populisme zijn er immers geen tegenstellingen omdat de tegenstander zich buiten deze beweging bevindt en ook buiten de orde wordt verklaard. De tegenstander is weer volop vijand.

En hoewel het populisme van alle democratische tijden is, lijkt het nu, mede door zijn effectieve benutting van de logica van oude en nieuwe media, de voorstelling van de representatie grondig te verstoren. Opnieuw is daarmee de symbolische orde van het politieke in het geding.

Opnieuw: de kloof

Steeds opnieuw valt treurnis te beluisteren over de kloof tussen politiek en burger. Van Gunsteren en Andeweg spreken in 1994 over het 'grote ongenoegen' en lijken met de eerste zin van hun publicatie ook meteen het vraagstuk te relativeren: 'Onvrede met politiek is van alle tijden.'[131] Onvrede, kritiek, ongenoegen zijn aanduidingen van wat nu eenmaal bij de democratie hoort, zoals armoede de vaste metgezel van rijkdom is. Als de politiek representatief is, zal er altijd een hardnekkig mimetisch verlangen zijn: de afgevaardigde moet zeggen en

131 Van Gunsteren & Andeweg, 1994: 7

doen wat de kiezer van hem verwacht, waartoe hij als het ware de afgevaardigde afvaardigt. Dit mimetisch verlangen verhoudt zich paradoxaal tot de idee van representatie. Deze houdt immers per definitie afstand in. Sterker nog: het is deze afstand die de kern van representatie is.[132] Degene die afvaardigt kiest een afgevaardigde die namens hem of haar belangen behartigt, delibereert, spreekt en debatteert. De gerepresenteerde is in de representatie alleen in indirecte zin aanwezig, nooit direct. In het parlement is de gerepresenteerde niet aanwezig, hooguit als toehoorder. Sterker nog, wie meent mee te kunnen spreken wacht altijd (hardhandige) verwijdering uit het huis van de democratie. Alleen tijdens de verkiezing is de gerepresenteerde de aanwezige partij. Dan echter is de representant weer afwezig – de afstand blijft. Met het uitbrengen van zijn stem – dit heilige ritueel van de democratie – bevestigt de gerepresenteerde het vertrouwen of geeft gevolgtrekking aan zijn kritiek en bevestigt zo de afstand opnieuw.

In menige politieke cultuur is de kloof tussen politiek en burger bovendien vanzelfsprekend, omdat daarin wantrouwen inherent is aan de verhoudingen tussen burger en staat, zoals vertrouwen het primaire uitgangspunt is in de naleving van contracten die de markt reguleren.[133] Wantrouwen is in dergelijke culturen de normale houding, omdat de staat en zijn beheerders monopolies uitoefenen die gevaarlijk zijn.[134]

In Nederland kunnen we met de opkomst van het populisme daarom in vergelijkend perspectief spreken van een normalisering van het wantrouwen. Wantrouwen is dan een normale verhouding tussen burger en machthebber en we hebben dit constitutioneel verankerd in instituties. Als dit wantrouwen echter radicaliseert, zien we vaak de opkomst van partijen, personen of bewegingen die zich radicaal tegen het systeem uitspreken. Niet voor niets heet het dan vaak dat de elites het volk verraden. Dat is in de geschiedenis van de democratie een klassieke frasering van de kloof. Twee varianten vallen te onderscheiden in deze kritiek. Aan de ene kant zijn er de intellectuelen die met zorg vaststellen dat de

132 Zie Plotke, 19-22 en Frissen, 2009: 176 e.v.

133 Zie Jacobs, 1992. Haar onderscheid tussen het syndroom van de wachter en dat van de handelaar is in de sociaaldemocratische politieke cultuur van Noordwest-Europa altijd wat vreemd bevonden. De overheid is toch de betrouwbare partij en het is toch de markt die wantrouwen verdient?

134 Rosanvallon, 2006: 12 e.v.

politieke, of breder: de culturele, elites zich te ver hebben verwijderd van traditionele waarden en hun verantwoordelijkheid verwaarlozen. Ze beseffen niet meer dat maatschappelijke en zeker politieke macht verplichtingen schept: het adagium 'noblesse oblige' lijkt vergeten. Of de elites zijn zo relativistisch geworden dat ze de noodzaak van uitgelezenheid als voorbeeld niet meer kunnen of willen uitdragen.[135] Het radicale populisme is de andere kant van deze kritiek op de elites.

De kloof tussen volk en elite moet worden opgeheven, betoogt de nieuwe representant van het volk. De leider vertolkt de stem van het volk en representeert dit volk dus op een mimetische wijze. Vaak vallen pleidooien voor directe democratie te beluisteren: veel vaker moet het volk zich per referendum kunnen uitspreken en ook beslissen. Resultaten van opinieonderzoek moeten veel serieuzer worden genomen. De distantie van de representatie is in populistische ogen vaak onaanvaardbaar. Zo wordt de suggestie – of de illusie – gevoed dat een democratie zonder teleurstelling mogelijk zou zijn als maar naar de meerderheid wordt geluisterd. Tiemeijer maakt daarom onderscheid tussen een 'informationele kloof' die in principe te dichten is in een vergadering van allen met allen, en een 'inhoudelijke kloof' die principieel is omdat nooit 'iedereen bij een politiek besluit volledig zijn zin krijgt'. Dergelijke teleurstelling is bovendien positief omdat deze de democratie gaande houdt.[136]

Er is inmiddels wel overeenstemming over de aard van de actuele kloof: die is met name cultureel van aard. De klassieke tegenstelling tussen kapitaal en arbeid is natuurlijk niet verdwenen. Inkomens- en bezitsongelijkheid zijn toegenomen. Over productiemiddelen wordt nog steeds niet democratisch in vormen van arbeiderszelfbestuur beslist. En in de politiek verklaart volgens menig politicoloog de links-rechtstegenstelling nog tamelijk veel van het kiesgedrag en de politieke strijd. Er is echter een relatief nieuwe tegenstelling bijgekomen tussen burgers mét cultureel en sociaal kapitaal en burgers zonder, vaak benoemd als tegenstelling tussen kosmopolieten en nationalisten. Er is een 'groeiende cultuurkloof', zegt Van Reybrouck. Die is ten dele op inkomen en sociaaleconomische positie, maar vooral toch op liftestyle en opleiding gebaseerd.[137] Het is de distinctie tussen een

135 Frissen, 2009: 142 e.v.

136 Tiemeijer, 2006: 61-62

137 Van Reybrouck, 2008: 15-20

relatief hoogopgeleide groep van burgers, die zichzelf kosmopolitisch, tolerant, liberaal en vooral ook redelijk en beschaafd acht enerzijds en een groep daartegenover van relatief laag opgeleiden die vooral de keerzijde van globalisering en migratie ziet en ervaart, tamelijk autoritair in oriëntatie is en die redelijkheid en beschaving vooral opvat als valse voorwendsels voor uitsluitende minachting.

De culturele tegenstelling is omvattend: het gaat over kleding, muziek, eten, lichamelijke verzorging, uitgaan, vrijetijdsbesteding en vakanties, woninginrichting, opvoeding. Zelfs de voornamen spreken boekdelen en in de keuze van popmuziek en tatoeages is de tegenstelling zichtbaar. Bourdieu wist al dat smaak een belangrijke strategie voor onderscheid – 'distinction' – en dus machtsuitoefening is.[138] De culturele kloof is er dus niet alleen een tussen elite en volk, maar vooral een tussen hoogopgeleid en laagopgeleid, tussen hogere en lagere cultuur, tussen autoritair en liberaal, tussen multiculturalistisch en monoculturalistisch.

De kloof lijkt zich bovendien te verdiepen, omdat traditionele mechanismen en instituties voor verzoening niet meer of minder goed werken. De verzuiling was een integratief mechanisme dat langs de culturele lijnen van religie en levensbeschouwing verzoening met sociaaleconomische tegenstellingen bracht. De uitbreiding van democratische participatiemogelijkheden kon onvrede met het politieke proces accommoderen.[139] De politieke elite toonde zich op uiteenlopende wijzen aristocratisch door zich solidair te tonen met de maatschappelijk zwakkere en zich verantwoordelijk te houden voor zekerheid, zorg en verheffing. Tenslotte was er het perspectief van de sociale stijging dat een constante was in de geschiedenis van de verzorgingsstaat.[140]

Geen van deze mechanismen of instituties functioneert nog als voldoende verzoenend. Als structureel skelet is de verzuiling nog aanwezig, maar als betekenisvol en zingevend maatschappijtype kan deze nauwelijks nog gelden. In politieke democratie en maatschappelijk overleg zijn participatiemogelijkheden weliswaar flink uitgebreid, maar deze bereiken vooral de burger die activistisch is en multicultureel en kosmopolitisch.[141] De sociale stijging lijkt zo langzamerhand

138 Bourdieu, 1979

139 Grin, Hajer & Versteeg, 2006

140 Raad voor Maatschappelijke Ontwikkeling, 2011a

141 Tiemeijer, 2007: 534

uitgewerkt. Voor het eerst is er sprake van daling en dan nog wel vooral onder mannen, die dus alle reden tot boosheid hebben.[142] En de politieke elite? Die is steeds minder aristocratisch en vooral meer meritocratisch geworden.

Diplomademocratie en meritocratische paradox

De term 'diplomademocratie' is bijzonder goed gevonden. De democratie was ooit bedoeld als lekenbestuur. In die zin lijken politici en handelaren op elkaar: voor de uitoefening van het beroep is geen diploma nodig. Voor politieke ambten is – in tegenstelling tot alle andere ambten – een opleiding niet nodig, of het nu om staatshoofd, bewindspersoon of volksvertegenwoordiger gaat. Iedere burger kan niet alleen kiezen, maar ook gekozen worden en kan voor alle politieke ambten, vooralsnog met uitzondering van dat van staatshoofd, in aanmerking komen.[143]

Dat ideaal geldt onverkort ook in de ideaaltypische vormgeving van instituties, rechten en vrijheden. Maar de empirie laat een heel ander beeld zien. Vrijwel alle politieke ambten, zeker die op nationaal niveau, worden uitgeoefend door hoogopgeleiden. Tussen 1994 en 2010 is 82 procent van de ministers academisch opgeleid en nog eens 13 procent heeft een hbo-achtergrond. Van de Kamerleden, gekozen bij de verkiezingen van 2010, zijn er 107 academisch opgeleid. Dat komt in het geheel niet overeen met de spreiding van opleidingsniveaus in de bevolking. Daarvan is 28 procent hoog, 42 procent middelbaar en 29 procent laag opgeleid. De schatting voor 2020 is dat de verhoudingen dan respectievelijk 36 procent hoog, 40 procent middelbaar en 24 procent laag zullen zijn.[144] Het opleidingsniveau stijgt weliswaar, maar komt op geen enkele manier in de buurt van dat van de politieke elite.

Bovens en Wille, maar ook andere auteurs, laten zien dat hier sprake is van een trendbreuk. De democratie is na een lange geschiedenis van democratisering

142 Voor 20 procent van de mannen tussen 26 en 40 jaar is sociale daling op dit moment realiteit. (Raad voor Maatschappelijke Ontwikkeling, 2011a) En waar voor vrouwen het huwelijk altijd een weg naar sociale stijging was, zien we nu datingsites voor hoogopgeleiden en laten ook de cijfers zien dat huwelijken cultureel gezien monogamer worden. (Latten, 2005)

143 Bovens & Wille, 2011; Bovens, 2006

144 Bovens & Wille, 2011: 26-27 en 64-69

weer aristocratisch: niet op grond van afkomst, maar van opleiding. Daarmee lijkt Nederland een 'platoonse heilstaat' geworden in de meritocratische betekenis van het woord. Een trendbreuk overigens die in de meeste westerse landen zichtbaar is.[145]

Het hoeft natuurlijk niet problematisch te zijn als politieke ambten door de hoogstopgeleiden worden vervuld. Dat zou immers kunnen getuigen van een hoog prestige van die ambten en van een erkenning van de ingewikkeldheid ervan: we vertrouwen het landsbestuur toe aan een uitgelezen selectie van knappe koppen. Plato zou tevreden kunnen zijn, net als de elitisten. En voor wie de moderne samenleving buitengewoon complex vindt, is het een geruststellende gedachte dat het moderne bestuur professioneel en deskundig is.

Maar toch is er volgens veel auteurs reden tot grote zorg. Wie de democratie ziet als verwerkelijking van volkssoevereiniteit zal betogen dat representatie als zodanig al op gespannen voet staat met deze idee. Als er al geen directe democratie mogelijk is, zou verkiezing door het lot feitelijk de meest representatieve bestuursvorm opleveren. Verkiezingen door stemming zijn inferieur aan die door het lot: ze dreigen altijd een niet representatief bestuur aan de macht te brengen. De toegang tot posities wordt immers niet meer eerlijk verdeeld, zoals het lot doet, maar naar de willekeur van de kiezer.[146] Daar komt bij dat in een diplomademocratie de toegang tot posities versperd raakt voor burgers zonder opleidingskwalificaties, zo lijkt het. Dat creëert politieke ongelijkheid en doet afbreuk aan het ideaal van afspiegeling, van mimetische representatie.

Een groter probleem is nog dat deze ongelijkheid in politieke participatie en representatie een afspiegeling is van een veel bredere maatschappelijke ontwikkeling. 'In de afgelopen decennia hebben hoger opgeleiden (...) het voor het zeggen gekregen in vrijwel alle politieke en maatschappelijke arena's die ertoe doen.'[147] Het geldt voor allerlei vormen van politieke participatie, voor deelname aan het publieke domein en de daarin acterende maatschappelijke organisaties en ook voor de verdeling van kansen en posities in het private domein, waar de economie steeds

145 Bovens & Wille, 2011: 11-12

146 Manin, 1997: 92-93. Het gaat om statistische eerlijkheid: de kans om gekozen te worden is bij een loterij natuurlijk volledig egalitair verdeeld.

147 Bovens & Wille, 2011: 29

meer op kennis als belangrijkste productiefactor draait. Als opleidingsniveau aan belang wint voor de toegang tot posities, voor de verwerving en uitoefening van macht en invloed en voor het verkrijgen van status en prestige, dan is het ontstaan van een diplomademocratie uitdrukking van een breed patroon van maatschappelijke uitsluiting. Deze uitsluiting geldt dan voor grote groepen lageropgeleiden en voor hun specifieke belangen, opvattingen en preferenties.

Dat hoeft opnieuw geen zwaarwegend probleem te zijn als er sprake is van een grote consensus in opvattingen, weinig scherpe belangenconflicten en veel gedeelde voorkeuren en ook zorgen. Als dat zo is, blijft er weinig ruimte over voor politiek en dat is wellicht een geruststellend perspectief: de samenleving redt zich wel. Maar ook los van de ook wel beklemmende aspecten van zo'n a-politieke samenleving, laat veel onderzoek zien dat er tussen opleidingsniveau en opvattingen, belangen, zorgen en voorkeuren stevige verbanden bestaan. Bovens en Wille noemen 'vier brandende kwesties' waarover tussen hoger- en lageropgeleiden fikse verschillen in opvatting bestaan: immigratie en integratie, criminaliteit, Europa en staatkundige hervormingen. Lageropgeleiden zijn strenger over migratie en asiel en negatiever over de multiculturele samenleving, bezorgder over criminaliteit en voor strengere straffen, veel negatiever over Europa en veel sterker voor directe democratie. In de verdeling van beleidsaandacht over politieke issues leidt een diplomademocratie als vanzelf tot een disproportioneel gebrek aan aandacht voor de opvattingen van lageropgeleiden, zo concluderen Bovens en Wille.[148]

Ingrijpender nog zijn de culturele gevolgen van een diplomademocratie. Uitsluiting kan leiden tot cynisme en wantrouwen, tot wat de Duitsers noemen: 'Politikverdrossenheit'. Dat ondermijnt de legitimiteit van de politieke orde. Bovendien is er in symbolische zin verlies van status en prestige en een gevoel van verloren zijn en verlaten worden. Groepen burgers zijn afwezig in de democratie, in getal en naar inhoud. De diplomademocratie toont zich in een nieuwe breuk: die tussen kosmopolieten en nationalisten. Dat is een breuk tussen groepen burgers die het laatste decennium heel zichtbaar is geworden en politiek zijn vertaling heeft gekregen in het ontstaan van een grote populistische aanhang onder het electoraat.

148 Bovens & Wille, 2011: 96-1[illegible]

Het populisme is de meest krachtige politieke verwoording van de culturele schaduwzijde van de meritocratisering die de diplomademocratie is. In deze schaduwzijde is ook het paradoxale karakter van meritocratie en meritocratisering zichtbaar. Letterlijk vertaald betekent meritocratie macht naar verdienste, of verdeling van status op basis van prestaties en capaciteiten. De meritocratie staat tegenover de aristocratie: niet langer afkomst en klasse bepalen iemands positie, maar talent en inzet.[149] Vrijwel alle politieke stromingen beschouwen een sociale stratificatie op meritocratische gronden als meest rechtvaardige. Een dubbeltje moet een kwartje kunnen worden, als talent en inzet dat mogelijk maken. Daarom ook is onderwijsachterstandenbeleid altijd gericht op het laten verdwijnen van ongerechtvaardigde maatschappelijke ongelijkheden die terug te voeren zijn op geslacht, etniciteit, klasse en afkomst. Alleen iemands intelligentie, breed opgevat natuurlijk, of zijn of haar talent mag grondslag zijn voor maatschappelijke ongelijkheid, mits uiteraard inzet wordt getoond en mits er een vangnet aan de onderkant is.

Paradoxaal is dat de meest rechtvaardige ongelijkheid – die van de meritocratie – tegelijk ook de hardste vorm van ongelijkheid is. Minder intelligent kan immers nooit hoogbegaafd worden en een 'houten klaas' nooit Lionel Messi, qua voetballen dan. Opmerkelijk is dat het woord verdienste dat in de term meritocratie besloten ligt op geen enkele wijze de toestand uitdrukt waarnaar wordt verwezen. Immers, talent en intelligentie zijn nooit en te nimmer verworven door welke inspanning of keuze dan ook. Ze zijn dus allesbehalve een verdienste.[150] Precies daartegen is het anti-elitisme van de populisten dan ook gericht; het geeft uitdrukking aan een ressentiment dat in dit opzicht alleszins gerechtvaardigd is. Voor wie de rellen in Londen en andere Engelse steden van 2011 in een verrassend licht wil zien, valt herlezing van het beroemde essay van Michael Young, *The Rise of the Meritocracy 1870-2033*, waarin de term meritocratie is geïntroduceerd, dan ook van harte aan te bevelen. Youngs essay

149 'Old school'-aristocraten zullen natuurlijk met flair betogen dat dit een valse tegenstelling is: talent en afkomst hangen samen.

150 Daarin ben ik het bij wijze van hoge uitzondering met de filosofische betekenis van inzichten uit de hersenwetenschap eens. Dat wil overigens allerminst zeggen dat onderwijs en training zinloos zijn. Vanuit een perspectief van deugdzaamheid zou zelfs kunnen worden betoogd dat talentontwikkeling een dure plicht is.

is namelijk een briljante satire over een samenleving die volledig op meritocratische uitgangspunten is ingericht. In 2033 en 2034 wordt deze het toneel van bloedige opstanden die tegen deze meritocratische inrichting zijn gericht. Het ressentiment van de massa aanvaardt de uitsluiting niet meer die er het gevolg van is. Het is de representativiteit van deze ordening waartegen het verzet zich ontlaadt: de rationele redelijkheid daarvan stuit op de weerzin tegen de uitsluiting die deze oplevert.[151]

De parallel is evident en wellicht huiveringwekkend. Tegen de bestaande meritocratische orde in zijn het politici zonder partij die afwezige en uitgesloten burgers de onmiddellijkheid van de rechtvaardige afspiegeling beloven, hoewel zij zelf doorgaans ook aan gene zijde van de kloof verkeren.

Politici zonder partij, burgers zonder burgerschap

Een van de opvallende kenmerken van de Nederlandse populisten van het laatste decennium is dat ze als eenlingen zijn begonnen en geen politieke partij in traditionele zin hebben opgericht. Fortuyn was lange tijd op zoek naar een partij, maar die moest toch vooral bij zijn programma passen: een leider op zoek naar een partij. Verdonk wilde een beweging, geen partij. Wilders tenslotte is zeer succesvol, waarschijnlijk ook omdat hij tot nu geen democratie in zijn organisatie toestaat. Dat wijst erop dat hij de historische les dat veel niet-traditionele partijen en zeker de populistische regelmatig aan interne contradicties en machtsstrijd ten onder zijn gegaan goed heeft begrepen.[152]

De populistische politicus zonder partij drukt daarmee vaak uit dat verzet tegen de heersende elites ook verzet impliceert tegen de politieke partij als dominante politieke organisatievorm van deze elites, nog afgezien van het feit dat de populistische stijl zich niet goed verdraagt met het gebruikelijke bureaucratische partijproces. Het partijenlandschap is doorgaans een afspiegeling van maatschappelijke verdeeldheid waarin elites, van diezelfde partijen, met elkaar pacteren en

151 Young, 1961

152 Overigens zijn Verdonk en Wilders natuurlijk wel bij een partij begonnen: de VVD.

daarmee vooral het eigen belang en niet dat van de meerderheid dienen.[153] Het populisme heeft onmiddellijke toegang tot het algemene belang omdat het dat gelijkstelt aan het belang van de meerderheid. De populistische politicus zonder partij articuleert dit belang omdat hij de stem van het volk weet te zijn. Een politieke partij is dan slechts een vehikel dat de strijd elders mogelijk moet maken: op straat, in de media, in de politieke arena. Met het populisme is de politiek pas echt personalistisch geworden.[154]

Leiderschap is binnen veel populistische bewegingen altijd een gekoesterde waarde geweest: de leider moet het volk verlossen van de samenzwering der elites (die van de 'goedmensen' vooral). Hij[155] is daartoe gelegitimeerd omdat hij de stem van het volk articuleert. Bovendien is leiderschap – in de betekenis van krachtdadig ingrijpen – altijd ook een kernbestanddeel van de oplossing. De verlossing van het volk is alleen mogelijk als aan de bestaande verhoudingen een einde komt. Dat vraagt opmerkelijk vaak om ingrepen die met reiniging te maken hebben: of het nu gaat om de 'Augiasstal' van de bestaande politiek die moet worden 'uitgemest' of om de stedelijke ruimte die 'schoon, heel en veilig' moet worden. En ook de nationale identiteit moet 'van vreemde smetten vrij' worden gemaakt. Een politieke partij die interne verdeeldheid kent en naar buiten brengt is dan niet alleen hinderlijk, maar ook geen passende verbeelding van het wereldbeeld dat de leider en zijn volgelingen koesteren. Wie orde op zaken wil stellen in de wereld moet het eigen huis natuurlijk smetteloos op orde hebben.[156]

De politicus zonder partij spreekt burgers aan die zich buiten de bestaande orde geplaatst weten. In de multiculturele hegemonie van de zittende elites zijn zij de uitgeslotenen. De 'boze, blanke, kale mannen' heten in deze orde racistisch, xenofoob, intolerant, autoritair en potentieel gewelddadig. Het gaat met andere woorden niet om burgers die er een andere politieke opvatting op na houden,

153 Dat is een klassieke overtuiging in het antiparlementarisme. De politieke partij veroorzaakt verdeeldheid en is niet op de eenheid van het volk gericht. Bovendien komt deze diagnose van maatschappelijke verdeeldheid waarbij elites met elkaar pacteren om vooral het belang van de eigen groepering te dienen ook overeen met courante definities van de Nederlandse verzuiling.

154 Van Doorn, 2009. Wilders als echte erfgenaam van Van Mierlo: prachtige ironie.

155 Of zij natuurlijk.

156 Dat is overigens een bekend dilemma voor de meeste partijen: democratisch debat intern versus eenduidige koers extern.

maar om burgers die niet passen in de bestaande orde. Zij zijn de afwezigen omdat ze niet de dominante cultuur en daarbij behorende codes aanvaarden.[157] Hun onbehagen lijkt wel in klassiek marxistisch jargon tot valse ideologie te worden bestempeld. Dat is een veel zwaarder verwijt dan vervreemding, omdat die is op te heffen door verlichting, verheffing en rationaliteit. De verhalen van de populistische kiezer worden door de machthebbers niet als legitieme verhalen gepercipieerd, maar móéten wel uiting zijn van rancune en ressentiment. Als burgerschap het recht inhoudt een eigen visie op de wereld (en wat daaraan niet deugt) en het goede leven te hebben, dan lijkt dit aan burgers die een populistische partij steunen niet te worden gegund, maar te worden onthouden. Het gaat om burgers zonder burgerschap.

In een stilistisch fraaie repliek op een lezing van oud-staatssecretaris Van der Ploeg maakt Van Eeten duidelijk dat in de dominante opvattingen van burgerschap met twee maten wordt gemeten. Sommige vormen van verontwaardiging over de wereld zijn aanvaardbaar en heten heel sympathiek 'engagement', andere vormen zijn dat beslist niet en heten 'populisme'. Van Eeten is snijdend helder: 'engagement is populisme voor mensen met een diploma'.[158] Achter dit meten met twee maten gaat een ideaal van politiek schuil, waaruit 'haat en conflict' zijn verdwenen. Daar komt bij dat er tussen de gevestigde politieke partijen een liberale consensus is gegroeid die aan het populisme electorale ruimte bood, voorbij de links-rechtstegenstelling. Het electoraat wordt daarom, nu het populisme een stevige electorale positie heeft verworven, beter gerepresenteerd, en dat is volgens de auteur vooral winst.[159]

Het populisme representeert dus de afwezigen en de uitgeslotenen in de symbolische politieke orde van rationaliteit en redelijkheid. Door zijn vitalisme brengt het de emotie terug.[160] Door het onbehagen te verwoorden vertelt het een verhaal dat ooit verboden, getaboeïseerd was. In deze zin maakt het van zijn aanhangers

157 Vandaar ook het vaak geuite verwijt dat men meerderheid is die minderheid in eigen land dreigt te worden.

158 Van Eeten, 2011: 94; zie ook Heijne, 2011: 78-81.

159 Van Eeten, 2011: 95-96. De auteur geeft geen oordeel over de potentieel totalitaire of minstens antidemocratische betekenis van het populisme en welke opvattingen over burgerschap daar dan weer uit voortvloeien. Overigens beschouwen Bovens en Wille (2011) en Van Reijbrouck (2008) het populisme ook als een noodzakelijke correctie op de scheefheid van de bestaande politieke representatie. Daarbij gaat het om populisme van zowel linkse als rechtse signatuur.

160 Van Roermund, 2011

weer burgers met burgerschap. Maar de opvatting van burgerschap die het zelf hanteert is er een van exclusiviteit, omdat het populisme de soevereiniteit van het volk ziet in zijn eenheid en meerderheidsidentiteit. Dat houdt vanzelfsprekend uitsluiting van minderheid en deviantie in. Als de meerderheid in haar maatschappelijke en politieke positie is hersteld, is er voor de minderheid geen ruimte meer.

Ook is het populisme onverzoenlijk tegen de gedachte van verzoening. Het wil geen verzoening, maar verlossing. De voorheen afwezige moet van het al te aanwezige vreemde worden verlost. Het celebreert de verontwaardiging over hoe de wereld is, het verwerpt – net als de moderniteit – de tragiek en het leed dat overigens vooral zijn aanhangers wordt aangedaan. En het wil herstel van een gemeenschap met een gedeelde identiteit, gebaseerd op geschiedenis en cultuur. Elke notie van conflict is daaruit ook verbannen. De tegenstander is de vijand aan wie het burgerschap dient te worden onthouden of ontnomen. Opnieuw zien we dat de symbolische orde van het politieke ook onder populistische hegemonie burgers zonder burgerschap zal kennen.

Van tegenstanders en vijanden: nieuwe theaters

Wat bedoelen we eigenlijk als we over 'inburgering' spreken? Volgens de Rijksoverheid is iemand ingeburgerd als hij of zij het inburgeringsexamen haalt. Dit examen toetst kennis van de Nederlandse taal en kennis van de Nederlandse samenleving. Wat verder onderzoek leert dat ook normen en waarden deel uitmaken van het examen, soms impliciet, soms expliciet. Wanneer geven we een hand, wanneer nemen we een geschenk mee, wonen grootouders bij hun kinderen, gaan we onaangekondigd op bezoek?[161] Ook zijn er vragen over politiek en bestuur. Antwoord op de vraag waarom Nederland lid is van de Europese Unie moet kennelijk zijn dat Nederland daar vooral economisch van profiteert en dat is niet ironisch bedoeld.

161 Dat laatste schijnt in Nederland absoluut 'not done' te zijn, althans volgens antwoorden op voorbeeldvragen. Toch weet ik zeker dat in Zuid-Nederland de idee van gastvrijheid op dit punt toch andere uitkomsten heeft. Wat wel klopt is dat grootouders zelfstandig wonen, vaak ook in instellingen. Dat schijnen veel migranten dan weer tamelijk onbeschaafd te vinden. Alleen aangekondigd op bezoek mogen komen trouwens ook.

Ingeburgerd zijn betekent dus Nederlands spreken en de Nederlandse samenleving kennen. Dat is aan de ene kant wat mager en aan de andere kant juist veelomvattend. Mager is dat relatief weinig kennis over de politieke gemeenschap en instituties wordt verwacht. Veelomvattend is de inhoudelijke en vooral normatief ingekleurde perceptie van wat Nederland is. Kennelijk delen wij een cultuur. Dat past overigens bij de 'dikke' invulling van het integratiebegrip die in Nederland op dit moment dominant is. Integratie is dan meer dan de aanvaarding van rechtsstaat en democratie, maar ook aanvaarding van een geheel van waarden en normen dat blijkbaar voor Nederland staat: een vooral culturalistische invulling van burgerschap.[162]

In deze notie van burgerschap is verdwenen dat een belangrijk aspect daarvan bestaat uit de politieke vrijheid om afwijkende opvattingen te hebben. Burgerschap impliceert dan dat deze afwijkende opvattingen slechts door rechtsstaat en democratie worden begrensd. Maar het feit dat rechtsstaat en democratie eveneens een recht op verandering van wetten en regels betekenen, maakt deze begrenzing weer tamelijk ruimhartig.

Politiek gaat over strijd, conflict en onenigheid. Democratische politiek gaat over strijd zonder gebruik van geweld of dwang om opvattingen op te leggen. Rechtsstatelijke politiek betekent dat de staat alleen op wettelijke basis zijn monopolies mag inzetten en dat daarbij de negatieve vrijheid van de burger steeds de maatvoering bepaalt.[163]

Cruciale vraag is altijd wat de betekenis van strijd en onenigheid en conflict als kern van politiek is: gaat het om een metafoor, een specifieke retoriek, om een taalspel? Gaat het om strijd tussen opvattingen of tussen belangen? Gaat het om insluiting en uitsluiting? Om dwang en geweld? In een kader van democratie en rechtsstaat is het geweld natuurlijk voorbehouden aan de staat, maar welke dwang mag door de meerderheid tegen de minderheid worden uitgeoefend?

Eerder heb ik op deze vragen het antwoord gegeven van de aristocratische

162 Raad voor Maatschappelijke Ontwikkeling, 2011b. Critici van het dominante integratieperspectief hebben zelf vaak een even culturalistische benadering, omdat ze eveneens het culturele conflict centraal stellen. Het feit dat migratie per definitie spanningen oplevert in een verzorgingsstaat missen zij dan. Traditionele migratiesamenlevingen voeren daarom altijd een uiterst restrictief beleid inzake de toegang van migranten tot de verzorgingsstaat en zijn voorzieningen.

163 Frissen, 2009: 37 e.v.; Berlin, 1996

matiging, terughoudendheid en bescheidenheid, waartoe het gevaar van de staat verplicht. Het is echter duidelijk dat in de huidige politieke arena het discours van de strijd en het conflict weer de dimensies van antagonisme en vijandschap heeft aangenomen. Dit lijkt op het eerste gezicht aan te sluiten bij de definitie van Schmitt die 'het vriend-vijand onderscheid als criterium van de politiek' aanwijst.[164] Schmitt maakt echter duidelijk dat het hier gaat om de potentiële vijandschap tussen politieke gemeenschappen die elk de eenheid van de staat als constituerende factor hebben. Het is dus een vijandschap die de oorlog als mogelijkheid veronderstelt en waarbij de vijand een andere staat is: '(...) een "tenminste eventueel" – dat wil zeggen een volgens een reële mogelijkheid *strijdende* collectiviteit die tegenover een andere collectiviteit staat. (...) De vijand in politieke zin hoeft men niet persoonlijk te haten.'[165] Een dergelijke vijandschap is uiteraard ook binnen een politieke gemeenschap mogelijk, maar dan is er in de volstrekt heldere bewoordingen van Schmitt sprake van een burgeroorlog en die maakt per definitie een einde aan de politieke eenheid van de staat.[166]

In het actuele politieke debat in veel landen is de vijandschap prominent aanwezig.[167] Katalysator hiervan is in brede zin de migratie en de daarmee bestaande onvrede. Meer in het bijzonder richt de benoeming tot vijand zich op een geloof: de islam. De terminologie is dan ook die van oorlog en bezetting door een vreemde cultuur die fascistisch is in politieke en maatschappelijke opvattingen en die een theocratische staat wil vestigen. Daartegen is een 'kruistocht' nodig. De historische betekenis van deze term maakt duidelijk dat het om een oorlog gaat die nu in eigen land moet worden gevoerd, waarbij ook de deportatie voor mogelijk wordt gehouden. Niet voor niets is er een debat over de nationaliteit en over het ontnemen van de nationaliteit: dat is in symbolische zin de enige manier om de burgeroorlog te ontkennen.[168]

164 Schmitt, 2001: 62

165 Schmitt, 2001: 65 (cursivering auteur)

166 Schmitt, 2001: 67-71

167 De indruk moet worden vermeden dat de vijandschap ooit afwezig is geweest. De vorm ervan is echter sterk wisselend. In het tijdperk van verzuiling pacteerden elites om de vijandschap van religieuze en levensbeschouwelijke aard te pacificeren en te accommoderen in de politieke orde.

168 Het is immers knap lastig dat de overgrote meerderheid van de 'Marokkaanse straatterroristen' Nederlander is en alle Antillianen overigens ook.

In dit discours van tegenstanders en vijanden zijn compromis en pluralisme dan ook abjecte begrippen, tenzij ze als voorportaal voor definitieve machtsverovering kunnen gelden. In de recente Nederlandse gedoogconstructie was er op het punt van gepostuleerde vijandschap geen sprake van een compromis. De maatregelen hadden de volle steun van de coalitie. De interpretatie ervan op basis van het postulaat van vijandschap werd politiek gesanctioneerd. Er moest immers een gevaarlijke ideologie worden bestreden. De in een pluralistisch wereldbeeld zo fraaie en vredestichtende constructie van het compromis lijkt ook nu nog slechts een verlepte schoonheid te hebben. Met de vijand wordt niet gepacteerd – elk compromis met hem is rot.[169] Het is in die zin dan ook de vraag of Scheffers analyse van de migratie voldoende houvast voor geruststelling biedt. Naar zijn overtuiging is er een constante in de meeste migratiegeschiedenissen: na vermijding komt conflict en dat is de voorbode van accommodatie.[170] Het is in het nieuwe theater van de politiek, waarin vijandschap volop wordt verkondigd, zeer de vraag of accommodatie door iedereen voor mogelijk of wenselijk wordt gehouden. Alleen radicale geloofsafval lijkt een optie te zijn, maar die is toch tamelijk onwaarschijnlijk te achten.

En ondertussen woedt in het theater van de nieuwe media een openlijke oorlog van haat en vijandschap die maar beter serieus te nemen is. In dit theater is er geen regie meer, omdat iedereen die zelf voert. Er is geen onderscheid meer tussen redactie en penvoerder, geen verschil meer tussen journalist en lezer. In de productie van betekenis levert dat een geheel nieuwe logica op waarvan we nog lang niet weten wat de consequenties voor het politieke en maatschappelijke handelen zijn. De eisen van onmiddellijkheid en transparantie creëren nieuwe vormen van politiek waarin begrenzing en bemiddeling worden verworpen en die een symbolische orde tot stand brengen waarin strijd, onenigheid en conflict niet de potentie van verzoening en compromis impliceren, maar een overwinning van de zelf geproduceerde waarheid.

De voorstelling die de klassieke vormen van representatie opleveren – name-

169 Margalit, 2009. Ook hieruit blijkt dat in het huidige discours de vijand zich binnen de staatsgrenzen bevindt. Wie met hem compromissen sluit – rotte uiteraard – is verrader en mag dus volgens extremisten worden vermoord.

170 Scheffer, 2007:18

lijk een wereld die gebroken is, die niet transparant is en waarin altijd bemiddeling nodig is om gezag te verwerven – is daardoor grondig verstoord. De vraag is dan ook hoe een dergelijk gezag weer binnen handbereik van de politieke orde kan komen. Of is in 'liquid times'[171] zo'n gezagsherstel onmogelijk?

171 Bauman, 2007

4 *De begeerte naar onmogelijk gezag*

We zijn ontevreden, op een vermoeide en tegelijk boze wijze. Onzekerheid is de overheersende gemoedsstemming en dat maakt dus bang.

> 'En misschien is wel de allergrootste angst dat we niet de enigen zijn die de greep op ons leven kwijt zijn, omdat de gezagsdragers dat ook zijn, aan krachten waar ze geen invloed meer op hebben.'[172]

Judt bepleit een eerherstel voor linkse politiek en een hernieuwde campagne tegen de ongelijkheid. Dat vraagt om een 'wederopstanding van de staat', hetgeen hij adstrueert met een beschouwing over de spoorwegen: 'sociale voorziening' én toonbeeld van moderniteit.[173] Bauman spreekt over het tijdperk van onzekerheid waarin alles vloeibaar is geworden. De open samenleving van Popper vierde haar onvolledigheid en daardoor steeds braakliggende toekomsten met ongekende mogelijkheden. Daar is echter een nieuwe tragiek bijgekomen: de mogelijkheid om dergelijke toekomsten vorm te geven is in zichzelf onzeker geworden, net als onze vasthoudendheid om een eenmaal ingeslagen weg te continueren. Belangrijke oorzaken daarvoor zijn de negatieve kanten van de globalisering: terreur, financiële crises, 'big brother'. Die stemmen alle regelmatig overeen in minachting voor de territoriale soevereiniteit van de nationale staat.

172 Judt, 2010: 215-216

173 Judt, 2010: 197-215. Altijd weer interessant en ook wel curieus: de progressieve voorkeur voor de trein.

'A society that is "open" is a society exposed to the flows of "fate".'[174]

Volgens Trommel verdampen gezag en traditie in de modernisering. De verzorgingsstaat heeft de burger onafhankelijk en reflexief gemaakt en een slimme burger beslist natuurlijk zelf en wantrouwt elke vorm van gezag, zeker dat van de staat en zijn gezagsdragers. Dat is een radicalisering van wat Weber al heeft aangekondigd: 'Die Entzauberung der Welt'.[175] Deze onttovering betreft ook de aanvaarding van tragiek en fatale omstandigheden. Deze worden niet meer als vanzelfsprekende condities van het menselijke bestaan gezien. Als dan opheffing ervan niet succesvol is, leidt dit eveneens tot gezagserosie.

Onbehagen, onzekerheid en onttovering vormen met elkaar de achtergrond voor de ontwikkeling die ik hiervoor heb beschreven: de uitdagende opkomst van het populisme dat de nationale identiteit wil redden en herstellen door het volk te verlossen. Het is wat ik heb genoemd een manicheïstische stroming die de verlossing van het kwade zoekt in het hier en nu, in het bijzonder door de politiek. Maar het heeft geen modernistisch maakbaarheidsideaal. Het is vitalistisch in pathos en koestert het ressentiment tegen de verraderlijke elites en al wat vreemd en anders is dan het als eenheid gedachte volk. Het is radicaal democratisch en tegelijkertijd autoritair en vertrouwend op leiderschap en daadkracht van de leider.

De droom van maakbaarheid is de droom van de moderniteit. Ook hierin wordt verlossing van tragiek, leed en risico's gezocht, maar vooral door de radicale technocratie van het gulzige bestuur: dus in plaats van verlossing, oplossing en voltooiing. Dat leidt tot een extreem interventionisme en tot een interventiefuik waaraan de staat voortdurend tracht te ontsnappen door nog meer op rationele beheersing en geavanceerde wetenschappelijke kennis te vertrouwen.

De politieke representatie is in het spoor daarvan steeds meritocratischer geworden. Diploma's bepalen de stratificatie en de kloof is vooral cultureel en betreft groepen in de bevolking: Wesley en Priscilla versus Diederik en Fleur. Mohammed en Fatima zijn in het nieuwe discours van vijandschap of antagonisme natuurlijk sowieso buitengesloten. Gezag is vanwege deze kloof ook in de politieke arena een problematisch fenomeen.

174 Bauman, 2007: 6-7

175 Trommel, 2009: 12-13; Weber, 2012: 20

Toch blijven we ernaar op zoek. We verbinden het met legitimiteit, betrouwbaarheid en effectiviteit van politiek en staat. We wijzen naar nieuwe gezagsbronnen voor en van kennis die veel democratischer en minder elitair lijken te zijn, zoals sociale media. We blijven maar schaven en sleutelen aan de staat om deze in overeenstemming te brengen met de vloeibaarheid van maatschappelijke verhoudingen en processen. Opnieuw vergeten we daarbij de tragiek als onontkoombaar fenomeen. De crisis, die cultureel van aard is, verdiept zich daardoor slechts.

Geloofwaardig gezag dat werkt

Legitimiteit en effectiviteit zijn twee relevante aspecten van gezaghebbend bestuur – zo betogen de meeste democratietheoretici. Bestuur moet berusten op draagvlak en acceptatie. Burgers moeten in besluitvorming worden betrokken door een bestuur dat responsief is en de proef op de som is steeds dat het beleid mag bogen op een brede maatschappelijke acceptatie. Draagvlak voor beleid berust vaak op draagvlak in besluitvorming: participatie en acceptatie hangen samen. Dat geldt zeker en bij uitstek in de consensusdemocratie die Nederland sinds eeuwen is. In het poldermodel – hoe heftig vaak ook bekritiseerd – is dit inzicht geïnstitutionaliseerd. De Mul noemt het poldermodel daarom 'een *polytiek* model', waarbij de epsilon het model niet alleen 'een aristocratisch, bovenpolderlijk cachet' geeft, maar ook het fundamenteel pluralistische karakter ervan uitdrukt.[176] Door schikken en plooien kan elk belang zijn legitieme portie aandacht krijgen en wordt er veel besloten zonder al te veel dramatiek en heftige stemmingswisselingen.

Dat is tegelijk de zwakte van dit model. Hendriks betoogt dat de kwaliteit van het bestuur altijd afhangt van legitimiteit en dat zijn effectiviteit daar in belangrijke mate op berust. Precies daarin zit het knelpunt: de consensusdemocratie is niet aansprekend genoeg.[177] In weerwil van alle kritiek op stroperigheid en gebrekkige prestaties, laat veel onderzoek zien dat het Nederlandse bestuur in termen van beleidsoutput zeer behoorlijk functioneert. Maar ondanks deze 'value for money' schort het aan geloofwaardigheid, aan legitimiteit in meer culturele zin.

176 De Mul, 2011: 23 (cursivering auteur) en 181

177 Hendriks, 2006: 195

> 'Het mag zo zijn dat maatschappelijke problemen beleidstechnisch gezien meer dan ooit om *network governance* en overlegdemocratie vragen, het is tegelijkertijd zo dat culturele voorkeuren meer dan ooit uitgaan naar het doorbreken van zulke vormen van besluitvorming.'[178]

Geloofwaardigheid of legitimiteit van bestuur wordt – zeker door menig Nederlands politicoloog – steevast in verband gebracht met betrouwbaarheid en vertrouwen. Heel veel empirisch onderzoek meet het vertrouwen van Nederlandse burgers in politiek, bestuur en beleid. Zeer regelmatig is er dan een dubbele vaststelling: het vertrouwen daalt, vaak schoksgewijs, maar in een internationale vergelijking is het nog steeds hoog. Veronderstelling in deze onderzoeken is steevast dat voor de legitimiteit van het bestuur vertrouwen door en van burgers van groot gewicht is.[179] Dat ligt enerzijds natuurlijk voor de hand, maar is anderzijds toch ook problematisch als het om democratische instituties gaat. Die zijn immers mede bedoeld als vormen van georganiseerd wantrouwen. Natuurlijk is democratie erbij gebaat dat burgers vertrouwen hebben in de politiek. Dat vertrouwen is echter vooral institutioneel. Paradoxalerwijze moet er dus vertrouwen zijn dat het wantrouwen adequaat is georganiseerd. Bestuurders moeten verantwoording afleggen, de machten van de trias politica moeten elkaar tegenwicht bieden, in beleidssystemen moeten op orde zijn. Als machthebbers falen moet de institutie over corrigerend vermogen beschikken en zelfreinigend kunnen optreden. In de woorden van Van Gunsteren: '(...) democratie in een massasamenleving heeft onpersoonlijk vertrouwen nodig. Dat wordt op de proef gesteld door de organisatie van tegenspraak – vertrouwen door gezond wantrouwen.'[180] In nogal wat beschouwingen over democratie en vertrouwen blijft de kant van het wantrouwen vaak onderbelicht. Dat past ook bij een consensusdemocratie, waarin men bovendien liever van invloed dan van macht spreekt.

Accentuering van vertrouwen past eveneens bij een wereld waarin tussen staat en samenleving onvoldoende distantie bestaat. De staat is intens met de samenleving vervlochten geraakt in zijn hardnekkig pogen om alle leed en tragiek

178 Hendriks, 2011: 436 (cursivering auteur)

179 Hendriks, 2012: 79 e.v.

180 Van Gunsteren, 2006: 7; zie ook Boutellier, 2011: 92.

te bestrijden en liefst te voorkomen. Zo is er bij de politiek een schreeuwende behoefte ontstaan aan maatschappelijke erkenning van de nobele intenties die aan het paternalisme van de politiek ten grondslag liggen. Nog steeds is er het utopisch verlangen naar een goede samenleving en dit verlangen maakt het noodzakelijk dat de brengers van al dit heil – de staat en zijn politieke machthebbers – als betrouwbaar en geloofwaardig worden gezien. De overheid wil onze beste vriend zijn, zelfs als ze zichzelf niet meer als 'geluksmachine' wil opvatten. Dat geldt temeer waar de bedreigingen van al deze goedheid steeds groter lijken te worden.

Vandaar ook dat het interventionisme accelereert. In het streven naar geloofwaardigheid moet de staat doen wat hij kan, omdat nietsdoen natuurlijk geen optie is. 'Pech moet weg.'[181] De burger verlangt dat ook, zo is vaak de legitimatie. Dat maakt dat de legitimiteit en geloofwaardigheid van politiek en bestuur gekoppeld raken aan prestaties – aan performativiteit. De prestaties vallen helaas voortdurend tegen. Dat is dan weer aanleiding om interventies te verbeteren, hetgeen altijd leidt tot verfijning en uitbreiding, waardoor ook de interventiefuik zowel fijnmaziger als omvattender wordt. 'Iedereen lijkt bovenal gefixeerd op doelmatigheidskwesties: hoe en in hoeverre het beleid bijdraagt tot het bereiken van gestelde doeleinden', zo stelt Van Doorn vast, waarbij hij de introductie van marktwerking als een schoolvoorbeeld van apolitieke technocratie aanwijst, die alleen 'instrumentalisme en pragmatisme' als regulerende kaders kent.[182] Effectiviteit lijkt zo een autonome legitimiteitsbron te zijn geworden. Als een interventie werkt dan moet deze wel deugen. Dat betekent dat een afweging met andere waarden niet meer plaatsvindt of zelfs dat deze waarden verdrongen worden.

De performativiteit van politiek en bestuur staat natuurlijk voortdurend onder druk. Theorieën over complexiteit maken duidelijk hoe fragiel de stabiliteit is in de netwerksamenleving. Interventies moeten dat inzicht tot uitgangspunt nemen, hetgeen echter allerminst tot een tempering van interventionisme leidt. Omdat kleine ingrepen grote gevolgen kunnen hebben leidt dit bij beleidsmakers tot een nog grotere anticipatiegeneigdheid. Voorzorg wordt een zeer ingrijpend

181 Mertens, Pieterman, Schuyt & De Vries, 2003

182 Van Doorn, 2006: 470-471. Overigens wijst Achterhuis (2010) overtuigend op het utopische en dus ideologische karakter van het marktdenken.

en alles regulerend mechanisme. Het domein van de veiligheid is daarvan een extreem voorbeeld: alles kan object van securitisering worden, omdat alles zich kan ontwikkelen tot existentiële dreiging. [183] En op de burger zelf wordt een omvangrijk repertoire losgelaten van disciplinering en normalisering, met een beschavingsoffensief voor 'hufters' en 'korte lontjes'.

Het interventiebereik en de interventie-intensiteit nemen toe. De onbedoelde gevolgen kennen een navenante groei. En waar het beleid aan legitimiteit wil bijdragen door zijn effectiviteit te vergroten is het omgekeerde het geval. Het beeld doemt op van een dolgedraaide beleidsmachine, die met alle kennis van de wereld steeds meer 'fatale remedies' produceert.[184] En waar de burger in het beleid participeert, vergroot hij de reflexiviteit ervan, waardoor de onbedoelde gevolgen alleen maar toenemen. Bovendien beschouwt de burger – zowel in de 'beschaafde' variant van de deliberatie als in de rauwere variant van het 'reaguren' – zichzelf steeds meer als legitieme kennisbron of als legitieme machtsfactor.

Het stormtij van de kennisdemocratie

Over de rol en betekenis van kennis voor beleid is een bibliotheek volgeschreven. Voor dit boek zijn daaruit vooral die inzichten van belang die onbedoelde gevolgen, reflexitiviteit en utopische verlangens laten zien.

Dat elk sociaal handelen en dus ook beleid onbedoelde gevolgen heeft is inmiddels breed gedeelde en aanvaarde kennis.[185] Onbedoelde gevolgen kunnen gewenst zijn (de 'onzichtbare hand' van Adam Smith) of ongewenst (geld gooien naar een probleem dat daardoor toeneemt). Een bijzondere vorm van onbedoelde gevolgen die ongewenst zijn, is het perverse effect. Een effect is pervers als het gevolg van het handelen de intenties van datzelfde handelen ondermijnt. Een prestatiecontract wil de effectiviteit van de politie vergroten om op die manier de legitimiteit te versterken. Het prestatiecontract is zo effectief dat de gemiddelde burger denkt dat het contract doel op zichzelf is geworden. Het gevolg: de

183 Buzan, Wæver & De Wilde, 1998: 23 e.v.; Boutellier, 2011: 65 e.v.

184 Engbersen, 2009

185 Merton, 1936

legitimiteit van de politie daalt omdat de geverbaliseerde burger denkt dat de diender niet een overtreding bestraft maar zijn 'bonnentarget' wil halen.

Engbersen onderscheidt zeven mechanismen van onbedoelde effecten.

- *Functionele ontwrichting*: een interventie verstoort de werking van een systeem omdat het zijn uitgangspunten of samenhang ondermijnt. Voorbeeld: te hoge uitkeringen vergroten afhankelijkheid én werkloosheid.

- *Exploitatie*: burgers en organisaties buiten het systeem al calculerend uit, waardoor de legitimiteit van het systeem ondermijnd raakt.

- *Doelverschuiving*: organisaties en projecten worden doelen op zichzelf, waardoor eigenbelang voor algemeen belang komt.

- *Classificatie*: indelingen en onderscheidingen gaan een eigen leven leiden. Burgers gaan zich naar beleidscategorieën gedragen of raken erin verstrikt (stigmatisering).

- *Provocatie*: interventies kunnen tot deviant gedrag leiden omdat ze bedreigend zijn voor specifieke groepen.

- *Over-commitment*: te veel beloften en te weinig middelen produceren teleurstelling.

- *Geruststelling*: beleid dat vooral symbolisch is in de zin van 'meer retorisch dan effectief' frustreert uiteindelijk burgers.

Beleid is vanwege deze onbedoelde effecten in veel gevallen een 'fatale remedie'.[186] Kernvraag is steeds of toename van kennis zal leiden tot het beheersen dan wel voorkomen van onbedoelde gevolgen. Het antwoord daarop is meervoudig. Natuurlijk biedt kennis ook en wellicht vooral inzicht in wat ongekend is en onvoor-

186 Engbersen, 2009: 32-40

spelbaar. Daardoor weten we bij ingewikkelde vraagstukken dat de gevolgen van interventies altijd (deels) ongekend en onvoorspelbaar zijn. Wijsheid is dan omkeerbaarheid in te bouwen: de mogelijkheid om te stoppen. Ook is het verstandig variëteit te gebruiken. Tussen verschillende oplossingen zal er altijd wel één zijn met minder ongewenste gevolgen. Kleine stappen zijn vrijwel altijd te prefereren boven zevenmijlslaarzen. En wees altijd ook voorbereid op verrassingen. Domeinspecifieke kennis moet altijd worden geïncorporeerd. Aldus de lessen van Scott.[187]

Complicerend is natuurlijk dat kennis zelf niet alleen de complexiteit van de wereld in beeld brengt maar deze ook vergroot. Dat heeft alles te maken met reflexiviteit. De sociale wereld praat altijd terug en dat onderscheidt deze wereld van de fysieke. De wereld reageert op interventies als de wereld er weet van heeft. De sociale wereld heeft bovendien steeds meer weet van deze interventies omdat deze almaar meer op kennis worden gebaseerd. De feiten die het beleid in het kielzog van de wetenschap evidencebased laat spreken keren zich precies door dit spreken tegen de voorwaarden voor toepassing ervan. Omdat de feiten bekend worden, gaat de wereld tegenspreken: dan gelden de 'ceteris paribus'-voorwaarden niet meer die cruciaal zijn voor evidencebased beleid. Elke kennis die ik over de wereld produceer, raakt toegevoegd aan die wereld, waardoor deze strikt genomen niet meer dezelfde is als de wereld waarover ik de kennis heb geproduceerd. Ik vind dat beeldschone tragiek. Beleidsmakers zullen ervan gruwen.

De centrale these van de 'kennisdemocratie' is dat in de relatie tussen kennis en beleid reflexiviteit is geradicaliseerd, terwijl de onzekerheid over de betrouwbaarheid van de kennis alleen maar is toegenomen.[188] Bovendien zijn in de netwerksamenleving verhoudingen tussen burgers en tussen burgers en instituties steeds horizontaler geworden. De democratisering van kennis die daarvan het gevolg is botst met de overwegend hiërarchische verhoudingen in de politiekbestuurlijke instituties en bedreigt de unieke representatiefunctie van de parlementaire democratie. Het gezag raakt meervoudig ondermijnd. Maar de kennis die mede verantwoordelijk is voor deze gezagsondermijning blijft zelf allerminst buiten schot. Deze ondermijning raakt kennis zelf in het hart: dat is de grote

187 Scott, 1998: 342-357

188 We danken de term 'kennisdemocratie' aan Roel in 't Veld. Ik ontleen de hiernavolgende beschrijving aan In 't Veld (2010 a en b).

paradox. Net zo min als de democratie en het recht is kennis dus een rustig bezit.

In 't Veld ziet overigens versterking en niet bestrijding van reflexiviteit als cruciale voorwaarde voor een goed functionerende kennisdemocratie. Dat kan door meer democratie binnen de staat: interactie door deliberatie in beleidsprocessen; directe verkiezing van regering en rekenkamer; functioneel gedecentraliseerde en rechtstreeks gekozen uitvoeringsautoriteiten.[189] Hij pleit voor relativering van centrale soevereiniteit door zelfbestuur meer ruimte te geven.

> 'Ter wille van het behoud van relaties moet de overheid dus duurzaam afzien van centraliteit en hiërarchie. In de luwte van de politiek kunnen overheden zich dat soms permitteren.'[190]

Kennisdemocratie is dan een duurzaam én heilzaam alternatief voor de hypes van media-politiek en populisme, waarin complexiteit altijd verdacht is en de stem van het volk eerder emoties dan wijsheid als bron heeft. Kennisdemocratie hecht aan checks-and-balances, maar of 'bottom up media', waarin de overtuiging van het eigen gelijk vaak domineert, ook als zodanig mogen gelden blijft onduidelijk. De vraag is daarom gerechtvaardigd of de kennisdemocratie niet, in de woorden van In 't Veld, een 'opkomend stormtij', is waarin een klassieke droom van utopisch verlangen de kop opsteekt. Het gaat dan om een moderne of zelfs postmoderne variant van de platoonse ambitie om macht met kennis te vereenzelvigen. Het gaat nu echter niet meer om een monopolie van kennis – deze is immers gedemocratiseerd. Daardoor kunnen meritocratische en aristocratische associaties verdwijnen. Sterker nog: door de erkenning van meervoudigheid en reflexiviteit kan kennis worden verzoend met de notie van democratie als strijd en conflict. Er blijft echter rechtovereind staan dat een ideaal bestuur goed geïnformeerd is en zich moet laven aan de bron van kennis.

Het getuigt van veel reflexiviteit dat in de door In 't Veld geredigeerde internationale bundel over 'knowledge democracy' precies op dit utopisch karakter wordt gewezen door Turnhout: 'Knowledge democracy is based on technocratic and scientific Utopian ideals complemented with Utopian governance and

189 In 't Veld, 2010a: 169-174

190 In 't Veld, 2010a: 175

participation ideals.'[191] Dat maakt kennisdemocratie in potentie totalitair en antidemocratisch. Zeker als het gezag van kennis niet evident is – en dat is in het politieke domein altijd het geval – is de kwestie aan de orde wie de betrouwbaarheid zal moeten vaststellen. Wie heeft gelijk? De eenvoudige huisvrouw of Roel Couthino? Beslist de politiek in dat geval? Of gaan we, net als inzake het klimaat, een wetenschappelijk politbureau voor de waarheid instellen? En wie stelt vast op welk punt kennis ontoereikend is en fatalistisch in de tragiek van het noodlot moet worden berust?

Het vermoeden is meer dan gerechtvaardigd dat juist in deze gevallen de symbolische orde van het politieke onontbeerlijk is. Dat vraagt inderdaad om 'een andere omgangsvorm tussen staat en samenleving'.[192] In tegenstelling tot In 't Veld zie ik dan vooral de noodzaak van distantie en in die zin ook eerder minder dan meer horizontaliteit. De staat mag niet al te nodaal en vloeibaar worden.

Vloeibare samenleving, gestolde staat

Dat de netwerksamenleving een nodale orde kent, waarin rondom en tussen uiteenlopende knooppunten verhoudingen horizontaliseren, is al door veel auteurs betoogd. Ik heb deze analyse ook met grote regelmaat gemaakt. En mits horizontalisering niet al te enkelvoudig wordt gedefinieerd als platter en minder gelaagd of al te normatief als meer (basis)democratisch, houdt de analyse zeker stand. Horizontalisering kan immers ook betrekking hebben op interorganisatorische samenwerkingsrelaties in de wereld van de zware criminaliteit. Ook terroristische netwerken en milities kunnen als horizontaal opererende verbanden worden gezien.

De analyse van horizontalisering is inmiddels ver doorgedrongen in de wereld van politiek en bestuur. Ik verwees al naar de brief van de Nationaal Coördinator Terrorismebestrijding. Ook menige beleidsnota en menig adviesrapport zingt de deun van de horizontalisering. De Raad voor het openbaar bestuur, zeker onder

191 Turnhout, 2010: 25

192 In 't Veld, 2010a: 174

zijn huidige voorzitter Wallage, heeft zich deze analyse helemaal eigen gemaakt.[193] Aan de analyse worden dan altijd gevolgtrekkingen verbonden voor inrichting en functioneren van het openbaar bestuur. Voornoemde Raad stelt '(...) dat het verticale bestuur nieuwe verbindingen tot stand moet brengen met de horizontale publieke ruimte. De verticale instituties kunnen niet meer hun noodzakelijke rol vervullen als zij zijn losgeweekt van de samenleving die zij juist trachten bij te sturen.'[194] Dit betekent dat de politiek weer normatief richting moet geven, dat burgers veel ruimere participatiemogelijkheden moeten krijgen en dat zij veel vaker hun politieke bestuurders moeten kunnen kiezen. En hoewel meer democratie een remedie kan zijn voor democratische tekorten blijft de aanbeveling om de verbindingen te intensiveren, zeker ook in het licht van de eerste conclusie (meer normatief richting geven als taak voor de politiek) toch problematisch.

De notie dat organisaties – die bijna per definitie verticaal zijn – meer verbinding met hun omgeving moeten zoeken en ook fundamentele karakteristieken van deze omgeving moeten overnemen, is een klassiek organisatietheoretisch inzicht dat in allerlei varianten is geformuleerd door auteurs als Beer, Fiedler, Lawrence en Lorsch, en Mintzberg. Het is zo breed gedeeld dat het welhaast axiomatisch is geworden. Weinig auteurs zullen immers betogen dat een organisatie juist fundamenteel van haar omgeving moet afwijken. Belangrijk fundament is Ashby's 'law of requisite variety'.[195] Deze aan de biologie ontleende wet stipuleert dat een systeem zich alleen kan handhaven in een turbulente omgeving als het over net zo veel sturingsmogelijkheden beschikt als de soorten impact die de omgeving op het systeem kan hebben. Jessop betoogt dat voor de wereld van politiek en bestuur deze wet meer dynamisch moet worden ingevuld en dat de keuzemogelijkheden tussen repertoires redundant moeten zijn, gegeven de permanentie van veranderingen in de complexe wereld.[196] Hij verbindt daar overigens de conclusie aan dat de eis van benodigde variëteit verbonden kan worden met de eis van 'requisite irony'. Ironie immers '(...) accepts incompleteness and

193 Vooral in zijn advies *Vertrouwen op democratie* (Raad voor het openbaar bestuur, 2010).

194 Raad voor het openbaar bestuur, 2010: 58. Zie ook Raad voor het openbaar bestuur, 2012, Wetenschappelijke Raad voor het Regeringsbeleid, 2012b en Raad voor Maatschappelijke Ontwikkeling, 2013.

195 Ashby, 1958

196 Jessop, 2003: 111-113

failure as essential features of social life but continues to act as if completeness and success were possible.'[197]

Hoe deze inzichten in de reële wereld van politiek en bestuur uitpakken kunnen we lezen in een fascinerende analyse van Van der Steen en Van Twist over interne vernieuwingsoperaties van de nationale staat in Nederland.[198] Dat deze operaties terug te voeren zijn tot 1818 maakt duidelijk hoezeer de overtuiging leeft dat de staat zich in organisatie en functioneren moet aanpassen aan maatschappelijke ontwikkelingen. March en Olsen verklaarden dit ooit uit het institutionele belang van symbolische actie.[199] Door te reorganiseren laat het bestuur zien dat het *iets* doet aan maatschappelijke problematiek. Dat is inderdaad bij voortduring vast te stellen: als politiek een groot vraagstuk wordt gedefinieerd krijgt dat van de bureaucratie en haar bestuur steevast een organisatorisch antwoord.[200]

Van der Steen en Van Twist omschrijven de geschiedenis van deze vernieuwingsoperaties als een 'kroniek van de teleurstelling', omdat volgens velen de vernieuwingen slechts verbaal en de operaties bovenal technisch zijn. Bovendien lopen ze tragisch vast in goede bedoelingen en vinden ze in een permanente lijdensweg steeds hetzelfde wiel uit. De auteurs weigeren echter zich aan te sluiten bij de teleurstelling, zeker als deze uitmondt in cynisme.

> 'De kunst van de vernieuwing van de rijksdienst is om de bewegende panelen van overheid en samenleving ondanks de turbulentie in beide domeinen met elkaar in verbinding te houden en de aansluiting te verbeteren.'[201]

Belangrijkste opbrengst van de vele veranderingen is wat de auteurs het ontstaan van 'het nieuwe tussen' noemen. Dit is geen resultaat van een vooropgezet plan,

197 Jessop, 2003: 113. Dit komt sterk overeen met inzichten van Willke (1992) en mijn beschouwingen over ironie in *De virtuele staat* (Frissen, 1996). Bovendien lijkt de door Jessop voorgestane 'requisite irony' sterk op de klassieke tragedie: de held stormt onafwendbaar op het noodlot af, maar doet dat met grootse heroïek. Het is onwaarschijnlijk overigens dat Jessop deze analogie aanvaardt, gegeven zijn overtuiging dat er wel moet worden gehandeld.

198 Van der Steen & Van Twist, 2010

199 March & Olsen, 1984

200 Zie ook: Raad voor Maatschappelijke Ontwikkeling, 2008.

201 Van der Steen & Van Twist, 2010: 7-10

maar een samenhangende verzameling van verbindende functies en praktijken. Het gaat om drie ontwikkelingen: 'organisatorische ontkoppeling' en 'variabel verbinden', 'organiseren rond problemen' en, mede als gevolg van deze twee ontwikkelingen, het ontstaan van 'vloeibaar bestuur'.[202] Bij een samenleving in het tijdperk van 'liquid modernity' past een bestuur dat vloeibaar is. Dat is een streven naar isomorfie dat in de wereld van politiek en bestuur altijd sterk is geweest en bovendien vaak geïnspireerd door de wens de kloof tussen politiek en burger zo niet te overbruggen, dan toch te verkleinen. Staat en samenleving lijken daardoor steeds meer samen te vallen, met alle problemen van representatie en markering vandien, terwijl tegelijkertijd de politieke orde nog verder technocratiseert en bureaucratiseert.

De vloeibaarheid is niet alleen een feitelijk verschijnsel, maar vooral ook normatief: vloeibaar bestuur is niet gestold bestuur en dat is een wenselijke vorm van bestuur. Het gaat bepaald niet om een apolitieke of technocratische vormgeving, zo beklemtonen Van der Steen en Van Twist. Door de stolling van de statelijke structuren in bureaucratie te voorkomen dient vloeibaar bestuur juist het politieke primaat. Door een vorm van 'permanente tijdelijkheid' is de staat veel effectiever dienstbaar te maken aan politieke preferenties.

Precies hierin is mijn bezwaar tegen vloeibaar bestuur dan ook gelegen. Het leidt tot een volledige instrumentalisering van de staat in het licht van politieke ambities en verwaarloost de noties van 'countervailing powers' en checks-and-balances, die ook in de relaties binnen de staat moeten worden aangebracht. Bovendien maakt vloeibaar bestuur de staat onzichtbaar omdat deze enerzijds volledig samenvalt met politieke preferenties en anderzijds met de maatschappij, omdat vloeibaarheid nodig is om maatschappelijke problematiek die tot uitdrukking komt in politieke ambities te volgen. Het fundamenteel anders-zijn van politiek en staat ten opzichte van de samenleving, de idee van afstand als kern van representatie en de noodzakelijkheid van grenzen als rechtsstatelijke waarborgen zijn allemaal afwezig in het vloeibare bestuur.

Daar komt bij dat er ook tussen politiek en staat een belangrijk verschil is. Politiek is zowel het domein van de strijd en de onenigheid, dit aan de ene kant,

202 Van der Steen & Van Twist, 2010: 41-46. De notie van vloeibaarheid is ongetwijfeld geïnspireerd door het werk van Bauman (2000 en 2007).

als het uiteindelijke gezag over de staat, dat aan de andere kant. Daarom ook is de staat in allerlei opzichten gestold: in instituties en bevoegdheden, die dan weer ingetoomd worden door checks-and-balances. Anders gezegd: politiek als een symbolische orde van de strijd vraagt aan de ene kant om markering, om botsing, om begrenzing. En aan de andere kant gaat het in de symbolische orde van het politieke als gezag over de staat juist wel om stolling. De stolling in institutionele vormen en praktijken van de staat en de beteugeling van de politieke macht daarbinnen schieten in mijn opvatting juist tekort, als het bestuur in al zijn gulzigheid probeert zijn orde aan de wereld op te leggen door ermee samen te vallen. Dan is niet de vloeibaarheid van de wereld leidend voor het bestuur, maar tracht het bestuur de wereld in te richten naar de eigen inzichten over de vloeibaarheid ervan. Dan herkennen we weer de staat die de wereld 'leesbaar' wil maken, in de woorden van Scott.[203]

We zoeken technocratische antwoorden op maatschappelijke problematiek door structuren en processen te verfijnen in een streven naar isomorfie tussen horizontale samenleving en verticaal bestuur, door permanente aanpassing en flexibilisering, door ontkoppeling en verbinding in een continue tijdelijkheid, door integraliteit van beleid in antwoord op veronderstelde integraliteit van problematiek. Dat is uiteraard begrijpelijk: auteurs onderkennen complexiteit, niet om daarin te berusten, maar om deze te benutten om voor maatschappelijke vraagstukken naar oplossingen te zoeken. De staat is nooit volledig onmachtig. Vandaar noties als improvisatiemaatschappij, nodaliteit, horizontaal bestuur en vloeibaarheid.

Wat in deze kolkende stroom van metaforen, dilemma's en paradoxen echter verdwijnt, is het inzicht in de tragiek van de wereld: juist van de gebrokenheid daarvan moet de politieke orde een symbolische uitdrukking zijn, enerzijds door de democratische representatie van deze gebrokenheid, anderzijds door de institutionalisering ervan in de machtenscheiding en andere vormen van checks-and-balances.

Kenmerk van de moderniteit is dat we deze gebrokenheid willen oplossen, dat we tragiek willen bestrijden: dat is een fatale remedie, juist omdat fatalisme

203 Scott, 1998. Dat klopt weer helemaal met de notie dat de staat de wereld naar eigen inzicht wil beheersen.

als perspectief wordt geweigerd. Daarom ook staat de moderne staat machteloos tegenover het populisme en draagt hij in technocratische gulzigheid ongewild bij aan de verwerkelijking van de populistische agenda. De crisis van de moderne staat is vooral cultuurpolitiek van aard: het gaat om de symbolische orde van het politieke.

II

De symbolische orde van het politieke

Het Bataafsche volk, zig vormende tot eenen ondeelbaaren Staat en bezeffende, dat het voornaame bederf van alle Regeeringen geleegen is in de miskenning der natuurlijke en geheiligde regten van den Mensch in maatschappij, verklaart de navolgende stellingen als den wettigen grondslag, waarop het zyne Staatsregeling vestigt, en als zoo veele regels, waarnaar het zijne burgerlijke staatkundige betrekkingen wil hebben gewijzigd.

STAATSREGELING VOOR HET BATAAFSCHE VOLK 1798

5 *Over politiek, cultuur en symboliek*

Politiek, welk lidwoord we er ook voor zetten, is altijd (ook) een cultureel fenomeen. Het kan gaan om politiek gedrag, om politieke instituties, om politieke ideologieën, om politieke stelsels. Klassiek is het werk van Almond en Verba. Zij beschouwen politieke cultuur als een geheel van oriëntatiepatronen ten aanzien van politieke objecten. Dat kan het politieke systeem als geheel zijn, maar ook de input of output ervan, of de burger als participant. Deze oriëntaties kunnen cognitief, affectief of normatief zijn. Zij onderscheiden drie culturen: een 'parochial' cultuur, waarin tussen burger en staat grote afstand bestaat; een 'subject' cultuur, waarin de burger vooral onderdaan is; een 'participant' cultuur, waarin burgers democratisch deelnemen aan het politieke proces.[204]

In hun kielzog is en wordt veel onderzoek gedaan. Lijphart is daarvan een prominente representant met zijn studie naar de cultuur van pacificatie in de Nederlandse consensusdemocratie, later gevolgd door veel internationaal vergelijkend onderzoek. In het voorwoord bij de negende druk (in 1992) van zijn beroemde *Verzuiling, pacificatie en kentering in de Nederlandse politiek* zegt hij het volgende:

> 'Hoewel wat Nederland betreft de pacificatie-politiek nu grotendeels geschiedenis geworden is, behoudt dit type democratie zijn theoretische waarde als een bron van constructieve amendementen op de theorie

204 Almond & Verba, 1963; zie ook Frissen, 1989: 53.

van het pluralisme, zijn empirische waarde als een verklaring voor de stabiliteit van de Nederlandse democratie in de periode van 1917 tot 1967, en zijn praktische waarde als een normatief democratisch model dat geschikter is voor de vele sterk verdeelde samenlevingen in de wereld (...) dan het pluralistische model.'[205]

Mooi om te lezen hoe Lijphart een democratisch stelsel dat sterk op differentie en identiteit is gebaseerd – en dus op culturele karakteristieken – theoretisch, empirisch en normatief verdedigt.

In de antropologie is de idee dat politiek een relevant aspect is van de cultuur van een samenleving uiteraard een zeer voor de hand liggend inzicht. De macht en machtsverhoudingen hebben altijd een structurele én een culturele vorm – dat is de kern van het institutiebegrip. Mythen, rituelen en symbolen zijn de artefacten waarin een cultuur gestalte krijgt en dus is ook de politieke cultuur van een samenleving te begrijpen als een verzameling mythen, rituelen en symbolen waarin de macht zich uit. Tegelijkertijd realiseert de legitimatie van de macht zich altijd langs culturele lijnen. Aanvaarding van macht als gezag dat legitiem is, vindt plaats door de verhalen die over de machthebber en zijn orde worden verteld en die regelmatig in rituelen worden bevestigd. De macht tooit zich met symbolen die aan het gezag een uitstraling van vanzelfsprekendheid moeten geven.

In politieke wetenschap en bestuurskunde bestaat een traditie waarin aan een bijzondere vorm van symboliek aandacht toekomt, namelijk die van het beleid. Beleid is misschien wel de ultieme symbolische gestalte waarin moderne, rationele machtsuitoefening zich concretiseert. Het past dan natuurlijk voortreffelijk in het rationele beleidsdiscours van de moderniteit dat symbolisch beleid altijd de connotatie heeft van verhullend of onecht beleid: 'Words that succeed and policies that fail', zoals de ondertitel van een beroemde studie van Edelman luidt.[206] En in de beeldcultuur die onze samenleving is geworden, krijgt de symbolische vormgeving van het beleid, bijvoorbeeld door 'spindoctoring' en andere communicatiestrategieën, meer en meer aandacht. Aerts laat overigens overtuigend zien dat imagovorming, ook in politiek en beleid, van alle tijden is.

205 Lijphart, 2007: 8

206 Edelman, 1977

Dat heeft natuurlijk te maken met het feit dat de effectiviteit van politiek en beleid in belangrijke mate een kwestie is 'van de receptie en de "toe-eigening" door het publiek'.[207] Aerts betoogt terecht dat politiek altijd metapolitiek is. Politiek spreken is altijd ook spreken *over* politiek. Politiek gaat met andere woorden altijd over de culturele inhoud en betekenis van politiek in een breder perspectief van maatschappelijke en politieke verhoudingen. De vraag naar politiek, zo heb ik meermalen gesteld, is de belangrijkste vraag van de politiek.[208] Politiek, zelfs in de meest instrumentele varianten, is altijd zingeving door en aan politiek. Daarom is politiek ook een symbolische orde.

Tenslotte is er de 'cultural theory' van Mary Douglas, Aaron Wildavsky en hun vele leerlingen, die ook in politicologie en bestuurskunde veel navolging heeft gekregen. Deze benadering levert een handzaam analytisch schema – een matrix – om culturen te classificeren. Interessant is dat een van de basisculturen – die van het fatalisme – in diezelfde wetenschapsgebieden steevast ongemak veroorzaakt. In een modernistisch perspectief zijn politiek en fatalisme kennelijk onverenigbare grootheden. Reden te meer om juist in dit boek, waarin de staat van het tragische uitgangspunt is, het vaak vergeten fatalistische kwadrant van de 'cultural theory' te verkennen.

De symbolische orde: onvoltooidheid

In een nog altijd hoogst relevante beschouwing over de tijdgeest waarin de 'staat der Nederlanden' zich bevindt, beklemtoont Paul Kuypers het begrip 'symbolische orde' als plaats van het politieke en de politiek. Ten onrechte associëren politici het begrip 'politiek' met ideologie en idealen in hun gerichtheid op het goede leven. In de symbolische orde echter '(…) gelden de wetten van "het andere", van een tekort dat de politiek voortdurend ervaart, maar dat hij nooit kan overstijgen'.[209] Het politieke omschrijft Kuypers in navolging van Lefort dan als een verzameling van beginselen, niet van hogere normen en idealen, die

207 Aerts, 2009: 110; zie ook Ringeling, 2004.

208 Aerts, 2009: 109; Frissen, 2007: 260; Frissen, 2009: 17

209 Kuypers, 2003: 76

constitutief zijn voor de samenleving en waarin het 'Andere' kan worden gezien als permanente onvoltooidheid die ook in elk concreet politiek handelen aanwezig is en waarmee de symbolische orde van het politieke ons moet verzoenen. Dat is overigens een verzoening die niet een opheffing of voltooiing van de strijd is, maar juist een verzoening met 'heterogeniteit, differentie, splitsing en afstand' die in dit filosofisch perspectief kernbegrippen zijn en waarvan politiek enerzijds de noodzakelijke uitdrukking en anderzijds de onontbeerlijke bescherming is, zoals ik eerder al heb betoogd in *De Staat van Verschil*.[210]

De onvoltooidheid in de symbolische orde van het politieke kent verschillende aspecten. In de eerste plaats is deze onvoltooidheid verbonden met de principiële tijdelijkheid van de macht in de democratie. Geen politieke actor kan de macht permanent in bezit nemen: dat is de kern van alle democratische procedures. De 'totalitaire verleiding' is zo lastig te weerstaan dat deze onvoltooidheid noodzakelijk is, of het nu gaat om de machtswisseling door verkiezingen, de noodzaak van compromissen, de spanningen tussen de machten van de trias politica, of om de rechtsstatelijke eisen van legaliteit, onafhankelijke rechtspraak en bescherming van minderheden.

In de tweede plaats is de onvoltooidheid van het politieke gelegen in wat Lefort 'de lege plek van de macht' noemt:

> 'En regard de ce modèle, se désigne le trait révolutionnaire et sans précédent de la démocratie. Le lieu du pouvoir devient un *lieu vide*. Inutile d'insister sur le détail du dispositif institutionnel. L'essentiel est qu'il interdit aux gouvernants de s'approprier, de s'incorporer le pouvoir. Son exercice est soumis à la procédure d'une remise en jeu périodique. Il se fait au terme d'une compétition réglée, dont les conditions sont préservées d'une façon permanente.'[211]

Omdat politiek en samenleving nooit mogen samenvallen – dan is er immers sprake van een totalitaire staat – moeten de instituties van de politiek zich beperken in pretenties en ambities. Consequent moet worden voorkomen dat de

210 Kuypers, 2003: 77; Frissen, 2007: 225 e.v.; ook Frissen, 2009: 50 e.v.

211 Lefort, 1986: 28 (cursivering auteur)

een of andere opvatting over het goede leven dominant kan worden door andere opvattingen over het goede leven uit te sluiten. Dat is des te gecompliceerder omdat de democratisch tot stand gekomen meerderheid zich altijd gelegitimeerd kan weten om de binnen die meerderheid geconstrueerde consensus op te leggen aan de minderheid, of beter nog minder*heden*. Omdat politiek een autonoom domein is dat als enige de grenzen van zichzelf en alle andere domeinen bepaalt, is dat een welhaast 'onmogelijke opgave'.[212] Wie de grenzen stelt, zal dat niet gemakkelijk ook aan zichzelf doen. Macht corrumpeert, zoals gezegd.

In de derde plaats symboliseert de onvoltooidheid van het politieke een verzet tegen conformisme en totaliteit. Conformisme en totaliteit zijn op allerlei manieren aanwezig in de praktijken van het moderne bestuur. Het kan gaan om een concreet inrichtingsprincipe voor de organisatie van het bestuur. De introductie van het bedrijfsmatige denken is daarvan een goed voorbeeld. Maar ook valt te wijzen op de nog altijd populaire notie van de integraliteit. Daarin geldt de veronderstelling dat maatschappelijke vraagstukken integraal van aard zijn en dat daarom de staat ook integrale antwoorden in de vorm van bestuurlijke arrangementen moet bieden. Dat is echter een dubbele ontkenning van differentie: enerzijds omdat de maatschappelijke werkelijkheid wordt gepercipieerd als samenhang, hetgeen noodzakelijkerwijze een denken in termen van homogeniteit is; anderzijds zijn bestuurlijke arrangementen die op deze veronderstelde integraliteit worden gefundeerd noodzakelijkerwijze totaliserend. De eerder aangeduide ontwikkeling van securitisering is daarvan een huiveringwekkend voorbeeld. Integraliteit betekent hier dat de wereld geordend wordt naar het inzicht van veiligheid, waarmee uiteraard bedoeld wordt de alom aanwezige bedreigingen daarvan. Logisch gevolg is een totaliserend antwoord van de kant van politiek en bestuur, waarbij iedereen wordt geïnvolveerd – als opsporingsambtenaar en potentiële verdachte tegelijk – en de bevoegdheden van de staat radicaal worden uitgebreid.[213] Op dit moment zien we conformisme en totaliteit vooral in de praktijken van de preventiestaat.

De symbolische orde van het politieke heeft ook sterke verwantschap met een denken in termen van fictionaliteit van politieke instituties. Bekend voor-

212 Kuypers, 2003: 79; Frissen, 2009: 17 e.v.

213 Zie hoofdstuk 2 en noot 97. Ook Boutellier, 2011: 73.

beeld daarvan is Witteveens notie van het algemeen belang als fictie. Daarbij is de fictie onderdeel van wat in cultuursociologie en antropologie een mythe heet: een geconstrueerd wereldbeeld dat orde kan brengen in een gebroken wereld. Volgens Witteveen schort een fictie het ongeloof onder voorwaarden op. Het is 'een politieke formule' die de tijdloze mythe van de politieke gemeenschap vertaalt in een voorlopige fictie. Deliberatie en besluitvorming in een democratische context zijn alleen mogelijk als de deelnemers het algemeen belang in ieder geval voor mogelijk houden, bijvoorbeeld bij volledige consensus of bij eenvoudige meerderheid, maar met respecteren van de minderheidsbelangen. De fictie is een illusie als permanente consensus het doel wordt of als belangen van minderheden principieel worden miskend.[214] Precies in deze voorlopigheid en onbepaaldheid dragen ficties bij aan de onvoltooidheid van het politieke als kern van zijn symbolische orde.

Symboliek – dubbelzinnige meervoudigheid

In de culturele antropologie en de cultuursociologie zijn er vele, bijna talloze omschrijvingen van cultuur en symboliek. Toch is er meestal wel overeenstemming over het inzicht dat de sociale werkelijkheid specifiek, zo niet uniek is vanwege zijn culturele karakter en dat dat te maken heeft met het feit dat wij zin (willen) geven aan onze conditie. Zoals Geertz het mooi formuleert:

> 'Believing, with Max Weber, that man is an animal suspended in webs of significance he himself has spun, I take culture to be those webs, and the analysis of it therefore not an experimental science in search of law but an interpretive one in search of meaning.'[215]

Zingeving is daarom een cruciaal element van cultuur. Zonder deze zingeving of betekenisgeving zou de sociale werkelijkheid voor ons ook niet bestaan – dat is het ontologisch postulaat van alle menswetenschappen die niet de biologie

214 Witteveen, 2000: 86-89

215 Geertz, 1973: 5

als enige relevante determinant van ons bestaan zien. Daarom ook is het kennen van de werkelijkheid een interpretatieve en dus constructieve daad, omdat deze een vorm van zingeving is. De betekenis van de sociale werkelijkheid *kan* worden gekend *omdat* deze symbolisch is. In symbolen komt de betekenis van cultuur tot uiting.[216]

Zingeving, en dus symboliek, is in de sociale werkelijkheid onontkoombaar, omdat deze werkelijkheid ambigu is. Daarbij zorgen symbolen voor orde en ordening zonder deze ambiguïteit op te heffen. Dat geldt natuurlijk a fortiori voor de orde van het politieke omdat deze over conflict, onenigheid en strijd gaat. Vandaar dat in het politieke domein de symbolisering van deze strijd, onenigheid en conflict zo'n prominente plaats inneemt en de oorlog een rijke bron van metaforen is. Politieke symboliek is altijd existentieel – gericht op de grote (levens)vragen van de menselijke conditie. En tegelijk is politiek altijd manipulatief – gericht op politieke en maatschappelijke machtsverhoudingen.

Omdat politieke symboliek altijd dubbelzinnig en vaak vaag is, is deze een belangrijke bron voor de legitimatie van politieke macht.[217] Politieke macht heeft immers vaak belang bij ongrijpbaarheid. Een belangrijke reden voor de dubbelzinnigheid van symboliek in het politieke domein is bovendien de bekende contradictie tussen symboliek en werkelijkheid. Symbolen zouden dan verhulling of misleiding zijn – schijn die tegenover wezen staat. In de politiek worden symbolen soms gebruikt in de vorm van holle en misleidende woorden: deze politiek is slechts symbolisch; dit is retorisch beleid zonder reële opbrengsten. Een deel van de symboliek staat dus voor de dubbelzinnigheid ervan: wat symbolisch is, telt niet als reëel, echt, waar, feitelijk. Er is kennelijk een onderscheid tussen een werkelijkheid die in al haar positivistische naaktheid bestaat, waarover ware betekenissen te produceren zijn die de essentie ervan zichtbaar maken, en een werkelijkheid die slechts bestaat in het verhaal dat erover wordt verteld en dat ofwel misleid of misleidend is. Dit is natuurlijk de essentialistische positie, waarin eigenlijk geen plaats is voor symboliek in de eigenlijke zin van symboliek als ordening en verbeelding van de sociale werkelijkheid. Het essentialisme gelooft

216 Zijderveld (2000) noemt de wereld daarom in essentie institutioneel. Patronen van symbolische interactie zorgen ervoor dat het bestaan betekenisvol is. Zie ook Cohen (1979).

217 Cohen, 1979: 102 e.v.; Gellner, 1999: 141

in de mogelijkheid van waarheid als mimetische afbeelding van de sociale werkelijkheid. Als er al sprake is van symboliek, dan in de vorm van spiegels – 'the mirror of nature'. Overigens ontkent deze symboliek een spiegel te zijn, want de essentialistische symboliek is niet spiegelbeeldig en dus volledig 'ontspiegeld'.

Ik geef enkele voorbeelden. Bij de aanvaarding van de leerstoel Crisisbeheersing en Fysieke Veiligheid spreekt Helsloot een oratie uit, getiteld *Voorbij de symboliek*. Hij pleit daarin voor een 'rationeel perspectief', dat hij plaatst tegenover drie typen symbolisch handelen en die hij in 'rond Nederlands' omschrijft als '(al dan niet eervolle) manipulatie, misleiding en onbewuste onbekwaamheid'.[218] En hoewel Helsloot zich niet tout court tegen symboliek als instrument voor beleid verklaart, wijst hij er toch op dat in het domein van de fysieke veiligheid dit vooral berust op een beeld van de burger die emotioneel en irrationeel is en daarom erg vatbaar voor symboliek, een beeld dat hij overigens wil corrigeren. Hij noemt symboolpolitiek zorgelijk omdat deze de relatie tussen bestuur en burgers corrumpeert en tot bestuurlijke fragmentatie leidt. Meer kennis is daarom onontbeerlijk om de symboliek in te tomen.[219]

Helsloots betoog is nog tamelijk genuanceerd omdat hij symboliek als een representatie, als een verhouding ziet. Dat geldt veel minder voor een analyse van New Labour in Engeland en zijn praktijk van 'spindoctoring' door O'Shaugnessy:

> 'New Labour actually represents something more radical and important than this (de toename van 'spin', PF) – an entire regime whose core competence has lain in the generation of imagery. Its directors recognize that, in a sense, words speak louder than actions, and that the production of the correct imagery is politically more significant than the creation and execution of policy, the old concept of governing.'[220]

Dit citaat representeert een 'mainstream'-behandeling van symboliek in het politieke domein: symbolisch beleid is een vorm van politiek die niet werkt, die geen reële effecten heeft, maar slechts bedoeld is als placebo of substituut voor

218 Helsloot, 2007: 256-258

219 Helsloot, 2007: 87

220 O'Shaugnessy, 2003: 297

echt beleid. Het kan op vier manieren worden gekritiseerd: het is zuivere schijn, illusie; het is inadequaat; het is moreel verdorven; het is ondermijnend.[221]

Deze vorm van symbolische politiek moet scherp worden onderscheiden van een andere vorm van symbolische politiek die betrekking heeft op het politieke gebruik van symbolen. Die laatste vorm is van alle tijden, omdat politieke communicatie altijd gebruik heeft gemaakt van symbolen. Binnen deze tweedeling is dan weer verder onderscheid aan te brengen vanuit het perspectief van een elitaire versus een emancipatoire agenda, waarbij deze laatste vorm opmerkelijk genoeg 'authentiek' wordt genoemd.[222]

Een vergelijkbaar onderscheid tussen politieke symboliek en symbolische politiek maakt Meyer. Natuurlijk is onze relatie met de werkelijkheid altijd een bemiddelde omdat we nu eenmaal de werkelijkheid moeten verbeelden: in taal, in beelden, maar ook in politieke ordening en machtsverhoudingen. Maar verbeelding kan ook verstorend zijn, namelijk in de vorm van ideologie of schijn. En de schijn werkt het krachtigste omdat deze een onmiddellijke zekerheid suggereert, namelijk die van de waarneming. Ze is onweerspreekbaar, wat een ideologie altijd is: 'Sie muß nichts behaupten und ist doch unwiderleglich.'[223] Enscenering is een machtige strategie van deze symbolische politiek. Zeker in de virtuele mediawerkelijkheid worden de representaties, de simulacra, de schijn daarmee de werkelijke politieke artefacten: politiek als beeldcultuur.[224]

Deze analyse lijkt te vergeten dat symboliek en dus ook symbolische politiek nooit eenduidig is, maar altijd ambigu. Daarin bouwt deze voort op de ongemakkelijke ambiguïteit van het werk van Edelman. Hij is een van de 'founding fathers' van de politiekwetenschappelijke bestudering van politieke symboliek. In al zijn werk is er sprake van meervoudige dubbelzinnigheid, omdat hij enerzijds erkent dat alle politiek symbolisch is en daarin scherpe conceptuele onderscheidingen aanbrengt, maar anderzijds toch steeds een ideologiekritische positie lijkt in te

221 Blühdorn, 2007: 256-258

222 Blühdorn, 2007: 258 e.v.. Mij lijkt authentiek eerder overeen te komen met essentialisme dan met het geconstrueerde van symboliek.

223 Meyer, 1992: 36-39 en 49

224 Meyer, 1992: 107 e.v. Prachtig is zijn kritiek op de systeemtheorie in dit verband: volgens Meyer is symbolische politiek '*autopoietischer Didaktik komplexer Systeme*' (1992: 67, cursivering auteur).

nemen, waarbij vooral het misleidende en verhullende karakter van symboliek centraal staat.

Edelman maakt gebruik van een onderscheid tussen twee soorten symboliek: referentiële, die op efficiënte wijze objectieve fenomenen herkenbaar aanduidt, en verdichtende, die emoties oproept bij specifieke situaties. Deze laatste symbolen zijn gebeurtenissen, tekens of handelingen waarin verdichting plaatsheeft van '(....) patriotic pride, anxieties, remembrances of past glories or humiliations, promises of future greatness: some one of these or all of them.'[225] Vrijwel alle politiek controversiële handelingen horen daartoe. Twee bijzondere vormen van symboliek zijn het ritueel en de mythe. Het ritueel verbindt deelnemers in een aangenaam soort conformiteit. Mythen zijn politieke overtuigingen die als vanzelfsprekendheden worden overgedragen.[226]

Politieke instituties zijn in hoge mate symbolisch en expressief en beïnvloeden op die wijze politiek gedrag, verwachtingen en emoties. Daarmee hebben ze als belangrijke functie bij te dragen aan politieke stabiliteit. Dat doen ze via politiek leiderschap, politieke settings en politieke taal. Ook de relaties binnen het politieke systeem, tussen dit systeem en zijn maatschappelijke context en met zijn burgers zijn in hoge mate symbolisch van aard. Dat verklaart volgens Edelman dan ook de effectiviteit van politiek handelen.

In latere werken gaat hij dieper in op politiek handelen van machthebbers en politieke instituties in het geval van maatschappelijke onrust. De belangrijkste doelstelling daarbij is het realiseren van rust. Politieke symboliek is dan vooral een zaak van verhulling en vervreemding. Er is een symbolische belofte van maatschappelijke stabiliteit en orde. Stabiliteit en orde zouden individuele autonomie en zelfverwezenlijking van burgers dan moeten bevorderen, maar lijken deze in de reële praktijk van het politieke handelen eerder te belemmeren. Politieke taal speelt in deze verhulling en vervreemding een prominente rol – waar de woorden succes brengen kan het beleid gerust falen.[227]

Soms impliciet, soms expliciet schemert Edelmans linkse politieke voorkeur

225 Edelman, 1985: 6. Dit onderscheid is volgens critici echter veel minder scherp dan Edelman voorgeeft. Zie bijvoorbeeld Arnhart (1985).

226 Edelman, 1985: 16-18

227 Edelman, 1971 en 1977

door zijn analyses heen. Jammer genoeg maakt dit ze eerder ideologisch dan dat ze een scherp beeld geven van de politiek als symbolische orde. Vandaar ook dat uiteindelijk Edelmans perceptie van deze orde vooral de gedaante van een samenzweringstheorie heeft.

> 'Plans, policies, strategies and revolutions promising a happier world have never worked for many or for long and have often made things worse. The classic question about politics is why large numbers of people support the authority of governments that require acceptance of that kind of history and obedience to onerous rules.'[228]

Om de symbolische orde van het politieke te begrijpen helpen samenzweringstheorieën niet, behalve als onderdelen van zo'n orde. Daarom ook hebben we theorieën nodig die alle politieke posities die burgers kunnen innemen in symbolische ordes als die van het politieke gelijkelijk recht doen. De 'cultural theory' claimt in ieder geval zo'n theorie te zijn. In politieke wetenschap en bestuurskunde komt één positie er uiteindelijk toch weer bekaaid af. Het is precies deze positie die in dit boek nader wordt beschouwd.

Het vergeten en verdonkeremaande fatalisme

Mensen delen specifieke waarden en overtuigingen en ze doen dat in interpersoonlijke relaties. Dat is wat we een levensstijl noemen. De 'cultural theory', waarvan Mary Douglas en later Aaron Wildavsky, Michael Thompson en Richard Ellis de grondleggers zijn, analyseert culturele basisvormen waarin sociale relaties en culturele waarden en overtuigingen verbonden zijn.[229] De theorie formuleert drie claims: cultuur doet ertoe; er is een beperkt aantal culturele types; de typologie daarvan heeft universele gelding.[230] Vanwege deze typologie heeft de

228 Edelman, 1988: 123

229 Enkele basisteksten: Douglas, 1966, 1970 en 1986; Thompson, Ellis & Wildavsky, 1990; Schwarz & Thompson, 1990.

230 Mamadouh, 1999: 396-397

theorie gezag, veel invloed en talloze aanhangers verworven – en natuurlijk ook fundamentele kritiek.

De theorie gaat uit van een belangrijke aanname, namelijk dat de sociale aard van het menselijk leven het belangrijkste kenmerk van dat leven is voor de mensen die het leiden. De typologie van sociale betrekkingen die de theorie formuleert heeft twee dimensies: 'grid' en 'group'. Met 'grid' wordt gedoeld op regels, aspecten, vormen van handelen en de voorschriften en condities die daarvoor gelden. Met 'group' wordt verwezen naar binding, identiteit, collectiviteit. Het gaat om twee cruciale vragen: 'wie ben ik?' ('group') en 'wat moet ik doen? ('grid').[231] Beide dimensies zijn door allerlei auteurs nader uitgewerkt in vele aspecten en elementen. Bij 'group' kan het gaan om openheid en geslotenheid, frequentie en intensiteit van relaties, nabijheid of distantie. Thompson, Ellis en Wildavsky, 'founding fathers' van de theorie, zeggen het zo:

> '*Group* refers to the extent to which an individual is incorporated into bounded units. The greater the incorporation, the more individual choice is subject to group determination.'[232]

Bij 'grid' onderscheiden auteurs zaken als roldifferentiatie, symmetrie en asymmetrie in verhoudingen, loyaliteit, voorschriften. Opnieuw de grondleggers:

> '*Grid* denotes the degree to which an individual's life is circumscribed by externally imposed prescriptions. The more binding and extensive the scope of prescriptions, the less of life that is open to individual negotiation.'[233]

Twee dimensies leveren elk een continuüm van sterk tot zwak of hoog tot laag op en dus vier types: een matrix. Natuurlijk, een continuüm verhoudt zich niet goed met vier gefixeerde typen. En dan is er nog de kwestie van het nulpunt van beide dimensies, hetgeen een vijfde positie zou opleveren. Er is dus een hoop af te

231 Grendstad, 1999: 464

232 Thompson, Ellis & Wildavsky, 1990: 5; zie ook Mamadouh, 1999: 398

233 Thompson, Ellis & Wildavsky, 1990: 5

dingen op de methodologische zuiverheid van de typologie. Ik zwijg dan nog over de soms oeverloze discussies over hoe elk van de vier (of vijf) types moet worden genoemd. Ook is er bij auteurs in uiteenlopende vakgebieden een nauwelijks te onderdrukken neiging om reeds bestaande vierdelingen of zelfontwikkelde varianten in het raster van de cultural theory onder te brengen.[234]

De benamingen die het meest worden gebruikt zijn *individualisme* voor lage 'grid' en lage 'group', *egalitarisme* voor lage 'grid' en hoge 'group', *hiërarchie* voor hoge 'grid' en hoge 'group' en *fatalisme* voor hoge 'grid' en lage 'group'. De vijfde positie waarin zowel sociale voorschriften als groepsbinding ontbreken, of de waarde nul hebben, heet meestal die van de *kluizenaar*. Deze kluizenaarspositie is verreweg de meest bekritiseerde in de literatuur. In veel toepassingen ontbreekt deze dan ook, meestal omdat een nulpunt in sociale relaties en groepsidentiteit onbestaanbaar wordt geacht. Ik sluit me daarbij aan, hoewel ik vaak moet denken aan de term 'staatsverlaters' die Ben Knapen ooit gebruikte voor grote belastingontwijkers, maar die ook van toepassing kan zijn op amok makende jongeren in banlieues en achterstandswijken.[235]

Individualisme staat voor een cultuur waarin rollen niet erg precies zijn omschreven, gezag weinig betekent, instituties klein zijn en veel aan individuen wordt overgelaten. Er is een hoge mate van zelfregulering en zelforganisatie. Egalitaire culturen kennen een sterke binding op basis van vrijwilligheid. Het is van het grootste belang bij de groep te behoren. Aan de groep ontleent het individu zijn identiteit. In de hiërarchische cultuur gelden veel en dwingende regels. Deze bepalen de interactie en ook de afstand tussen individuen. Arbeidsdeling is sterk ontwikkeld. Mensen kennen hun plek in de sociale stratificatie. In een fatalistische cultuur tenslotte zijn individuen geïsoleerd en staan tamelijk machteloos tegenover allerlei vormen van macht en vooral ook overmacht. Deze komen van buiten en werken rechtstreeks in op het individu.[236]

In het domein van de politieke wetenschap en dat van de bestuurskunde heeft de 'cultural theory' veel aanhangers, zeker ook in Nederland. Dat heeft

234 Dat doen bij voorbeeld Schwarz en Thompson (1990) met culturele mythen over natuur en Hendriks (2006) op soms duizelingwekkende wijze met opvattingen en vormen van democratie.

235 Weblogs.nrc.nl/knapen/2007/09/05/moderne-staatsverlaters/

236 Grendstad, 1999: 464-465

niet het minst te maken met de grote reputatie van Aaron Wildavsky in deze vakgebieden.[237]

Het gaat in deze domeinen om politieke en bestuurlijke culturen. Een individualistische politieke cultuur prefereert zelfregulering boven extreem gezag. Politiek is in deze cultuur klein van omvang en bereik. Men wil een smalle staat. Dat ligt in een egalitaire politieke cultuur geheel anders. Daarin vervagen grenzen tussen politiek en samenleving omdat overal machtsverhoudingen bestaan. Voorstanders van deze cultuur zien het publieke domein als de plaats bij uitstek om het goede leven te realiseren door participatie en collectieve besluitvorming. In de hiërarchische politieke cultuur zijn de grenzen veel scherper gemarkeerd. Men is voorstander van een sterke staat die veel taken aan zich trekt. Politiek is echter een zaak van politieke professionals. Burgers zijn vooral kiezers. Fatalisten tenslotte bezien het politieke domein met angst en vrees: de staat is gevaarlijk. Hij is echter deel van een groter geheel van bedreigingen. Fatalisten proberen vooral te overleven door het noodloot te ontlopen.[238]

Een belangwekkende toepassing van de 'cultural theory' in de bestuurskunde vinden we bij Hood. Hij stelt vast dat in het openbaar bestuur hiërarchische concepten altijd dominant zijn geweest. Dat heeft te maken met de toewijding aan de publieke zaak, het vertrouwen in professionele expertise en een elitistisch ethos. Ondanks de frequente kritiek en de regelmatig verkondigde crisis ervan, is de hiërarchie nog een lang leven beschoren, volgens Hood.[239]

Individualistische culturen van bestuur prefereren vooral rivaliteit en competitie. Veel van de retoriek van 'Reinventing government' en 'New Public Management' valt in deze cultuur te beluisteren. Deze cultuur is vooral ook een amendement op veel hiërarchische opvattingen als het om bestuur gaat.[240]

237 Ik herinner me een ontmoeting met Aaron Wildavsky in 1987 in een Japans restaurant in Berkeley, California waar hij de serene rust verstoorde door mij het gelijk van zijn theorie uit te leggen als sprak hij een zaal van honderden toehoorders toe. Het was voor een jonge promovendus niet echt een optie enige aarzeling te ventileren over de rigiditeit van de typologie, te meer daar ik zelf net een vierdeling van benaderingen van organisatiecultuur had gepresenteerd. Ik heb in mijn proefschrift overigens vastgehouden aan mijn vierdeling. (Frissen, 1989) Met enige schuchterheid in retrospectief kom ik nu dus op zijn theorie terug. Met veel respect uiteraard.

238 Thompson, Ellis & Wildavsky, 1990: 216-217; zie ook Wildavsky, 1987.

239 Hood, 1998: 96-97

240 Hood, 1998: 118-119

Egalitair bestuur heeft erkende zwakten: het kan sektarisch zijn, al te participatief en daardoor besluiteloos; maar ook sterkten: het kan bijdragen aan verantwoordelijkheid, integriteit en responsiviteit. Het kan draagvlak versterken door participatie. Desondanks is egalitair bestuur vaak elitair. Het suggereert gelijkheid, maar miskent vaak de ongelijkheid van startposities en cultureel kapitaal die de participatie toch vaak een relatief elitaire aangelegenheid maken.[241]

Fatalisme tenslotte lijkt op het eerste gezicht bijna per definitie strijdig met de idee van politiek en bestuur. Hood stelt vast dat volgens de 'cultural theory' vooral hiërarchie en individualisme dominante culturele types in de domeinen van politiek en bestuur zijn, soms aangevuld met egalitaire vormen. Fatalisme is immers 'anti-organizational' en strijdig met de modernistische overtuiging dat politieke en bestuurlijke interventies kunnen helpen het noodlot af te weren.[242] Andere auteurs lijken dat te bevestigen. Oversloot is nogal uitgesproken:

> 'Kluizenaars zijn geen burgers. Fatalisten zijn dat ook niet. Fatalisten zijn slechts met moeite uit hun kwadrant te lokken. Vanuit republikeins perspectief is het fatalistische kwadrant ongewenst.'[243]

Van Gunsteren noemt een fatalistische overheid 'een overheid die "niks kan"'.[244] Het kwadrant van de fatalisten wordt daarom vaak vergeten of verdonkeremaand.

Hood zelf ziet overigens de betekenis van het fatalisme wel degelijk. Hij wijst vooral op de mogelijkheden van fatalistische concepties als 'randomness' en onvoorspelbaarheid die ook parameters voor bestuurlijk en organisatorisch ontwerp kunnen zijn. Daarnaast is fatalisme een heel gebruikelijk en vaak cynisch perspectief op het chaotisch functioneren van het openbaar bestuur. Hij noemt de theoretische variant daarvan bestuurskunde als 'Grieks koor in een tragedie'.[245]

Recent heeft Van Eeten er nog eens op gewezen dat volgens veel auteurs het fatalisme geen serieuze politieke cultuur kan zijn, 'omdat het passief en apathisch

241 Hood, 1998: 143-144

242 Hood, 1998: 145-146

243 Oversloot, 1995: 132

244 Van Gunsteren, 1994: 152; zie ook Coughlin & Lockhart (1998: 52).

245 Hood, 1998: 145-167

zou zijn, afgekeerd van de politiek'.[246] Van Eeten laat zien dat fatalisme interessante sturingsconcepties kan opleveren die van onmacht juist macht maken in een soort superieure strategie van onverstoorbaarheid.[247] Het is bovendien te zien als een niet-statelijke vorm van maatschappelijke ordening in de gedaante van veerkracht en zelfredzaamheid.[248]

Ook in dit boek geldt het fatalisme als een legitieme politieke positie. Het is een positie die weleens een uitweg zou kunnen bieden uit het dilemma van populistische onmiddellijkheid en modernistische maakbaarheid. Dat het daarbij om een politieke cultuur handelt die noodlot en tragiek aanvaardt, biedt een mogelijk nieuw perspectief op de symbolische orde van het politieke.

246 Van Eeten, 2010: 8. Hij maakt een uitzondering voor Hendriks die fatalisme, door hem 'atomisme' genoemd, als een legitieme democratische positie erkent. (Hendriks, 2006)

247 Van Eeten, 2010: 25-27

248 Boin & Van Eeten, 2013

6 *De symboliek van soevereiniteit*

Als we de symbolische orde van het politieke willen begrijpen is Machiavelli een belangrijke auteur. Hij heeft immers met kracht van argumenten duidelijk gemaakt dat het politieke een autonoom domein is dat zelf zijn grenzen bepaalt en aan andere domeinen grenzen stelt. Dat is uiteindelijk waarop soevereiniteit berust. Ten opzichte van deze andere domeinen – publieke en private – is het politieke met andere woorden een 'tertium', een externaliteit. Dat betekent dat de symbolische orde van het politieke zelfreferentieel is, naar zichzelf verwijst dus. De symboliek van het politieke moet daarom verwijzen naar de belangrijkste karakteristieken van het politieke. Dat brengt ons bij de strijd en de onenigheid, de bepaling van vriendschap en vijandschap, de uitoefening van het geweld.[249] Deze karakteristieke taken van het politieke maken natuurlijk dat politieke symboliek bijzondere betekenis heeft en in de consequenties ervan potentieel gevaarlijk kan zijn.

Politiek heeft ook altijd bijzondere vormen. De soevereiniteit van de staat heeft een institutionele gedaante. Inhoud is belichaamd in een politieke orde van verbanden, instellingen, procedures en normen. De symboliek van deze orde berust altijd op de constitutie van het politieke. Deze constitutie kent een specifieke institutionele vorm: dat is de politieke cultuur van een tijdperk en een geografische eenheid. De constitutie zelf kent meer algemene beginselen, die

249 Vriendschap en vijandschap in de betekenis van Schmitt (2001). Zie ook Frissen (2009: 37-42).

een concrete geografie en een bijzonder tijdperk overstijgen. De democratische rechtsstaat is daarvan een voorbeeld: geografisch breed verspreid en al van een zekere leeftijd.

Omdat het politieke een vorm van maatschappelijke begrenzing én van zelfbegrenzing is, geeft de constitutie van het politieke altijd de maatvoering en richting van deze beide vormen van begrenzing aan. In de totalitaire vormen van het politieke is de zelfbegrenzing nauwelijks aanwezig, terwijl de democratische rechtsstaat de meervoudige begrenzing van machtenscheiding, legaliteit, burgerschap en vrijheidsrechten kent.[250]

Institutionele vorm en constitutionele norm kennen hun eigen mythen, rituelen en symboliek. Historisch zien we daarin een ontwikkeling van geweldsuitoefening naar gecontroleerde machtsvorming en tenslotte beleid. Maar alle drie de gedaanten zijn nog steeds gezamenlijk aanwezig in de symbolische orde van de moderne politiek. We kunnen zelfs betogen dat oude en nieuwe mythen, rituelen en symboliek samenkomen in de op dit moment dominante cultuur van maakbaarheid en interventionisme. Aan de hand van het recent ingevoerde nieuwe logo van de Nederlandse staat op rijksniveau zal ik verderop in dit hoofdstuk laten zien hoe daarin het gezicht van de staat – overigens hoogst onbedoeld – zichtbaar en onzichtbaar tegelijk wordt gemaakt en verbeeld.[251]

Zichtbaarheid en herkenbaarheid worden in het actuele politieke discours altijd verbonden met nabijheid. Dat geldt zowel voor het modernistische streven naar transparantie en participatie, als voor de populistische onmiddellijkheid van het volk dat door zijn leider spreekt. Deze onttovering én uitdaging tonen de crisis van het politieke. Deze crisis is een crisis van het symbolische omdat de belangrijkste functies van het politieke niet meer worden herkend in hun politieke representatie. Het streven naar nabijheid en onmiddellijkheid, ten onrechte verward met een streven naar representativiteit, ontneemt het zicht op de symbolische orde van het politieke. Omdat de politieke gemeenschap zich moet verzoenen met de principiële onvoltooidheid van de menselijke conditie, zijn juist distantie en bemiddeling nodig.

250 Zouridis laat overigens zien dat deze begrenzing minder scherp en vanzelfsprekend is, dan vaak wordt aangenomen in het rechtsfilosofische en politiektheoretische discours. (Zouridis, 2009: 33)

251 Van der Spek, Frissen, Rouw & Van der Steen, 2009

De soevereiniteit van het politieke is een buiten

De autonomie van het politieke is onvermijdelijk, als we de wereld niet als een goddelijke orde willen zien, waarin de macht verschijningsvorm is van de een of andere transcendentie. In navolging van Machiavelli beseffen we dat de macht en vooral ook de strijd om de macht in de wereld universeel zijn: van alle tijden en van alle oorden, zolang de mens er is, is geweest en zal zijn.[252] Het domein van de macht en de strijd om de macht is dus een domein van principiële en eeuwig wederkerende onenigheid. Omdat we verschillend zijn in afkomst, herkomst en bestemming, omdat we ongelijk zijn in kennis, kracht en talent, omdat we aan onze biologische verschillen culturele uiting geven, omdat we reflexief denken en handelen, zullen we altijd verschillen van mening, belang, positie en voorkeuren. Vanwege deze fundamentele menselijke conditie is er dus het politieke, dat steeds de concrete gedaante krijgt van de politiek in zijn historische verschijningsvorm van instellingen, partijen, processen en beleid. *Het* politieke moet daarom worden onderscheiden van *de* politiek, vertellen ons Lefort en in zijn kielzog Mouffe.[253] In de politiek probeert een politieke stroming haar opvatting over het politieke hegemoniaal te maken, zou Gramsci zeggen.[254]

De autonomie van het politieke is onvermijdelijk, als we de wereld zien als een wereld van strijd. De strijd zal immer voortgaan en de gedachte dat we steeds meer consensus zullen krijgen is een gedachte die op zijn best apolitiek is, maar in zijn consequenties uiteindelijk antipolitiek en dus op zijn slechtst. Daarvan dromen weliswaar vele politieke theorieën, maar dat maakt deze in laatste instantie utopisch en dus gevaarlijk.[255] De onvermijdelijke autonomie van het politieke is gelegen in de permanentie van de strijd van allen tegen allen. Deze oorlog wordt historisch steeds beslecht door een partij die tijdelijk heerst en het autonome domein van het politieke tijdelijk bezet. De eerste grote oplossing

252 Machiavelli, 1976 en 1997. Zie ook Cassirer, 1974: 138 e.v.

253 Lefort, 1986; Mouffe, 2008

254 Gramsci, 1971: 12-13; 55-56; 245-246

255 Schmitt verwijt dit het liberalisme, waarover hij spreekt als een depolitiserende stroming die uiteindelijk anti-politiek is. (Schmitt, 2001: 101 e.v.) Van Middelaar (1999) noemt dit de 'politicide' die een substantieel deel van de Franse politieke filosofie al dan niet openlijk wil plegen.

hiervoor is natuurlijk de uitvinding van de staat geweest. De onvermijdelijke autonomie van het politieke is neergelegd bij een bijzondere institutie die deze autonomie dankzij het geweldsmonopolie voortaan beheerst. Precies dit monopolie is de noodzakelijke voorwaarde om de strijd van allen tegen allen niet tot burgeroorlog te laten verworden, omdat voortaan het geweld is voorbehouden aan de Leviathan.[256] Daarmee is echter de strijd niet verdwenen en evenmin de aantasting van de soevereiniteit of de grenzeloze uitdijing ervan. De democratie heeft daarom de soevereiniteit aan de burger gekoppeld. In de democratie is de soevereiniteit van de staat gelegitimeerd omdat deze namens de burger wordt uitgeoefend. De rechtsstaat op zijn beurt heeft de burger de bescherming gegeven tegen de ongebreidelde macht van de soeverein, ook als deze de gedaante van democratische meerderheid aanneemt.

Hiermee verdwijnt het kwade niet uit de wereld, maar is het in zijn ultieme vorm – het geweld tegen de burger – monopolie van de staat geworden. Autonomie van het politieke is zo soevereiniteit van de heerser geworden, die met het geweld van de staat de maatschappelijke stabiliteit en vrede garandeert. De onvermijdelijke autonomie is op deze manier noodzakelijk geworden. Immers: zonder het geweld kan de samenleving geen vrede hebben. Het geweld gaat dus aan de stabiliteit, ook als deze de gedaante van een rechtsstaat heeft, vooraf. Niet voor niets betoogt Schmitt dat soeverein is, wie de uitzonderingstoestand kan inroepen, ook buiten iedere rechtsorde om.[257] De mogelijkheid daartoe moet aanwezig zijn om het geweldsmonopolie te kunnen handhaven. Dat is de regulerende mythe, omdat het om een mogelijkheid gaat die nooit zal worden ingeroepen, tenzij het voortbestaan van de staat in het geding is. Maar in dat geval zal de mogelijkheid ook reëel worden gemaakt, zoals Guantanamo Bay laat zien. Daarom ook is de conclusie van Agamben, dat in de moderniteit de uitzonderingstoestand normaliteit is geworden, een miskenning van het mythische karakter van de soevereiniteit. Tegelijkertijd heeft hij gelijk dat, in het geval de uitzonderingstoestand een nieuw paradigma voor machtsuitoefening wordt, de weg open ligt voor een totalitaire staat.[258] Maar een staat kan

256 Hobbes, 2007: 213 e.v.

257 Schmitt, 2005: 5 e.v.

258 Agamben, 2005: 1-31

zijn geweldsmonopolie slechts handhaven als hij over het recht beschikt het recht buiten werking te verklaren. Dat geldt des te meer naarmate de externe bedreigingen van het geweldsmonopolie niet voorkomen uit oorlogshandelingen van andere staten, maar uitgaan van niet aan een territoriale jurisdictie gebonden of zich gebonden wetende actoren. Zowel de 'war on drugs' als de 'war on terror' zijn daarom bijzondere vormen van oorlog die de permanentie van de uitzonderingstoestand dichter bij brengen en daarmee de mythe van de soevereiniteit bedreigen.

De mythe van de soevereiniteit van de staat kent niet de legitimiteit van een externe transcendente orde. Noch een goddelijke noch een natuurrechtelijke orde is fundament of bestemming. De mythe van de soevereiniteit is zelf een tertium, een *buiten*. De normering van de mythe kan daarom niet anders dan esthetisch zijn.

De vormen en de vormgeving van de soevereiniteit staan centraal. De soevereiniteit moet worden verbeeld om betekenis en werking ervan zichtbaar te maken in en aan de samenleving waarover de soevereiniteit wordt uitgeoefend.[259] Het zichtbaar maken van de soevereiniteit is een van de belangrijkste functies van de representatie: enerzijds omdat wij altijd via representaties en in representanten van de macht de macht ontmoeten en anderzijds omdat de samenleving altijd op de een of andere manier *bij* de macht wordt gerepresenteerd.

De soevereiniteit van de staat berust op het monopolie van het geweld. Dit monopolie is noodzakelijk om maatschappelijke stabiliteit te kunnen garanderen. Daarom kent het politieke een esthetica van ordening en begrenzing: van de staat zelf, van de verhouding tussen staat en samenleving en van de relaties tussen en binnen publieke en private domeinen. Ordening en begrenzing zijn nodig omdat de wereld vervuld is van strijd en conflict vanwege de onvolmaaktheid en gebrokenheid van de wereld. Voor theologische denkers als Hoogers en Schmitt voert dit uiteindelijk terug op de erfzonde. Voor auteurs als Ankersmit is deze weg echter onbegaanbaar. In diens esthetica komt de politieke orde tot stand *in*

259 Zie het bijzondere proefschrift van Hoogers (1999). Hij besluit, in navolging van Schmitt, tot een theologische fundering van de soevereiniteit. Totdat God transcendent ingrijpt, is de mens veroordeeld tot het immanente handelen in het politieke. (Hoogers, 1999: 205)

de representatie en is buiten deze orde niets dat legitimiteit verschaft.[260] Precies daarin ligt ook het gevaar van het politieke domein besloten. De soevereiniteit kent uiteindelijk geen rechtvaardiging. Alleen zelfbeperking en zelfbeheersing kunnen het gevaar beteugelen.

De mythe van de soevereiniteit is de mogelijkheid van de uitzonderingstoestand. Daaruit volgt als vanzelf de noodzaak van beteugeling en begrenzing, als de wereld vrij moet en wil zijn. De normering moet dan immanent zijn, omdat het politieke voorbijgaat aan waarheid en moraal. Sterker nog: het politieke is steeds nodig als waarheid en moraal geen uitkomst bieden, als kennis tekort schiet en morele verdeeldheid heerst, terwijl toch handelen geboden is. Ik kom hierop terug.

Het politieke is belichaamd: instituties en constitutie

De symbolische orde van het politieke heeft altijd een gedaante, enerzijds die van de strijd, anderzijds die van de soevereiniteit. Waar de soevereiniteit belichaamd is in een persoon, bijvoorbeeld die van de middeleeuwse vorst, levert dat natuurlijk het probleem op dat de vorst als mens sterfelijk is. De vraag is dan of het politieke in zijn gedaante van soevereiniteit verdwijnt met het verscheiden van de heerser. Dat levert een praktisch probleem van instabiliteit, maar meer nog een principieel probleem van legitimiteit op. Daarom, zo laat Kantorowicz zien, heeft de koning in de middeleeuwen twee lichamen: het natuurlijke dat vergankelijk is en het politieke dat soeverein en onvergankelijk is.

> 'For the King has in him two Bodies, *viz.*, a Body natural and a Body politic. His Body natural (if it be considered in itself) is a Body mortal, subject to all Infirmities that come by Nature or Accident, to the Imbecility of Infancy or old Age, and to the like Defects that happen to the natural Bodies of other People. But his Body politic is a Body that cannot be seen or handled, consisting of Policy and Government, and constituted for the Direction of the People, and the Management of the

260 Ankersmit, 1996

public weal, and this Body is utterly void of Infancy, and old Age, and other natural Defects and Imbecilities, which the Body natural is subject to, and for this Cause, what the King does in his Body politic, cannot be invalidated or frustrated by any Disability in his natural Body.'[261]

Dit betekent dat de politieke machthebber contingent is, historisch toevallig, terwijl de politieke macht die hij uitoefent de macht is van een institutie die vorm geeft aan de constitutie van de staat. Nu zouden we spreken van ambt en ambtsdrager, waarbij natuurlijk het ambt dragend is en niet de drager ervan.

Politieke instituties zijn altijd de belichaming van constitutionele inhoud. De constitutie van het politieke krijgt de concrete gedaante van ambten, instellingen, procedures, bevoegdheden. Het politieke krijgt vormgegeven inhoud in de politiek. In politieke structuren en processen zijn constitutionele waarden belichaamd. Rechtsstatelijkheid krijgt de concrete vorm van burgers met rechten en vrijheden, van statelijk handelen in en door wetten en van onafhankelijke rechters in rechtbanken. De democratie krijgt de gestalte van een parlement met volksvertegenwoordigers, politieke partijen en periodieke verkiezingen. Rechtsstaat en democratie zijn met elkaar verbonden, omdat het recht de belangrijkste symbolische vorm van de democratische samenleving is.[262] De constitutie levert de normatieve inhoud voor de concreetheid van politieke instituties en hun handelen.

De specifieke inrichting van het parlement laat iets zien van de constitutionele uitgangspunten van een politieke orde. Is er een frontale of een circulaire opstelling? Wie zit centraal, waar is het spreekgestoelte, vanwaar wordt geïnterrumpeerd? Zijn er vlaggen, zijn er portretten of standbeelden, en van wie dan? Is er kunst? Overheidsgebouwen kennen in verschillende landen volstrekt verschillende vormen.

In Nederland is de herkenbaarheid meestal bescheiden, is er nauwelijks ornamentiek en zijn de hal en de binnenkomst zelden imponerend.[263] Hier toont

261 Kantorowicz citeert hier uit de *Plowden Reports*, rond 1550. (Kantorowicz, 1997: 7. Cursivering in het geciteerde) Zie ook Lock, 1985.

262 Lindahl, 1998: 32

263 Met uitzonderingen natuurlijk: de hal van het Brabantse provinciehuis, de hal van het ministerie van VROM, het atrium van het Haagse stadhuis.

zich een bestuur dat bescheiden wil zijn. De kwaliteit van overheidsgebouwen is qua inrichting meestal hoogwaardig.[264] En ook de architectonische gestalte en stedenbouwkundige positionering zijn betekenisvol. Vroeger hadden we niet voor niets Paleizen van Justitie. In de jaren zeventig en tachtig kwamen er onopvallende kantoren, soms zelfs gevestigd op bedrijventerreinen.[265]

Dijstelbloem en Holtslag spreken in een recente beschouwing in meer metaforische zin over de architectuur van het bestuur. Zij maken allereerst een onderscheid tussen 'polity', 'politics' en 'policy', waaronder ze respectievelijk instituties, politieke processen en beleid verstaan. Ze nemen een dubbele beweging van functionalisering en verplaatsing waar die een constitutioneel probleem oplevert.[266] De architectuur van het bestuur heeft vier kenmerken die alle met het principieel openbare karakter ervan te maken hebben. Bestuur is bindend, beschikt over handelingsvermogen, is pluralistisch en is controleerbaar.

Er zijn vier ontwikkelingen zichtbaar: instituties differentiëren, het politieke raakt verspreid, het publiek fragmenteert en gezag staat meer en meer ter discussie. Daaruit vloeien dan weer vier 'pijnpunten' voort: het dilemma van politiseren of coördineren; het probleem van onzichtbare politiek en ongehoorde burgers; de uiteenlopende belangen en preferenties van burgers ;de noodzaak om aan gezag te winnen vanwege het teloorgaan van vanzelfsprekende legitimiteit.[267]

Ondanks het feit dat deze auteurs van architectuur spreken is er in hun beschouwing weinig aandacht voor de esthetische kanten van deze architectuur. Ze lijken uiteindelijk vooral een vorm van passendheid te zoeken tussen de instituties van het politieke en processen van politiek en beleid. Terecht stellen ze vast dat er veel institutionele differentiatie is als gevolg van de functionalisering van het bestuur. De zichtbaarheid van politiek neemt daardoor af, terwijl het publiek verder fragmenteert. Het gezag staat onder druk en onduidelijk is of dat valt te herwinnen door veranderingen in architectuur.

Ik deel de analyse van functionalisering. In architectuurtermen gesproken:

264 Kom daar eens om in een gemiddelde Amerikaanse overheidsinstelling.

265 Meer hierover in Klop, 1999.

266 Dijstelbloem & Holtslag, 2010: 15-20

267 Dijstelbloem & Holtslag, 2010: 25 e.v.

de vorm van de staat volgt steeds meer de functies die hij wil uitoefenen. Deze functies, zo zagen we in het vorige deel, zijn steeds technocratischer ingevuld. Nog altijd omvattende politieke ambities krijgen vorm in gedifferentieerde arrangementen en fijnmazige beleidsmatige interventies. De politieke ambities raken intensief vervlochten met wetenschappelijke en professionele beheersingskennis en daaruit afgeleide praktijken. De verplaatsing van de politiek die daaruit resulteert maakt de politiek onzichtbaar, terwijl de inhoud van politiek zelf paradoxalerwijze steeds voller raakt.

De plek van de macht als plek van de bemiddeling – tussen conflicten, strijd en onenigheid in de samenleving – zou toch vooral een lege plek moeten zijn, waar de maatschappelijke pluraliteit wordt gerepresenteerd, vreedzaam gehouden en beschermd. Juist omdat de plek van de macht voller en voller is geraakt met politieke ambities van beheersing en interventionisme in een vooral technocratische gedaante kiest de politiek al dan niet bewust partij en verliest daarmee gezag. Esthetisch gezien heeft deze onzichtbaarheid bovendien te maken met de specifieke culturele oriëntaties die met maakbaarheid en interventionisme samengaan. Deze culturele oriëntaties ontkennen hun eigen mythische aard, omdat ze rationalistisch zijn. Ze kunnen en willen zichzelf niet opvatten als symboliek, omdat ze symboliek voor misleiding en verhulling houden. Hun rationalisme gaat daaraan voorbij, omdat het tot het domein van de objectiviteit, van de waarheid wordt gerekend. Ze bestrijden de tragische dimensie van het bestaan en willen oplossing, geen verzoening. Eerder al heb ik duidelijk gemaakt dat precies daardoor de symbolische uitdaging van het populisme zo ingrijpend is.

Mythen, rituelen, symboliek

In het vijfde hoofdstuk heb ik verschillende culturele benaderingen van politiek, bestuur en beleid laten zien. Cultuur, bijvoorbeeld in de gedaanten van individualisme, hiërarchie, egalitarisme en fatalisme, kan betrekking hebben op het politieke als zodanig (de politieke cultuur van een land of een stelsel – de democratie bijvoorbeeld), op instituties zoals recht, burgerschap en staat, op communicatie en productie van betekenis en op allerlei vormen van politieke of collectieve actie.[268] Meer recent kan ik verwijzen naar een lemma in een internationale encyclopedie van de sociale wetenschappen waarin het ontstaan van een autonome politieke cultuur, los van een hogere in de vorst belichaamde orde, wordt gesitueerd in de Franse Revolutie. Die vormt immers een breuk met de soevereiniteit van de vorst en introduceert een 'civil religion' waarin symbolen en rituelen de algemene wil representeren. In de twintigste eeuw is de aandacht voor politieke cultuur sterk toegenomen door het werk van auteurs als Almond en Verba, Inglehart en Geertz. In de laatste jaren is de studie van politieke cultuur steeds meer gericht op betekenisgeving in plaats van op betekenissystemen.[269]

In een politieke cultuur gaat het natuurlijk om mythen, rituelen en symboliek. In mythen wordt het verhaal verteld waarom machtsverhoudingen zijn zoals ze zijn, waarom macht werkt zoals deze werkt, en welke rechten en plichten machthebbers hebben. In de rituelen van een politieke cultuur wordt de orde waarover de mythe verhaalt steeds opnieuw volgens voorgeschreven en voorgegeven patronen bevestigd, en wordt de dominantie van deze orde gelegitimeerd. In en door symbolen en artefacten krijgt de orde zichtbaarheid en herkenbaarheid.[270] Mythen, rituelen en symboliek moeten ons verzoenen met de tragiek van het bestaan, met ambiguïteit en conflict en ze helpen ons met hoe we ons tot de werkelijkheid verhouden. De politieke cultuur geeft betekenis aan de politieke gemeenschap en is een specifieke constructie van identiteit, namelijk door de staat ten behoeve van samenleving en burgers.[271]

Waar het geweld nog nauwelijks door recht is getemperd staat het in mythologie, ritueel en symboliek centraal. Staatsvorming is niet voor niets in de eerste plaats een kwestie van geweldstoepassing en uiteindelijk de – tenminste tijdelijke – vestiging van een monopolie door de een of andere maatschappelijke groep – roversbende, militie, vorstenhuis.[272] Mythen, rituelen en symboliek

268 Zie het nog altijd actuele literatuuroverzicht van Berezin (1997) die van een 'less fissured terrain' spreekt.

269 Olick & Omeltchenko, 2007

270 Gelner, 1999

271 Robbin, 2000

272 Lees de huiveringwekkende studie van Adriaenssen (2007). Zie Achterhuis (2008) voor een betoog over de onontkoombaarheid van dit proces.

rechtvaardigen de machtsverovering en de machthebber en stileren de uitoefening van geweld door staatsdienaren. Vorstenhuis en krijgsmacht zijn de belangrijkste objecten. De mythen gaan over historische gebeurtenissen, over zeges, over afstamming en bestemming. Rituelen legitimeren het geweld. Zegetochten en parades tonen de onoverwinnelijkheid van het staatsgeweld. In kleding – uniform – wordt het geweld anoniem gemaakt, terwijl er tegelijk een grote variëteit aan onderscheidingstekens is – van kleur tot vaandel, van ereteken tot insigne. De gebouwen waarin vorstenhuis en statelijke instellingen zijn gevestigd, imponeren met pracht en praal en appelleren zonder enige terughoudendheid aan de esthetische dimensies van menselijk bewustzijn en handelen.[273]

Na de vestiging van het monopolie op het geweld kan de macht van de staat steeds duidelijker worden getoond. Er komen nieuwe taken bij: ordening, infrastructuur.[274] In Nederland is vooral de infrastructuur historisch een belangrijke uitdrukking van de mythe van maakbaarheid. Het land zou zonder technisch vernuft voor een deel niet bestaan. De polder, het gemaal, de dijk, het zijn allemaal artefacten die een grote symbolische lading hebben: Nederland als natie van ingenieurs en bouwers. Daaraan hebben zich ook bijzondere bestuursvormen gehecht, zoals die van het waterschap. In het waterschap is al zeer vroeg sprake van op eigendom gebaseerd bestuur dat vooral technocratische oplossingen voor acute problematiek – die van het water – zocht. Dat politiek compromisvorming is in het oog van extern gevaar, is een wezenlijk bestanddeel geworden van de Nederlandse politieke cultuur.[275]

Daarom ook heeft de wereld van de polder zich zo gemakkelijk verbonden met de corporatistische tradities van de op Rijnlandse leest geschoeide verzorgingsmaatschappij. De staat was in de verzuiling klein en leeg, omdat maatschappelijk belang en ideologische inhoud zich vooral in de op levensbeschouwelijke grondslag gebaseerde zuilen konden organiseren en articuleren. Het 'schikken en plooien' werd het dominante ritueel in de symbolische ordening van het politieke in Nederland. Niet voor niets kon in de twintigste eeuw het poldermodel metafoor worden voor een specifieke sociaaleconomische politiek, die stabiliteit

273 Chytry, 1989: XII

274 Interessant is dat infrastructurele werken 'kunstwerken' heten.

275 Hendriks & Toonen, 1998; De Mul, 2011

wist te realiseren dankzij loonmatiging en sociale zekerheid als keerzijden van collectieve arrangementen. Depolitisering was, niet alleen in het sociaaleconomische domein, een vaste strategie in de symbolische orde van de Nederlandse politiek, die altijd grote ruimte voor onderhandelen en beslissen aan de samenleving liet.[276]

Niet voor niets geldt de eerste prominente populistische aanval rond de millenniumwisseling uitgerekend dit poldermodel. Fortuyn zet de aanval op deze symbolische orde dan ook vol in. Hij spreekt over de 'puinhopen van paars' en wil niets weten van 'schikken en plooien'. Als alle populisten verafschuwt hij deliberatie en compromisvorming. Dat zijn de rituelen die in zijn politieke orde zullen worden afgeschaft. De politiek moet zijn primaat hernemen of de markt zijn gang laten gaan. Van een tussenweg wil hij niets weten: geen middenveld, geen hybriditeit, geen corporatistische arrangementen. Het populisme na Fortuyn heeft deze aanval alleen maar verhevigd. Ook daarin herkennen we de bij uitstek symbolische uitdaging die het populisme voor de bestaande politieke orde betekent.

Historisch heeft de politieke orde in de westerse samenleving een ontwikkeling doorgemaakt van geweld via macht en recht naar beleid als dominante objecten van mythen, rituelen en symboliek. Door de macht van de staat krijgt het recht maatschappelijke gelding, terwijl de willekeur van de soeverein raakt ingetoomd. Diens macht blijft uiteraard voorwaarde voor de werking van het recht. Vrouwe Justitia toont zich (soms) geblinddoekt en met weegschaal, maar het zwaard is goed zichtbaar en dreigend aanwezig. Deze ontwikkeling is er overigens niet een van substitutie. In de moderne politieke cultuur staat weliswaar het beleid centraal in de culturele betekenisgeving[277], maar macht en geweld zijn allerminst verdwenen. Ze zijn alleen wat 'omfloerst' geraakt. De staat toont niet graag zijn afschrikwekkende gezicht, maar is een institutie die midden in de samenleving staat. Militair is de staat natuurlijk actief, maar vooral in vredesoperaties en opbouwmissies. De politie is weliswaar niet meer onze beste vriend waarvan de pet eenieder past, maar 'community policing' is nog altijd een dominante modus

276 Deze lange geschiedenis van depolitisering als kenmerk van de symbolische orde van de Nederlandse politiek lijkt Schinkel te miskennen, wanneer hij deze vooral als gevolg van 'Paars' ziet. (Schinkel, 2012: 13 e.v.)

277 Zie bijvoorbeeld Robbin (2000).

operandi, hoewel dat tegenwoordig natuurlijk 'information led' gebeurt.[278] De keuze voor het uniform – toch een wezenlijk esthetisch aspect – is uiteraard in handen van een commissie waarin functionele argumenten domineren. Ook dat is nog altijd typerend voor de overlegcultuur van het Nederlandse bestel.

Recht blijft van groot belang, maar is wel sterk geïnstrumentaliseerd. Het is een recht dat de symbolische orde van de verzorgingsstaat volgt en vormgeeft. In deze staat zijn systemen van classificatie, categorisering en standaardisering nodig om de uitbundige maatschappelijke differentie te kunnen ordenen en deze te beheersen in het licht van het ideaal van de gelijkheid.[279] Het is dit gelijkheidsideaal dat als belangrijke regulerende mythe van deze staat kan worden gezien. Recht is dan een van de beleidsinstrumenten die deze mythe moeten verwerkelijken. Het woord beleidsinstrument is natuurlijk een metafoor die heel nauwkeurig past in een symbolische orde van functionele maakbaarheid.

Soms toont de staat zich vooral als dienstverlener: de belastingdienst wil het de burger gemakkelijker maken en doet dat in het volle besef dat belastingen niet 'leuk' zijn. de terminologie van de bedrijfsmatigheid is nog volop aanwezig. Gemeenten hebben een Klant Contact Centrum, omdat 'publieksbalie' te bureaucratisch klinkt. In de sfeer van beleidsontwikkeling is er volop interactie en participatie. De burger doet mee in de 'cocreatie van beleid'. De 'herrschaftsfreie Kommunikation' van Habermas lijkt binnen handbereik te liggen. In deze processen van beleidsvorming wordt ook heel expliciet gebruikgemaakt van rituelen en symboliek, of het nu gaat om grafisch exuberant vormgegeven visiedocumenten of om performatief geregisseerde discussiebijeenkomsten. Toch is er aan het eind van de voorstelling vaak deceptie bij de deelnemers, als de politiek vasthoudt aan zijn primaat.

Veel rituelen en symboliek zijn er om het interventionisme van de staat vorm te geven. Militaire terminologie – uiting van daadkracht en urgentie – is heel populair: 'task forces', interventieteams, stadsmariniers, kwartiermakers. Soms lijkt de staat in oorlog tegen het eigen volk. De straat moet worden terugver-

278 Ik verwijs naar oude communicatiecampagnes van de politie: 'de politie is je beste vriend' en 'die pet past ons allemaal'.

279 Zie mijn *De Staat van Verschil* (2007). Ook: Rancière (2004) die een onderscheid maakt tussen 'police' (de politiek van beheersing) en 'politics' (de pluraliteit).

overd, zo klinkt het. De politie heeft het afgelopen decennium bewust gewerkt aan nieuwe 'strengheid', zowel in de eigen uitstraling, als in het optreden tegen overtreders. 'Hufterigheid' wordt bestreden, en extra bestraft als deze zich tegen staatsfunctionarissen of hulpverleners richt.

De staat is alom aanwezig: als dienstverlener, als belastingheffer, als ordehandhaver, als ordenaar. Bij al deze vormen van aanwezigheid hoort een specifiek esthetisch repertoire. In de woorden van Sartwell:

> 'Not all art is political, but all politics is aesthetic; at their heart political ideologies, systems, and constitutions are aesthetic systems, multimedia artistic environments. The political "content" of an ideology can be understood in large measure actually to be – to be identical with – its formal and stylistic aspects.'[280]

Dat valt fraai te demonstreren aan de hand van het 'rijksbrede logo'.

Excurs: één staat, één logo[281]

De staat kent vele verschijningsvormen: personen, symbolen, instrumenten. Een daarvan is het logo. Daarvan had de Nederlandse staat er niet één, maar vele, met veel verschillende vormen, stijlen en kleuren. Om die variëteit tenminste op het niveau van het Rijk – de centrale staat – in te dammen en eenvormigheid te realiseren, hebben alle instanties die onder de ministeriële verantwoordelijkheid vallen sinds 2009 één beeldmerk: het 'rijksbrede logo'.[282] Het doel is dat de staat daarmee een eenduidig gezicht krijgt en zijn herkenbaarheid wordt vergroot: één staat, één logo.

280 Sartwell, 2010: 1

281 Deze paragraaf is in belangrijke mate gebaseerd op Van der Spek, Frissen, Rouw & Van der Steen (2009). Ik dank mijn mede-auteurs voor de gedeelde inzichten en analyses die tot deze publicatie hebben geleid.

282 Uiteraard geldt dat niet voor de uitbundige symboliek van de krijgsmachtonderdelen. Alleen als het ministerie van Defensie als ministerie acteert, is het logo verplicht. Ook onafhankelijke adviesorganen en zelfstandige bestuursorganen mogen een eigen huisstijl blijven voeren, tot verdriet van de voorstanders van het uniforme logo natuurlijk.

De staat moet zijn zichtbaarheid zowel voor de maatschappij en de burgers als voor de ambtenaren vergroten. Zichtbaarheid is natuurlijk geen doel op zichzelf. Deze wordt geassocieerd met vertrouwen en legitimiteit. Onherkenbaarheid, zo luidt de redenering, is slecht voor het vertrouwen van de burger. Deze leidt tot afnemende legitimiteit van overheidshandelen. Herkenbaarheid leidt tot beter bestuur.

Hierachter schuilt een analyse over de relatie tussen dienstbaarheid en zichtbaarheid. Peper zegt het zo:

> 'De overheid heeft haar eigen organisatie – als reactie op de dynamiek in de samenleving met wie zij betrekkingen onderhoudt – buitengewoon sterk gedifferentieerd. (...) (Dat) heeft het beeld van de overheid er echter niet bepaald scherper op gemaakt. Naarmate de overheid dichter bij de burger, de maatschappij staat, is zij als overheid – paradoxaal genoeg – onzichtbaarder geworden (...).'[283]

Het streven naar dienstbaarheid leidt tot onzichtbaarheid. 'Maatwerk' versnippert het gezicht van de staat en leidt tot verlies van legitimiteit.

Bovendien symboliseert het ene logo een organisatielogica waarin flexibiliteit van de ambtenaar en diens loyaliteit aan de staat, en via de staat aan de burgers, centraal staan. Het gaat bij het ene logo dus om zichtbaarheid en om flexibiliteit en organisatorische souplesse, zonder de versnippering die velen vrezen. De staat moet immers opereren als 'één concern'. Verschillende en vaak conflicterende waarden en belangen zijn geïnstitutionaliseerd in de bestaande departementale indeling. Het logo, zo vertellen direct betrokkenen, wil deze meervoudigheid niet vervangen door 'eenheid' in de gedaante van eenvormigheid, maar in die van integraliteit; het wil verkokering van het apparaat doorbreken onder een omspannende vlag.

Het verlangen naar logische indeling en stevige coördinatie is zo oud als de bureaucratie zelf. Eenduidigheid en efficiëntie zijn even belangrijk als flexibiliteit en veerkracht. Het verlangen blijkt echter keer op keer onvervulbaar. Dat

283 Peper, Schnabel, Tjeenk Willink & Tromp, 2002: 33

leidt steevast tot kritische evaluaties en knorrige bestuurskundigen, maar toont vooral de paradox van vernieuwing: deze slaagt nooit, maar symboliseert handelingsbereidheid die even permanent als onvermijdelijk is in een modernistische omgeving.[284]

We zien de bureaucratische logica van de taakdifferentiatie: voor elk maatschappelijk probleem een eigen organisatorische oplossing. Verkokering en fragmentatie zijn beide terug te voeren op deze uitgangspunten van Weber en Taylor. Het ideaal is isomorfie: organisaties moeten lijken op hun taakomgeving. Wanneer met de taakdifferentiatie logo's mee fragmenteren, verandert de ambtelijke organisatie van de staat in een spiegel van maatschappelijke vraagstukken. De visuele representatie van de ambtelijke organisatie enerzijds en de maatschappelijke problemen binnen een pluralistische samenleving anderzijds wordt mimetisch: het gezicht van de staat is een afspiegeling van de vele gezichten van maatschappelijke problematiek.

Taylorisme is een mimetisch ordeningsprincipe. Wanneer het een mimetische representatie impliceert, verbrokkelt het beeld van de staat. Als de externe representatie een directe afgeleide is van de intern georganiseerde differentiatie, verandert de staat voor de buitenwereld in een spiegel en wordt hij zelf onzichtbaar. Wie in de spiegel kijkt, ziet slechts zichzelf, nooit wie die de spiegel ophoudt.

Daar komt bij dat het gezag van de staat berust op de macht van zijn monopolies. Dat gezag is noodzakelijk als bron voor legitimiteit, maar moet eerder in strengheid en gestrengheid worden gezocht dan in vriendelijkheid en openheid. Daarom ook moet de staat een zekere afstand bewaren.[285] Mimetische representatie maakt de staat onzichtbaar, omdat hij zo veel kleuren kent als de maatschappij die hij dient of beheerst. Hij verandert in een spiegel waarin de burger alleen nog zichzelf terugziet, en dan nog in spiegelbeeld. Daarmee verdwijnt de afstand, zowel fysiek als in waarden en belangen, die óók eigen is aan de relatie tussen staat en burger.

Het nieuwe logo vormt daarmee, waarschijnlijk onbedoeld en zelfs ongewenst

284 March & Olsen, 1984

285 Dat kan zeker in het logo worden gelezen, hoewel de ontwerpers juist benadrukken dat het logo een uitdrukking is van een staat midden in de samenleving.

een breuk. Het is geen mimetische representatie, omdat het door een esthetische afstand te creëren de specifieke positie van de staat markeert: de staat is er wel voor de burger maar *is* niet de burger. De staat is weliswaar meervormig, maar desondanks één zichtbare entiteit. Hoe meer afstand de staat ten opzichte van de burgers inneemt, hoe zichtbaarder de staat voor de burgers is. Het streven naar vloeibaarheid, naar isomorfie leidt tot grotere onzichtbaarheid. De drang tot nabijheid creëert een veelheid van gezichten.

Tegenover deze pogingen tot nabijheid en zichtbaarheid die juist onbedoeld onzichtbaarheid en afstand opleveren, realiseert het ene logo zichtbaarheid op afstand, voor de burger en voor de ambtenaar. De burger is onderdaan, cliënt en 'citoyen', de ambtenaar staatsdienaar. Het logo drukt dit uit door historische verwijzing – de Nederlandse leeuw – en kent strengheid. Staat en burger vallen niet samen, maar staan tegenover elkaar. Beide zijn daardoor herkenbaar, waarbij het logo alleen naar de identiteit van de staat en zijn eenheid verwijst, niet naar die van de burger noch die van de samenleving.

Dat laatste is van belang omdat maatschappelijke problematiek zich kenmerkt door contradicties, dilemma's en paradoxen. Dat raakt de kern van politiek: die gaat over wat ons scheidt en verdeeld houdt en niet over wat ons bindt en waarover we consensus hebben bereikt. De staat is daarvan in zijn politieke delen een uitdrukking, terwijl de monopolies van het geweld en de belastingheffing de differentie moeten beschermen. Onze verdeeldheid behoeft bescherming, omdat deze verdeeldheid ons ook voor een al te indringende inzet van de monopolies behoedt. De staat is geen collectieve probleemoplossingsmachine. De samenleving moet de eigen problemen definiëren en, indien mogelijk, oplossen.

Politiek is uitdrukking van waardeconflicten en belangenstrijd. In een democratische politieke orde gaat het erom deze conflicten en strijd te beteugelen, zodat we vreedzaam in onenigheid kunnen voortbestaan. Daartoe dienen de monopolies van de staat en de rechtsstatelijke verankering ervan.

De eenheid van de politieke gemeenschap wordt door de staat gegarandeerd in al haar differentie. De staat moet daartoe een eenheid zijn, die op een neutrale wijze checks-and-balances en 'countervailing powers' constitueert. Deze eenheid impliceert afstand en verschil. Dat geldt ook omgekeerd. De burger blijft op afstand en verschillend van de staat.

De relatie tussen burger en staat is een esthetische. Het gaat om representatie: om verbeelding, niet om afbeelding. De staat is anders dan de samenleving en kan dat anders-zijn ook maar beter markeren. Alleen door deze non-identiteit kan hij pluraliteit en verschil beschermen. De staat beschikt immers als enige over het monopolie van het geweld, dat we in een democratische rechtsstaat aan hem toevertrouwen. Tegelijkertijd beschermt deze pluraliteit ons als burgers weer tegen een al te in- en opdringende staat. Dat is de non-identiteit tussen burger en staat.

De verhouding tussen burger en staat is er een van afstand. Alleen zo heeft de staat één en de burger vele gezichten.

Distantie en nabijheid

Afstand is in de bestaande politieke orde een probleem, zo blijkt uit de diagnose van het bestaan van een kloof. Niet alleen in het populistische discours, maar breed in het politieke spectrum geldt de overtuiging dat er tussen politiek en burger een grote, een te grote afstand bestaat. Het is een breed gedragen mythe dat nabijheid van politiek en samenleving, van politicus en burger gewenst is. Deze nabijheid is gewenst, omdat de politiek de samenleving moet kennen en begrijpen om deze te kunnen sturen en omdat de burger politiek en politicus moet (kunnen) vertrouwen. Dat vertrouwen zou nodig zijn voor de legitimiteit van de politieke institutie. Deze mythe van nabijheid heeft niet alleen politici en burgers, maar ook de wetenschap in haar greep. Vaak is de constatering dat er sprake is van een politieke crisis erop gebaseerd; vaak heet het dan dat er een vertrouwensbreuk bestaat.[286]

De mythe van de transparantie hangt sterk samen met deze mythe van nabijheid. Het gaat om een gekoesterde waarde die we in talloze gedaanten aantreffen. Scholtes reconstrueert zeven verhalen over transparantie in een analyse van het politieke discours in de Tweede Kamer sinds 1995. Transparantie moet de overheid betrouwbaar en kenbaar maken, de burger beschermen en toerusten, controle mogelijk maken, beoordeling en veroordeling ondersteunen, een 'level

286 Hendriks, 2012: 82 e.v.

playing field' bevorderen, integriteit garanderen en op allerlei manieren informatie beschikbaar stellen.[287] Al dat moois verklaart waarom het begrip zo'n sterke symbolische waarde heeft. Het sluit bovendien aan bij de in samenleving en politiek dominante voorkeur voor het zien, het kennen en het weten. We willen inzicht, doorzicht en overzicht. Nabijheid en transparantie lijken ons dus een positie te verschaffen waarin we de politieke macht kunnen zien en daarmee controleren. Ze creëren een suggestie van volledige doorzichtigheid. Maar van en voor wie?

Eerder haalde ik Peper aan, die betoogt dat de staat onzichtbaar wordt als hij al te nabij is. Tegelijkertijd is een staat die het volledige zicht wil hebben dicht bij de totalitaire verleiding. Als de burger alles ziet en doorziet, ziet hij niets meer, omdat politiek altijd een daad van creatie is. Als staat en samenleving samenvallen, wordt alles politiek en verdwijnt rechtsstatelijke begrenzing.[288]

Nabijheid en transparantie zijn met andere woorden apolitieke, om niet te zeggen antipolitieke waarden. Niet voor niets is de bureaucratie de meest transparante organisatie die we kennen. Dat stelde Weber lang geleden al vast.[289] Daar komt bij dat de in het geweldsmonopolie verankerde soevereiniteit van de staat per definitie afstand, distantie impliceert. Juist omdat het hierbij om een monopolie gaat, is de afstand zelfs onoverbrugbaar, zowel feitelijk als normatief. Als de burger handelt zoals de staat kan en mag handelen is hij moordenaar, ontvoerder en dief. De politieke macht is altijd een externaliteit, een buiten, betoogde ik eerder in dit hoofdstuk.

Daarom ook is de politieke orde een symbolische orde. Politieke macht is een vorm van symbolisering, zegt Lindahl, namelijk de 'symbolic constitution of society'. Deze symbolische constitutie heeft vier kenmerken: er is altijd een relatie tussen een 'buiten' en een 'binnen'; identiteit wordt door een verwijzing naar dit buiten gecreëerd; deze identiteit kent een bemiddelde structuur; deze bemiddeling is de kern van politieke macht.[290] In navolging van Cassirer noemt Lindahl

287 Scholtes, 2012: 93 e.v.

288 Ku (1998) betoogt dan ook dat zowel openheid als geheimhouding zijn toegenomen. Openheid is namelijk discursief en symbolisch niet los te zien van geheimhouding. 'Lekken' is dan een vorm van grensoverschrijding.

289 Zie Weber, 1985: 128 en passim.

290 Lindahl, 1998: 15

deze symbolisering als bemiddeling een tweevoudig proces van 'Distancing and Approximation'. De distantie geldt natuurlijk de externaliteit van politieke macht die in naam van de soevereiniteit wordt uitgeoefend. Macht gaat aan recht vooraf. Nabijheid komt tot stand in de politieke gemeenschap na en vanwege de bemiddeling die de kern van politiek is.[291] Politieke macht in absolute zin wordt bemiddeld door de democratische politieke gemeenschap en door de symbolische werking van het recht: beide binden, matigen en begrenzen de soevereiniteit.

Het zicht op de symbolische constitutie van de samenleving door het politieke is echter verloren gegaan. Omdat de moderniteit in velerlei opzicht leidt tot een onttovering van de wereld ontstaat de suggestie dat wij moderne mensen het zonder mythen, rituelen en symboliek kunnen stellen. De wetenschap brengt de functionele rationaliteit van doelen, middelen en technieken waarmee we onszelf en de wereld steeds beter begrijpen en dus beheersen.[292] In de onttoverde werkelijkheid van de moderniteit is geen symbolische bemiddeling meer nodig, omdat alles onmiddellijk zichtbaar en kenbaar is. Politiek kan dan verdwijnen, omdat de technocratie de zaak kan overnemen. Bevestiging daarvan levert de crisis in Europa bijna dagelijks: als het erom spant moet de democratie eensluidend worden, een toontje lager zingen of door technocraten worden geleid. En dat terwijl de Eurocrisis bij uitstek een crisis is in de symbolische orde van het politieke.

Dat deze onttovering de symbolische orde bepaald niet opzij zet, blijkt wel uit de sterke mate van ritualisering die nodig is om de mythen van een moderniteit zonder mythen te bevestigen. We willen 'in control' zijn en hebben daarvoor meer rituelen dan ooit tevoren nodig: plannen, procedures, toezicht, inspectie, onderzoek, advisering. Ter reiniging en ter bezwering, zoals rituelen altijd moeten werken.

Precies op de grenzen van de maakbaarheid wordt zichtbaar dat de politieke orde een symbolische orde is. Dat bevestigt het populisme eens te meer, omdat het de absolute maakbaarheid van de verlossing nastreeft, zonder ook maar één oplossing te willen aandragen. De verlossing moet de politieke gemeenschap

291 Lindahl, 1998: 16-17

292 Zie Cornelissen, Frissen, Kensen & Brandsen, 2007: 17 e.v.. Overigens noemt Koenis onttovering de breuk die is ontstaan in de 'de navelstreng tussen *cultuur* en *vooruitgang*'. (Koenis, 2008: 197, cursivering auteur)

zuiveren en zo tot een eenheid van vitale onmiddellijkheid brengen. Een welhaast volledige nabijheid van volk en staat is dan mogelijk. Er is geen distantie meer tussen de soevereiniteit van het volk en de soevereiniteit van de uitoefening van het geweld. Daarmee verdwijnt politiek als bemiddeling, als creatie en als representatie uit het zicht. De moderniteit is door onttovering in een culturele crisis gebracht die door de symbolische uitdaging van het populisme is verdiept.

7 *Verbeelding van de macht – macht van de verbeelding*

De onttovering die de moderniteit brengt, kan natuurlijk niet de behoefte aan betekenis, aan identiteit wegnemen. Elke politieke gemeenschap is gegrondvest in een daad van creatie die de omvang en de territoriale gebondenheid van de gemeenschap definieert. Elke politieke gemeenschap creëert vormen, arrangementen, instituties om de fundamentele onenigheid die binnen de gemeenschap bestaat tot articulatie én compromis of consensus te brengen. Maar de kern van de politieke macht in een politieke gemeenschap is symbolisering, zoals Lindahl in navolging van Lefort betoogt.[293] De eenheid van de politieke gemeenschap is daarom functioneel en niet substantieel. Het politieke symboliseert een eenheid die in de democratische rechtsstaat primair in het recht wordt gevonden. De eenheid van de politieke gemeenschap in de democratische rechtsstaat berust natuurlijk op de gelijkheid van het verschil. Het recht nu is indifferent tegenover het maatschappelijke verschil, sterker nog het beoogt de differentie te beschermen.

Deze symbolisering vraagt om de scheppende kracht van de soevereiniteit. De autonomie van het politieke die de symbolische functie van de macht moet funderen *is* tegelijk deze scheppende kracht. Niet voor niets zijn macht en geweld met elkaar verbonden en gaan deze aan het recht vooraf.

Omdat de politieke gemeenschap een creatie is, is alle politiek esthetisch.[294] Politieke gemeenschappen hebben vormen, drukken zich uit in media (beelden,

293 Lindahl, 1998: 14

294 Sartwell, 2010: 1

tekst, ceremonies, rituelen), representeren maatschappelijke kwesties, problemen, belangen. Politiek is afbeelding en verbeelding van de gebrokenheid van de wereld. Deze gebrokenheid is immers geen empirische evidentie, maar een steeds opnieuw politiek vast te stellen 'feit'. Politieke macht is daarom altijd vormgeving, of het nu gaat om de symboliek van de gebouwen van de staat, om de rituelen die de deliberatie moeten faciliteren, of om de beeldcultuur van oude en nieuwe media, waarin spindoctors hun politieke meesters moeten positioneren.[295]

In de democratische politieke orde is representatie natuurlijk een cruciaal element van deze politieke esthetica. Net zoals in de kunst de voorstelling een autonome daad van creatie is, komt politieke macht in de representatie tot stand. Gerepresenteerde en representant spelen daarin beide een rol, maar de interactie is het centrale fenomeen. Of het nu gaat om de beteugeling van machthebbers, om de vorming van regeerakkoorden of om het parlementaire debat, steeds is er het proces van representatie dat beslissend is voor de vormgeving van politieke macht. Die is op zijn beurt weer beslissend voor de vormgeving van maatschappelijke verbindingen.

Dat betekent dat ook Webers onttovering slechts te begrijpen is als een vorm van symbolisering, van representatie. Wie ook de waarheid van de objectieve feiten aanroept tegenover het verhullende van de politieke ideologie of de 'vox populi' inroept tegenover het verraad van de elites, steeds is er de claim van een onmiddellijke afbeelding die mogelijk zou zijn. Maar het blijft steeds een claim binnen het domein van de representatie. Immers, verbeelding kan ook een doelrationele gedaante krijgen. Representatie is ook verdichting van een vermoede werkelijkheid. Ook afspiegeling van de stem van het volk is daarom representatie. In het ene geval is er het Platoonse verlangen naar waarheid die macht moet worden, in het andere geval de populistische droom van de perfecte afbeelding van de volkswil. In geen geval kan de symbolische orde van de representatie worden verlaten, tenzij politiek volledige technocratie dan wel totalitaire onmiddellijkheid wordt. En zelfs dan zal de differentie niet verdwijnen en op enig moment de politieke gedaante van verzet aannemen.

In de symbolische orde van de democratische representatie gaat het altijd

295 Axford & Huggins, 1998; Hajer, 2000; Klop, 1999

om de vormgeving van het imperfecte. Ik betoog dat het imperfecte een tragisch gegeven is en dat daarmee een vorm van fatalisme onlosmakelijk verbonden is. Juist daarom is burgerschap van eminente waarde. Tegenover het technocratisch streven naar voltooiing van de moderniteit en het populistische verlangen naar verlossing van het andere accentueert burgerschap de vrijheid van het verschil. Precies deze vrijheid van het verschil stelt ons in staat de onvolkomenheid van de wereld te aanvaarden door een verzoening met de waarde van het toeval en de tragiek van het noodlot. Burgerschap opgevat als zeggenschap is daarmee in een politieke orde een noodzakelijke fictie. Deze impliceert dat elke burger verschil wil maken maar eveneens dat de begrenzing van de vrijheid ligt in het verschil dat ook alle andere burgers willen maken.

De politieke gemeenschap is een creatie

In vroegere tijden was de onthoofding een gebruikelijke beëindiging van de heerschappij van de vorst, als deze niet door eigen familie of uitverkorene werd opgevolgd. Daarmee maakt de nieuwe machthebber symbolisch en fysiek een einde aan de politieke macht. Door hoofd en romp gewelddadig te scheiden komt er een einde aan het natuurlijke én het politieke leven van de heerser. Vandaar ook dat in de middeleeuwse politieke theologie het politieke lichaam van de koning voor soeverein en onvergankelijk wordt gehouden.[296] Daarmee is wel het probleem van de sterfelijkheid opgelost – het politieke lichaam is symbolisch verklaard en daarmee een krachtiger belichaming van de politieke macht dan het fysieke – maar niet het probleem van het politieke als autonoom domein van strijd om de macht.

Dat heersers sterfelijk zijn en dat ook politieke gemeenschappen eindig zijn is door Machiavelli scherp tot uitdrukking gebracht. De politieke macht en dus de positie van de heerser zijn autonoom.[297] Niet alleen betekent dit dat er voor de heerschappij van welke wereldse machthebber dan ook geen hogere legitimerende orde bestaat, maar ook dat politieke macht een tertium is ten opzichte van

296 Kantorowicz, 1957

297 Machiavelli, 1976: passim; zie ook Cassirer, 1974: 138-139.

het maatschappelijk leven. De macht is niet alleen van een goddeloze naaktheid, maar is ook een scheppende kracht ten opzichte van de wereld. Tegelijkertijd is elke machtswisseling weer de symbolische creatie van nieuwe politieke machtsverhoudingen.

De autonomie van het politieke, zoals door Machiavelli vastgesteld, veronderstelt altijd weer een scheppende kracht. Omdat er niets boven of voorbij het politieke is, kan de stichting van een politieke gemeenschap niet anders worden begrepen dan als een zelfconstitutie, een creatie. Vanaf Machiavelli is deze zelfconstitutie onlosmakelijk verbonden met de mogelijkheid en vaak ook de feitelijkheid van het geweld. De rationele grondslag van de moderne politieke orde lijkt dat te verhullen. Zijn mythologie is die van de vanzelfsprekendheid en redelijkheid van zijn vreedzame bestaan. Daarmee worden de contingenties van zijn ontstaan versluierd en verdwijnt uit het zicht dat de schepping en de handhaving van recht altijd het geweld veronderstellen.[298]

De politieke eenheid gaat aan de rechtsorde vooraf, zo formuleert Lindahl het nog gematigd. Radicaler lezen we het bij Schmitt, die bepaalt dat de soevereiniteit berust bij hem die de uitzonderingstoestand kan uitroepen. Agamben voltooit deze radicaliteit door de uitzonderingstoestand tot de normale politieke orde van de moderniteit te verklaren.[299]

Het trekken van dergelijke radicale consequenties is niet noodzakelijk om te kunnen zien dat de autonomie van het politieke alleen maar zinvol te begrijpen is, als er een scheppende kracht is die deze autonomie vestigt. Deze scheppende kracht is ten diepste verbonden met menselijk handelen, zo valt in navolging van Arendt te stellen, niet met menselijk maken.[300] Daarom ook is de metafoor van de 'performance', de voorstelling, een adequatere verbeelding van de politieke orde dan die van het (beeldende) kunstwerk, zoals zowel Sartwell als De Haan terecht

298 Van Rooden, 2010

299 Lindahl, 2008: 7; Schmitt, 2005: 5; Agamben,2005: 85 e.v.. Laermans betoogt dat in Agambens theorie de verbinding van representatieve democratie met soevereiniteit en de verzorgingsstaat in zijn feitelijke functioneren ten onrechte geen aandacht krijgen. (Laermans, 2009: 65)

300 'Handelen, de enige activiteit die zich rechtstreeks, en niet via dingen of materie, tussen mensen voltrekt, correspondeert met de menselijke conditie van pluraliteit, met het feit dat op aarde geleefd en de wereld bewoond wordt door mensen, niet door de Mens.' (Arendt, 2009: 15) Politiek behoort bij uitstek tot het domein van het handelen.

opmerken.[301] De scheppende kracht die nodig is voor de creatie van een politieke gemeenschap die de autonomie van het politieke belichaamt, is contingent en creatief. Ze is historisch toevallig, ze berust bij vrij handelende actoren en ze kan in principe aan iedereen toekomen. Dat is ook de republikeinse consequentie van Machiavelli's gedachtegoed. Ze is creatief omdat binnen de randvoorwaarden van geschiedenis, context en cultuur scheppingsvrijheid bestaat.

De autonomie van het politieke is bovendien zelf een scheppende kracht. De autonomie van het politieke creëert de lotsverbondenheid van de politieke gemeenschap binnen de grenzen van een territoriale jurisdictie en bepaalt de voorwaarden voor het lidmaatschap ervan. Schmitt noemt dit de primaire politieke act: bepalen wie vriend is en wie vijand.[302] Minder krijgshaftig: de bepaling van de voorwaarden voor de nationaliteit – het staatsburgerschap – is een van de belangrijkste politieke taken. En deze taak is politiek, omdat deze slechts als arbitrair te begrijpen is, want autonoom. Staatsburgerschap kan immers niet worden afgeleid van een rationele of van een goddelijke oorsprong. De politieke gemeenschap is daarom het resultaat van de scheppende kracht van het politieke.

De lotsverbondenheid geldt binnen de territoriale grenzen die de soevereiniteit van de politieke gemeenschap omvat. De bepaling van deze grenzen is onderdeel van deze soevereiniteit en dus van de autonomie van het politieke. Niet voor niets heeft de oorlog vaak te maken met grensconflicten of gewenste territoriale ruimte. Ook hier is er de scheppende kracht van de autonomie van het politieke.

Tenslotte is deze scheppende kracht gericht op de bepaling van grenzen in en tussen maatschappelijke domeinen. Het politieke onderscheidt zich van het private en het publieke. De politieke gemeenschap omvat de politieke en juridische relaties tussen de staat en zijn burgers. De private en publieke verhoudingen en gemeenschappen vallen daar niet mee samen. De samenleving en maatschappelijke verhoudingen krijgen in en door deze symbolische begrenzing hun vorm, betekenis en ruimte: Lefort spreekt van 'mise en forme', 'mise en sens' en 'mise en scène'. [303] Precies daarin is ook het gevaar van de totalitaire verleiding gelegen:

301 Sartwell, 2010: 86; De Haan, 2000: 243 e.v.

302 Schmitt, 2001: 62-64

303 Lefort, 1986: 282

het politieke kan zijn eigen grenzen wel eens zo ruim stellen, dat het grenzeloos wordt. Dan wordt alles politiek.

Maatschappelijke conflicten vinden in de autonomie van het politieke hun symbolische articulatie. Pas dan krijgen ze betekenis als maatschappelijke strijd. De scheppende kracht van het politieke is erop gericht de instituties te creëren en in stand te houden die voor deze articulatie nodig zijn en die deze articulatie gestalte geven. Paradoxalerwijze is in het samenspel of botsen van deze instituties de articulatie van maatschappelijke strijd alleen mogelijk als de neutraliteit gegarandeerd is. De plek van de macht moet leeg blijven en dat kan alleen als er sprake is van een 'pouvoir neutre' in de constitutie van de staat.[304] Daarom ook is het politieke een tertium, dat buiten de samenleving is gesitueerd. Alleen zo kan het de scheppende kracht ontplooien die nodig is voor de symbolische vormgeving in en van de samenleving.

De zelfconstitutie van het politieke en de werking van de politieke instituties die daaruit volgt kunnen worden opgevat als een voorstelling, als een 'performance', en dus als een vorm van performativiteit: in elke politieke uiting, of het nu om een beslissing, een oordeel, een handeling, een ritueel, een tekst, een wet, een conflict, een compromis, et cetera, gaat, realiseert zich het politieke. Politieke uitingen zijn nooit loutere beschrijvingen van de wereld maar altijd (ook) handelingen met betrekking tot die wereld.[305]

In de vorming van de politieke gemeenschap is deze performativiteit primair gericht op drie politieke uitingen. In de eerste plaats is de creatie van een politieke gemeenschap altijd te begrijpen als een verovering van de politieke macht en daarmee een vormgeving niet alleen van de soevereiniteit als zodanig maar ook als een vormgeving van de verhouding tussen politieke gemeenschap en deze soevereiniteit. Deze relatie kan de autocratische zijn van de absolute macht, de aristocratische van de tussen 'de besten' ('aristoi') gedeelde macht of de democratische van gekozen en gecontroleerde macht. Altijd wordt de politieke gemeenschap present gesteld bij de soevereine macht. Dat kan in een relatie van onderdanigheid en onderschikking zijn, of van gedeelde verantwoordelijkheid

304 Elzinga, 2009

305 Op performativiteit kom ik in hoofdstuk 8 uitgebreid terug. Relevante auteurs zijn Austin (1975), Butler (1997 en 2011) en Culler (2000). Zie ook Latour & Weibel (2005).

tussen heerser en enkelen uit de gemeenschap, of in een relatie van representant en gerepresenteerde.

Deze zelfconstitutie van de politieke gemeenschap als creatieve daad herhaalt zich voortdurend in de concrete voorstelling van de politiek. Van het kleine – parkeerproblemen en hondenpoepoverlast – tot het grote – Europa en zorgstelsel –, steeds opnieuw gaat het om vormgeving van verhoudingen, om toedeling van rollen, om onoplosbaarheden en tegenstellingen, om enscenering en betekenisgeving. In de voorstelling van de concrete dagelijkse politiek realiseert zich de autonomie van het politieke.[306] Precies dat wordt duidelijk in een esthetica van de politiek.

Esthetica van politiek

'All efforts to render politics aesthetic culminate in one thing: war.' Zo citeert Sartwell in zijn boek *Political Aesthetics* Walter Benjamin.[307] Daarmee verwijst hij naar de door velen verworpen 'esthetisering van de politiek'. Die zou maar afleiden van waar het in de politiek 'echt' om gaat, namelijk inhoud. Er is dan te veel aandacht voor de buitenkant, voor de uiterlijkheden van het politieke bedrijf en als vanzelfsprekend staat de persoonlijkheid van de politicus centraal.[308] Zeker in een calvinistische voorkeur voor de geschreven tekst en het gesproken woord komt esthetica al snel in de buurt van hedonistische oppervlakkigheid.[309]

Zwaarder is het verwijt dat esthetisering van de politiek bij uitstek fascistische en autoritaire regimes karakteriseert. Als in een pavlovreactie wordt dan steeds verwezen naar Albert Speer en Leni Riefenstahl, die architectonisch en cinematografisch niet alleen het nationaalsocialisme van gebouwen en beeld voorzagen maar vooral ook het kwaad in schoonheid wisten of wensten te hullen. Veel kunsthistorische moeite wordt dan altijd gedaan om te betogen dat Speers gebouwen en Riefenstahls films vooral getuigen van wansmaak en megalomanie.

306 En de voorbeelden maken onmiddellijk duidelijk hoe grenzeloos deze zelfconstitutie van de politiek en het politieke kan zijn.

307 Sartwell, 2010: 15

308 Hans van Mierlo meets spin doctor Jack de Vries.

309 Hoewel de imposante schoonheid van de Taale Kanaäns daarmee in strijd lijkt.

Dat is echter voorbij het punt dat hier over esthetica van de politiek gemaakt moet worden, namelijk dat elke vorm van politiek esthetisch is. Zoals in de proloog al opgemerkt: alle politiek is symbolisch, heeft vormen en is representatie; alle politiek kent rollen, stijlen, genres; alle politiek is voorstelling, wordt geënsceneerd, kent een script en vaak een intrige. Politiek is meer dan tekst en woord. Politiek denken en handelen vinden altijd plaats in een esthetisch gevormde wereld. Esthetica blijft niet beperkt tot specifieke, bijvoorbeeld totalitaire systemen.

> 'We can't understand the specific totalitarian system without understanding its aesthetics. But no specific aesthetic system is identical to totalitarianism in general. (...)(A)s closely intertwined or inextricable as aesthetic and political values are in each actual case, they are nonidentical and are complexly related; (...) every aesthetic value can be applied in a variety of political contexts, with varied sources and effects.'[310]

Esthetica is een filosofisch perspectief waarin vormaspecten van de wereld centraal staan. De wereld kan bestaan uit discursieve en niet-discursieve verschijnselen. In het politieke lijken taal en tekst te domineren, maar ook daarin zijn handelingen, processen, artefacten en beelden van even grote betekenis. Meestal betreft esthetica kwesties als de aard van kunst; waarden van schoonheid en het sublieme; smaak en oordeelsvorming; mimesis of representatie.[311] In de oudheid was de verbinding tussen politiek en retorica vanzelfsprekend. Vandaar ook dat een esthetisch perspectief op politiek beslist geen postmodernistische trouvaille is, maar zijn oorsprong kent in de meest klassieke verhandelingen over het politieke en het publieke domein.[312]

Prominente tegenstelling is die tussen een esthetisch en een mimetisch perspectief. Mimesis kan worden vertaald als nauwgezette afbeelding. Dat zien we bijvoorbeeld in de wetenschapstheoretische positie, die van waarheid spreekt als uitspraken over de wereld met die wereld samenvallen. Er is dan een 'echte' wereld daarbuiten die vanuit een extern gezichtspunt zichtbaar is

310 Sartwell, 2010: 43 en 47

311 Sartwell, 2010: 5

312 De Haan, 2000: 227

of zichtbaar kan worden gemaakt en waarvan het objectieve bestaan door de wetenschap wordt onthuld. Maar de idee van mimesis is ook terug te vinden in een politieke positie: politiek is het oplossen van politiek afgespiegelde problemen, gefundeerd in wetenschappelijke inzichten over de wereld en over interventies in de wereld. En het is uitgangspunt van een kunsttheoretische positie: het kunstwerk moet zo nauwgezet mogelijk de werkelijkheid verbeelden die de kunstenaar waarneemt. De foto zou dan de ultieme mimesis moeten zijn. Meteen zijn daarmee de grenzen van het mimetisch perspectief duidelijk: een foto is een creatie, gemaakt op een gegeven moment vanuit een gekozen hoek en met een evidente focus. Dat alles zijn esthetische aspecten en die bepalen ook de kwaliteit van de foto. Maar vooral: een foto moet na zijn creatie nog gezien en geïnterpreteerd worden.[313]

Bleiker propageert een esthetisch perspectief in de leer van de internationale betrekkingen. Ook in deze discipline overheerst een mimetische of realistische benadering die beoogt om politiek zo realistisch en authentiek mogelijk te analyseren 'aiming to capture world politics as it "really" is'. In plaats daarvan erkent een esthetische benadering 'that the inevitable difference between the represented and its representation is the very heart of politics'.[314]

Dat komt overeen met Ankersmits opvatting van representatie, die ik deel. Er is geen politieke werkelijkheid die objectief, daarbuiten, bestaat en vanuit een 'tertium comparationis' kan worden beoordeeld, noch in morele, noch in esthetische, noch in empirische zin. Kern van politiek is representatie, in die zin dat politiek tot stand komt in het proces van representatie. In deze representatie wordt het maatschappelijk conflict gearticuleerd en komt politieke macht tot stand.[315]

De esthetica maakt duidelijk dat in de politiek representatie geen mimetische afbeelding is, maar verbeelding. Opnieuw: alle politiek is een vorm van creatie, van schepping en dus contingent en creatief. In een esthetische benadering van het politieke komen allerlei aspecten van deze verbeelding door representatie tot uiting. De representatie is altijd historisch en dus contingent, altijd een creatie vanuit een specifieke invalshoek of belang, en steeds met een evidente eigen bood-

313 Bleiker, 2009: 7

314 Bleiker, 2009: 19

315 Ankersmit, 1996 en 2000; De Haan, 2000; Bleiker, 2009

schap of verhaal. En net zoals bij een kunstwerk moet de representatie worden gepercipieerd en beoordeeld. Dat is op geen enkele wijze mimetisch.

Politiek is altijd ordening en begrenzing. Het gaat om de creatie van verhoudingen tussen politieke actoren, instituties en processen. Dit kunnen verhoudingen zijn in de zin van macht en tegenmacht – 'countervailing powers' – die niet alleen botsingen, maar ook evenwichten mogelijk moeten maken – checks-and-balances. Oordeelsvorming over deze verhoudingen is altijd esthetisch van aard: het gaat om ordelijkheid en maatvoering. Daarom ook is politiek altijd een zaak van grenzen stellen, van begrenzing. Hoe ver reikt politieke macht en hoe ruim is de vrijheid van publieke domeinen en private actoren?

Antwoorden op dergelijke vragen hebben altijd van doen met opvattingen over differentie, over variëteit. Het politieke is niet alleen het toneel waarop de conflicten tussen vrije burgers gestalte krijgen, maar is ook de constitutie van deze vrijheid. Hoeveel pluralisme kan de wereld verdragen? Dat is in de kern een esthetische vraag omdat het antwoord altijd zal gaan over ordening, configuratie, arrangement. Inhoudelijk is er geen enkelvoudig, juist antwoord. Daarom immers zijn alle antwoorden politiek. Het zijn antwoorden inzake het algemeen belang dat alleen maar kan bestaan als een voortdurend spel van vraag en antwoord met steeds tijdelijke en voorlopige uitkomsten. En het spel zelf kent weer volop esthetische aspecten.

Politiek is ook een constant spel van onthullen en zichtbaar maken. Belangen, posities en opvattingen worden in het politieke spel gearticuleerd en benoemd. Het politieke is echter niet een verzameling kwesties die een objectief bestaan in de wereld hebben en op onthulling liggen te wachten. Pas in het proces van onthullen en zichtbaar maken worden kwesties tot kwesties, worden ze politiek gemaakt. Daarom ook is het debat over Europa zo fascinerend: menig deskundig deelnemer eraan pleit voor een einde aan het gekissebis en meent dan doorgaans dat politici moeten ophouden politicus te zijn ('er is nu consensus geboden!') en vooral naar de deskundigen moet luisteren ('naar mij', bedoelt de deskundige dan steevast). Europa kan echter alleen betekenis hebben, als zijn politieke betekenis, of het ontbreken daarvan, zichtbaar wordt gemaakt. Precies in het politieke en vooral ook in het tekortschieten daarvan is er immers sprake van een crisis. Zelfs Europa's economie kent een tekort aan politiek. Politici zouden hun onenigheid dus juist niet moeten begraven. Europa kan alleen maar als algemeen belang worden gezien, als we erin slagen van Europa een politieke gemeenschap te maken, voorbij de technocratie van de economische oplossingen en voorbij de moraal van het Europese ideaal van integratie.[316]

Dit maakt onmiddellijk duidelijk dat de belangrijkste politieke opgaven in Europa die van de zelfconstitutie en het institutioneel ontwerp zijn. Opnieuw zien we dat politiek vormgeving is, een architectonische opgave om aan de macht een symbolische gestalte te geven. De metafoor van de architectuur is gepast omdat elk gebouw een gekozen verbinding is van vorm en inhoud.[317] Zelfs de modernistische overtuiging dat het enige esthetische criterium dat van de functionaliteit mag zijn – 'form follows function' – blijft esthetisch en leidt tot beslissingen die contingent én creatief zijn en die maar al te vaak tot vooral esthetische afkeuring leiden. Ook het meest non-depicte overheidsgebouw op een anoniem bedrijventerrein is een uitspraak over de politieke functie ervan. Dat in Nederland de staat gedurende lange tijd geen monumentaliteit in zijn gebouwen heeft nagestreefd, zegt veel over de zelfopvatting en zelfconstitutie van het politieke.

Hajer spreekt in ruimere zin over 'politiek als vormgeving'. Het openbaar bestuur is steeds begonnen als territoriale orde: de vestiging van de soevereiniteit in en over een begrensde geografische ruimte. Over deze ruimte in fysieke zin wordt dan allengs de politieke macht van de ordening uitgebreid: ruimtelijke ordening wordt discursieve ordening. Het politieke krijgt betrekking op argumentatie, deliberatie en besluitvorming, op cultuur en identiteit, op symbolische verbindingen.[318]

316 Dat is niet alleen onmogelijk, maar ook onwenselijk volgens Baudet (2012). De natiestaat en het daarmee samenhangende nationalisme zijn volgens hem eerder voorwaarde voor vrijheid en stabiliteit dan bedreiging ervan, zoals in het genoemde ideaal van de Europese integratie tot uitdrukking wordt gebracht. Daarbij hanteert hij overigens een voor een historicus opmerkelijk statisch en dus ahistorisch begrip van de natiestaat en lijkt hij de nationalistische grondslag van kolonialisme en imperialisme al te gemakkelijk weg te zetten als een aberratie. Heel wat evenwichtiger over de Europese integratie is Van Middelaar (2009) en zijn over natiestaten en nationalisme in historisch perspectief Wessels en Bosch (2012). Kleinpaste (2013) onderscheidt scherp tussen het vreedzame nationalisme van de negentiende eeuw, dat hij opvat als een verbinding van moderniteit en romantiek, en de agressieve twintigste-eeuwse variant.

317 Klop, 1999. Een ruimere opvatting van de architectuur van het bestuur vinden we bij Dijstelbloem en Holtslag (2010).

318 Hajer, 2000

De politieke orde is er een van het woord en van de verhalen. De verbinding tussen politiek en taal is evident en van alle tijden. Taalkundige eenheid was altijd een van de ambities van de natiestaat. De eenheidstaal vormde – met veel dwang vaak – de politieke gemeenschap en moest het territorium van vreemde smetten (andere talen en dialecten) vrij maken. Al sinds de klassieke oudheid is taal een van de belangrijkste media van de politiek. De retorica is een politieke kunst, waarin ethos, pathos en logos een verbinding moeten vormen.[319]

De politieke orde krijgt vorm in wetten, in beleid, in taal en symboliek. Maar het is niet alleen een ordening in narratieve zin. De beelden zijn zoals gezegd evenzeer van belang. Van oudsher geldt dat voor gebouwen, voor ceremonies en rituelen, voor vlagvertoon, parades en intochten, voor ambtskleding en uniformen. Veel van de bezwaren tegen een esthetisering van de politiek komen ook voort uit de vaak excessieve aandacht van totalitaire regimes voor de verbeelding van de macht. Militaire parades, partijdagen, architectuur, standbeelden, schilderijen: autoritaire heersers hebben altijd veel oog voor de verbeelding van de macht. Ze begrijpen de macht van de verbeelding heel goed, kennelijk. De esthetica van het politieke en de politiek is daardoor in een kwaad daglicht komen te staan.[320]

De actuele, vaak obsessieve aandacht voor personen als politieke iconen, voor 'spindoctoring' als politiek ambacht en voor media en marketing als nieuwe domeinen en instrumenten voor politiek draagt bij aan deze kritiek. En waar de kritiek op de megalomane esthetisering van autoritaire politiek nog stevig ideologiekritisch van toonzetting is, heeft de kritiek op personalisering en mediatisering van de politiek vooral betrekking op de inhoudelijke leegte die achter de verbeelding schuilgaat en op de inperking van politiek tot strijd tussen personen.[321] Ons tijdperk geldt vaak als een tijdperk van beeldcultuur die berust in '(...) an aestheticization of everyday life because of the saturation of even the most routine experience by a constant and rapid flow of signs and images.'[322]

Deze beeldcultuur raakt uiteraard ook het politieke domein. Dat spreekt voor zich: politiek is volop present in de media, oude en nieuwe, en de logica daarvan

319 Braet, 2007

320 Sartwell, 2020: 15 e.v.; De Haan, 2000: 225-226

321 Pels & Te Velde, 2000: 1-5 en 11-13; De Haan, 2000: 229-235; Axford & Huggins, 1998: 182 e.v.

322 Axford & Huggins, 1998: 189

beïnvloedt het politieke. 'The medium is the message', zo wist McLuhan al en dat geldt met het oprukken van vele nieuwe media en de verdere verbreiding van de oude des te meer. Politiek is op televisie, op de radio, op internet, Facebook en Twitter, enzovoorts. Medialogica is zelfreferentieel, gedecentreerd, massagericht én door massa's geproduceerd.[323] Het is onontkoombaar dat door de intensieve verbinding van politiek en media deze logica (of beter: logica's) ook voor politiek van indringende betekenis is geworden. Beelden concurreren met woorden, de productie van nieuws en vooral ook de noodzakelijkheid om steeds weer nieuw nieuws te produceren creëren een nieuwe en autonome politieke dynamiek. Axford en Huggins benoemen deze als een vorm van postmodern populisme waarin betekenis een product van de culturele industrie is, waarin het publieke domein en zijn waarden gedecentreerd raken en waarin de moderne massapartij sterk aan betekenis inboet.[324] In deze postmoderne beeldcultuur wordt de esthetische dimensie van het politieke prominenter dan ooit. Representatie is dan opnieuw een cruciaal begrip.

Representatie: vertegenwoordiging bij de macht

Het begrip representatie in het politieke domein associëren we natuurlijk vooral met de representatieve democratie en de representativiteit daarvan. Deze representatieve democratie is volgens Keane relatief toevallig ontstaan als een vorm van bescheiden bestuur met vertegenwoordigende lichamen van uiteenlopende aard, zoals parlementen en waterschappen. Heel cruciaal is de tijdelijke bezetting van ambten.[325]

Representatie is hier vooral vertegenwoordiging. De burger kiest een andere burger om hem in het parlement of een ander vertegenwoordigend orgaan te verte-

323 Deze logica is voor vooral de 'oude' media geanalyseerd in Raad voor Maatschappelijke Ontwikkeling (2003) en voor vooral de 'nieuwe' media in Raad voor Maatschappelijke Ontwikkeling (2011c). Steeds meer is er natuurlijk sprake van een samengaan in allerlei vormen van oude en nieuwe media.

324 Axford & Huggins, 1998

325 Keane, 2009: 159 e.v., 164-165, 207 e.v.. Belangrijk was volgens Keane ook de kwestie wie hoeveel belasting wilde betalen voor de monarchie: vermogende burgers hadden daarom een belang bij representatie. (Keane, 2009: 249)

genwoordigen *bij* de macht en om diezelfde macht namens hem te controleren en uit te oefenen. Er is dus nabijheid: de burger mandateert de representant om hem bij de macht present te stellen en delegeert aan de representant de bevoegdheid om rechtstreeks tot de macht te spreken en om macht uit te oefenen. Tegelijk is er afstand: de burger die zich laat vertegenwoordigen is in het vertegenwoordigend orgaan afwezig. De legitimiteit van deze representatie is dan in sterke mate afhankelijk van de representativiteit ervan. Aanvaardt de gerepresenteerde de representant? Veel gelamenteer over de kloof tussen burger en politiek, over het verraad van de elites, over de diplomademocratie is hier op terug te voeren. De representativiteit van de representatie staat ter discussie en onder druk. Individualisering heeft stabiele sociale en politieke collectiviteiten ondermijnd. Politieke partijen functioneren niet langer als belangrijke institutionele waarborgen voor de representativiteit van de representatie.

De ontwikkeling naar een overwegende nadruk op hiërarchische relaties tussen representant en gerepresenteerde en op verantwoording achteraf in plaats van ex ante versterkt het potentieel elitistisch karakter van de representatieve democratie. Dit wordt veroorzaakt door onzekerheid over kiezersvoorkeuren, verstatelijking van politieke partijen en onvoorspelbaarheid van agenda's, nog eens versterkt door de ontwikkelingen in Europa. Het ideaaltypische model van representatieve democratie – bottom up relaties tussen gerepresenteerde en representant en controle vooraf – komt daardoor steeds meer onder druk te staan.[326] Dit is problematisch omdat representatie alleen al in pragmatische zin onvermijdelijk is. Het aanwezig stellen van alle burgers bij de macht is in fysieke zin onmogelijk, hoe optimistisch we de technologische mogelijkheden om iedereen met iedereen te laten spreken – de volledige en omvattende deliberatie – ook inschatten. Een politiek debat van miljoenen kiesgerechtigde burgers is nu eenmaal onmogelijk: er zal altijd een bemiddelend medium met zijn eigen logica zijn. Sterker nog: er zal altijd bemiddeling nodig zijn, omdat rechtstreeks spreken tussen meer dan twee burgers op enig moment procedures zal behoeven.

In allerlei theoretische beschouwingen over deliberatieve democratie en in vele praktische toepassingen ervan wordt dit aspect van bemiddeling verwaarloosd,

326 Andeweg, 2003; Andeweg & Thomassen, 2005

dan wel voor manipulatieve onwenselijkheid gehouden. Met veel Habermasiaans idealisme moet het debat 'herrschaftsfrei' worden, wat in feite een verlangen naar depolitisering is. Politiek raakt in dit streven onzichtbaar, omdat 'gewone' burgers voorbij partijpolitieke tegenstellingen zouden moeten kunnen spreken over 'echte' kwesties.[327] In dit verlangen is er tussen aanhangers van directe en deliberatieve democratie en populisten een opmerkelijke verwantschap. Men wil de soevereiniteit van het volk herstellen in reële en niet in symbolische zin. Het volk bestaat volgens de populist als een reële eenheid die zonder bemiddeling kenbaar is in zijn enkelvoudige opvattingen. De directe democraat van de deliberatie erkent weliswaar de pluraliteit van opvattingen, maar is overtuigd van de wenselijkheid en mogelijkheid hierover zonder macht en machtsverschil te kunnen spreken.

Daarmee wordt de principiële kant van de representatie miskend. Tussen machthebber en volk moet om allerlei redenen een afstand bestaan. De machthebber moet tijdelijk in positie zijn en kan daarom niet met het volk samenvallen. In verkiezingen legt hij verantwoording af, waardoor de dictatuur wordt vermeden. Bovendien moet de machthebber ruimte hebben om het 'algemeen belang' te waarborgen. Dat is er juist omdat er conflicten bestaan tussen particuliere belangen waarmee de machthebber zich niet mag vereenzelvigen. Het unieke van de democratie is dat de machthebber de macht wordt toevertrouwd door verkiezingen en deze niet vanzelfsprekend heeft.[328]

De afstand maakt de machthebber ook zichtbaar. In het parlement is het politieke debat en zijn politici zichtbaar. Zo kan het volk zichzelf als deelnemer aan dit debat verbeelden. Identificatie is daardoor mogelijk, zelfs voor de kleinste minderheid. Juist de minderheid blijft zichtbaar tegenover de meerderheid. Het volk heeft een wil die onbepaald is en dus onvindbaar. De plek van de macht is leeg en kan slechts tijdelijk worden bezet door een altijd toevallige en tijdelijke

327 Zie Rummens (2011) die het G1000-initiatief van Van Reybrouck kritisch bespreekt. Een Nederlandse variant is het G500-project waarin jongeren met één agenda in verschillende politieke partijen inbreken om daarmee politieke tegenstellingen te overstijgen: een paradoxale strategie van machtsvorming om een apolitieke consensus te bereiken. Van hetzelfde apolitieke laken een pak is het rapport *Vertrouwen in burgers* van de WRR. (Wetenschappelijke Raad voor het Regeringsbeleid, 2012b) Daarin lijken maatschappelijke tegenstellingen 'in een goed gesprek rond het kampvuur' en met een onafzienbare brij van neologismen te kunnen worden opgelost.

328 Adams, 2008: 274

meerderheid. De representatieve democratie institutionaliseert 'het *voorbehoud* dat we noodzakelijk moeten maken bij elke politieke beslissing': de onenigheid over wat het algemeen belang is, blijft principieel en permanent.[329]

Politiek bestaat niet zonder representatie, omdat de macht voorstelbaar moet worden gemaakt, net als het volk overigens, en de relatie tussen heerser en volk. De politieke macht is, zoals eerder gezegd, een creatie die aan de samenleving wordt opgelegd. De macht is van de representatie afhankelijk om zich tegenover de samenleving te positioneren. Daarom ook is politiek nooit voltooid: elke samenleving is en blijft contingent. En omdat elke samenleving een begeerte naar macht kent, brengt de representatie van het algemeen belang de burgers tijdelijk verzoening met dit potentieel abjecte machtsstreven. Tegelijkertijd maakt de representatie aldus ook de positie van de heerser die zowel in als buiten de samenleving staat mogelijk.[330]

Representatie als vertegenwoordiging betekent het present stellen van de burger als politieke entiteit bij de macht. Dit gebeurt door representatie van belangen, opvattingen en ideologieën. Dit gebeurt ook door controle op de macht, waarbij de burger zowel machthebber als controleur afvaardigt of mandateert. Dit gebeurt tenslotte door de inrichting van arrangementen die het proces van representatie verder differentiëren. De inrichting van deze arrangementen is als politiek proces zelf een meta-arrangement: de 'trias politica', de parlementaire institutie, de fundering van checks-and-balances. Het meta-arrangement is uiteindelijk de constitutie van het politieke. In al deze aspecten van representatie gaat het om de vertegenwoordiging van het volk als politieke gemeenschap – de demos.[331] Deze komt in de representatie tot stand: de politieke gemeenschap is een creatie, waarmee dit hoofdstuk begon.

329 Rummens, 2011: 19-20 (cursivering auteur)

330 Heysse, 2011- 9-11

331 Op het eerste gezicht lijk ik hier af te wijken van de positie van Schinkel die representatie tegenover presentie stelt. 'Populisme behelst het verlangen politieke representatie te vervangen door presentie.' (Schinkel, 2010: 115) Maar zijn terechte constatering dat democratie per definitie bemiddeling inhoudt en dat het volk 'een origineel (is) waarvan alleen kopieën bestaan' (Schinkel, 2012: 61) maakt duidelijk dat wat in de representatie voortdurend gebeurt een proces is van aanwezig maken van wat afwezig is: present stellen van een volk dat natuurlijk 'onvindbaar' blijft, om met Rosanvallon te spreken. (Zie: Weymans, 2005)

Representatie: verbeelding van de macht

In de politieke gemeenschap komt door vertegenwoordiging creatie van politieke macht tot stand. Representatie is echter een proces van symbolisering, van verbeelding van de macht. Het is niet zo dat vertegenwoordigers de waarheid van de politieke macht ontdekken of onthullen, als zou deze ergens in de schoot van de samenleving verborgen liggen of als morele onomstotelijkheid tot normatieve gelding moeten worden gebracht. De huidige afkeer van 'fact free politics' is uitdrukking van het eerste misverstand, als zou politiek op *de* feiten kunnen berusten. Politiek is immers nodig omdat de feiten vaak geen soelaas bieden. Ik herinner maar even aan het hilarische moment waarop minister van Milieubeheer Jacqueline Cramer, nadat het toenmalige Milieuplanbureau de feiten inzake het klimaat niet helemaal correct had gebracht, ferm verordende dat ze voortaan nog slechts *de* waarheid wilde horen. Gelukkig hebben we daarvoor een politbureau van de klimaatwaarheid: het internationale klimaatpanel.[332]

Omdat we in morele zin verdeeld zijn is er politieke macht nodig om de normen te stellen en af te dwingen die deze verdeeldheid draaglijk maken en houden. Politiek gaat aan waarheid en moraal voorbij: daarom is politiek een esthetisch fenomeen.[333]

Door representatie op te vatten als verbeelding, nemen we afstand van een mimetisch perspectief op representatie, waarin het gaat om afbeelding en afspiegeling. Zo'n perspectief is bijvoorbeeld aanwezig in de naïeve waarheidsopvattingen die Rorty verwerpt. Hij kiest daarom antirepresentationalisme als positie.[334] De waarheid is een product van de waarneming en die vindt altijd plaats in een context. De waarheid is dus perspectivisch. Het mimetisch perspectief is ook aanwezig in naïeve opvattingen over kunst. De kwaliteit van een kunstwerk zou

332 Interessant is dat Schinkel betoogt dat de politiek uiteraard 'fact free' is, maar vervolgens vrolijk een voorstel doet om een agenderende Raad van State in te stellen die bijvoorbeeld de wetenschap een stem geeft in het politieke domein. Moeten de feiten dan toch meer gewicht krijgen? Hij verwijst ironisch genoeg naar 'een tijd van dreigende ecologische crisis' waarin de politiek 'klimaatissues (...) negeert', 'compleet' nog wel. (Schinkel, 2012: 153, 178 e.v. en 181)

333 Ankersmits boek *Aesthetic Politics* (1996)heeft daarom als ondertitel 'Political Philosophy Beyond Fact and Value'.

334 Rorty, 1991: 1-21

afhangen van de precisie en natuurgetrouwheid van de afbeelding. 'Lijkt het?' is dan de belangrijkste vraag en de ambachtelijkheid van de kunstenaar wordt meer geapprecieerd dan zijn creativiteit, zijn scheppende vermogen. Maar als het lijkt, wordt het al snel kitsch en als we daarvan weer vooral de esthetische waarde waarderen is het 'camp'. Het 'huilende zigeunerinnetje' staat dan voor een levensstijl waarin de echte emotie juist hilarisch is geworden: representatie als verbeelding dus.

Vaak maken auteurs een vergelijking tussen politieke representatie en schilderkunst. Een schilderij is dan autonoom, zijn kwaliteit is niet te bepalen door een vergelijking met hetgeen wordt afgebeeld, als dat al herkenbaar is. De kwaliteit is een kenmerk van de representatie zelf. Het schilderij vervangt de werkelijkheid waarnaar het verwijst en wordt zo zelf een nieuwe werkelijkheid. De politieke gemeenschap komt eveneens in de representatie tot stand en is niet een verschijnsel dat in de reële werkelijkheid van de samenleving 'in het echt' bestaat.

Terecht merkt De Haan op dat een vergelijking met de schilderkunst beperkingen oplevert. Een schilderij is statisch en interacteert niet met het object van representatie terwijl het zelf evenmin interactief is.[335] Muziek of theater bieden betere metaforen, omdat die meervoudigheid mogelijk maken: van spelers, van perspectieven, van klanken. Daarom ook zal ik in het volgende hoofdstuk dieper ingaan op dramaturgie en performativiteit.

Hier volstaat het inzicht dat politieke representatie verbeelding van de macht is. Dat doet de machthebber door in parafernalia, in verschijning, in gedrag zijn specifieke positie te symboliseren. Daarmee onderscheidt hij zich van de onderdaan en creëert de zichtbaarheid van de afstand. Dat is voor democratische machthebbers niet anders, hoewel er bij hen een veel sterkere spanning is tussen distantie en nabijheid. Democratische legitimiteit maakt het voor machthebbers noodzakelijk hun eminentie als representant te tonen en tegelijkertijd dicht bij hun kiezers te staan. Daloz maakt duidelijk hoe ambigu deze behoefte aan nabijheid is door te wijzen op het topdownkarakter van de bijbehorende retoriek: 'I am *one* of you (...) I am *like* you (...) I am *among* you (...) I am *with* you (...) I am listening to you (...) I do not pretend to stand out above you.'[336] Maar eminentie

335 De Haan, 2000: 243-245

336 Daloz, 2010: 285-288 (cursivering auteur)

blijft noodzakelijk: sociaal, in competenties, door voorbeeldigheid, inhoud en door uiterlijke tekenen van superioriteit. Weinig politici zijn daarvan overtuigender voorbeeld dan uitgerekend een populist als Fortuyn.

Toch moet dit beeld van eminentie niet afleiden: ook de radicale verbeelding van het 'gewone' is – zeker in Nederland – een treffende indicatie van politieke representatie als symbolisering. Vandaar ook dat politieke conflicten zo scherp zichtbaar worden in stijlbreuken. Het meesterschap van Wilders is in dat opzicht evident. De politieke mobilisatie die hij nastreeft moet gestalte krijgen door een consequent tegenover elkaar stellen van vermaledijde elite en door deze elite verraden volk. De mythe van de wil van het volk is daarbij cruciaal.[337]

De verbeelding van de macht zien we in architectuur, in rituelen, in narratieven, in arrangementen. Het politieke als domein van het maatschappelijke conflict en de macht krijgt een institutionele gedaante in politieke praktijken en ordeningen. De beteugeling van de macht, die een belangrijk aspect van deze verbeelding is, kan zo ver gaan dat macht uit het zicht raakt. In een politieke cultuur van schikken en plooien, van compromissen en coalitievorming, van accommodatie en pacificatie wil men slechts van 'invloed' spreken en is depolitisering een vaak beproefde strategie. In dat licht is 'paars'[338] eerder te zien als radicale voltooiing van deze cultuur dan als de breuk die het voorgaf te zijn. Niet voor niets is wat aanvankelijk afschuwwekkend corporatisme en door het CDA gedomineerd maatschappelijk middenveld moest heten op enig moment veranderd in internationaal befaamd poldermodel. Desondanks of misschien deswege is voor deze depolitisering een hoge prijs betaald met de opkomst van het populisme en de teloorgang van politieke stabiliteit. Geen stroming immers die beter lijkt te begrijpen dat politieke representatie verbeelding is, dan het populisme.

Representatie als verbeelding van de macht heeft betrekking op verschillende fenomenen. In de eerste plaats, zo heb ik hiervoor al laten zien, gaat het om de verschijningsvorm van de macht in artefacten, rituelen en parafernalia. Denk aan de gouden koets, het koffertje van de minister van Financiën, de architectuur en inrichting van gebouwen, de procedurele vormgeving van overleg en vergadering, de foto op het bordes, et cetera. In de tweede plaats gaat het om taal en

337 Oudenampsen, 2010

338 Ik doel op de eerste twee kabinetten die zo werden aangeduid: Kok I en Kok II.

taalgebruik. Er zijn nota's, wetten, besluiten. Er is het parlementaire debat, de beraadslagingen in commissies, de Troonrede en de regeringsverklaring.[339] Er zijn de persconferenties, de interviews, de televisie- en radio-optredens en – steeds vaker ook – de communicatie in de sociale media. In de derde plaats is er de institutionele vormgeving van de politieke macht in staatkundige verhoudingen en regels, in organen als de Hoge Colleges van Staat, in interbestuurlijke verhoudingen, in supranationale verbanden. Hier zijn ordening van bevoegdheden, afbakening van jurisdicties, juridische instrumentering en bestuurlijke toerusting van belang. In de vierde plaats gaat het om constitutionele waarborgen en grondslagen. Hoe verhouden organen van de staat zich tot elkaar en tot de burger? Welke grondrechten – klassiek en sociaal – komen de burger toe? In de vijfde, en eigenlijk in de eerste plaats, is er burgerschap. De relatie tussen representatie als vertegenwoordiging en burgerschap is natuurlijk evident. Maar ook representatie als verbeelding van politieke macht draait in belangrijke mate om burgerschap. Burgerschap staat aan de basis van de politieke orde die democratisch is en definieert een principiële gelijkheid van het verschil. Burgerschap is de kern van de democratische politieke orde omdat elke burger de macht kan controleren én veroveren, maar ook het recht van passiviteit en afzijdigheid heeft. En burgerschap is steeds ook de uitkomst van de democratie omdat deze de vrijheid van de burger vormgeeft én verbeeldt.

Duidelijk is dat representatie als verbeelding van macht zowel de symbolisering van *de* politiek als die van *het* politieke betreft. De kracht van een politieke orde is voor een deel afhankelijk van de samenhang daartussen: als de symbolische vormgeving van de concrete politiek botst met de verbeelding van het politieke, ontstaan legitimiteitstekorten en crises in de betekenisgeving. Als het politieke bijvoorbeeld vooral een orde van evenwicht, balans, compromis en consultatie lijkt te representeren, terwijl de concrete politiek van actoren in arena's en instituties veel meer een karakter van strijd, conflict en contradictie kent, dan zijn constitutie en institutionele vorm in strijd met elkaar. 'Gezond' agonisme als intrinsiek kenmerk van politiek kan dan antagonisme worden en zo tot ondermijning van de politieke orde leiden. Populisme is dan vaak het voor de hand liggende antwoord.[340] Dit

339 Voor een historische analyse zie Tanja (2010).

340 Mouffe, 2008: 78 e.v.

antwoord behelst doorgaans een frontale symbolische aanval op de politieke orde, waarin samenzwerende elites het volk verraden. Het klassieke vriend-vijandschema dat volgens Schmitt de politieke eenheid symboliseert en waarbij de vijand altijd buiten is, wordt dan enerzijds binnen de politieke orde gehaald. De vijand is de elite én – in een verrassend gezelschap – de ander die door de elite wordt binnengehaald en een vreemde smet vormt. Anderzijds is er eveneens een klassieke vijand buiten in de gedaante van een vreemde quasi-statelijke formatie: Europa.

Opnieuw is duidelijk dat de wegen van waarheid en moraal niet helpen om deze symbolische uitdaging te pareren. Omdat een democratische politieke orde in morele zin pluralistisch is, kan tegenover het populistische narratief geen contranarratief in termen van een andere moraal worden verteld. Dat tekent het failliet van een kosmopolitisme en een multiculturalisme in een morele of moraliserende gedaante. Evenmin, of beter nog: helemaal niet, helpt een strategie van onttovering. Wie de feiten wil laten spreken, miskent dat dat precies is wat politiek doet, namelijk de feiten laten spreken in de context van een symbolische orde. Politiek is van feiten een verhaal van betekenis maken, een esthetische activiteit die per definitie voorbij de 'naakte' feiten gaat.

Dit maakt onmiddellijk duidelijk dat onttovering in een dubbele valkuil dreigt te stappen: enerzijds die van het ontsporende interventionisme van de technocratie, die de wereld steeds omvattender wil beheersen: anderzijds die van de onmogelijke ontmythologisering, als zou de moderniteit zonder symbolisering en verbeelding kunnen. Terecht noemt Van Rooden dit de grootste politieke mythe van de huidige tijd.[341]

Eerder sprak ik van de dubbele uitdaging van verlossing door de onmiddellijkheid van het populisme en voltooiing door de maakbaarheid van de moderniteit. Beide denken niet esthetisch te zijn. Ze ontkennen of miskennen immers de fundamentele betekenis van bemiddeling door representatie. In hun schijnbaar anti-esthetische positie maken ze toch onderdeel uit van genoemde mythe. Onttovering is natuurlijk ook een vorm van verbeelding, net zo als de onmiddellijkheid van de volkswil dat is. De moderne expert is waarzegger en orakel. 'Big data' zijn een vorm van (post)moderne magie. Cijfers en feiten spreken voor zich.

341 Van Rooden, 2010

Het gaat er om niet alleen de verbeelding van de macht te begrijpen, maar ook om de politieke macht van de verbeelding te aanvaarden. Als politiek al die zaken betreft waarover we het feitelijk én moreel oneens zijn, dan is politiek nooit voltooid en kan politiek nooit verlossing brengen. De wereld is immers onvolmaakt en ten diepste gebroken. Daarom is politieke macht noodzakelijk: de eenheid van het politieke moet de diepe verdeeldheid van de wereld draaglijk en houdbaar maken. Politiek is daarom nooit af, nooit volbracht. Politiek heeft om die reden de macht van de verbeelding nodig om verdeeldheid, gebrokenheid en onvoltooidheid aanvaardbaar te maken. Dat is de dramaturgie van politiek die ons met de tragiek van de wereld moeten verzoenen.

8 *Politieke dramaturgie: het woord en de voorstelling*

Politiek is representatie en is dus verbeelding. Politieke macht komt in de representatie tot stand. Dat is, zoals we in het vorige hoofdstuk zagen, de kern van een esthetische benadering van politiek.[342] Zoals Sartwell het zegt:

> '(P)olitical systems of both power and resistance – ideologies, constitutions, state arrangements, and social arrangements alternative to the state – are aesthetic environments. They centrally include texts, but they are also systems of visual arts, musics, decorative arts, architectures, design cultures, festivals, clothing styles, body modifications, and so on.'[343]

Elke vorm van politiek is bovendien autonome verbeelding, omdat het niet gaat om afbeelding en afspiegeling van politieke fenomenen die als zodanig al in de werkelijkheid bestaan. Dat is wat een mimetische esthetica ons ten onrechte voorhoudt. Politieke fenomenen bestaan pas wanneer en omdat ze in de representatie worden verbeeld.

Toneel en muziek zijn metaforen voor esthetische politiek, omdat deze kunstvormen bij uitstek meerstemmigheid en perspectiefwisseling mogelijk maken. Een belangrijk esthetisch aspect als stijl is ook alleen in perspectivische zin denkbaar.[344]

342 Ankersmit, 1996; Bleiker, 2009; Chytry, 1989; Sartwell, 2010

343 Sartwell, 2010: 235

344 De Haan, 2000: 243 e.v.. Ankersmit verwijst meestal naar de schilderkunst , maar heeft de muziek ook als beeld gebruikt. Hij spreekt dan van een 'innere Stimme' die ontstaat uit de interactie van conflicterende posities en gezichtspunten. (Ankersmit, 2000)

In dit hoofdstuk sluit ik bij deze invalshoek aan door te spreken over politieke dramaturgie. In dit begrip komen taal en voorstelling samen. Politieke verbeelding werkt natuurlijk in en door taal. Beleid en recht komen tot ons in teksten. Er is beleidstaal en er zijn juridische formuleringen. De woorden bestaan in een context van machtsverhoudingen, maar zijn zelf ook uitingen van macht. Wie het landschap 'verrommeld' noemt, is al met opruimen begonnen, omdat vuil in de woorden van Douglas spul is dat niet op zijn plek ligt.[345]

Maar politieke verbeelding creëert ook altijd een voorstelling, waarin spelers optreden volgens een specifiek script en in een gekozen enscenering. De moderniteit vraagt om prestaties in het beheersen van de wereld en het oplossen van problemen. In het Engels is het woord voor prestatie en dat voor voorstelling opvallend genoeg identiek: 'performance'. Deze symbolisering van politiek handelen in termen van effectiviteit en efficiëntie ontneemt vaak het zicht op de dramaturgische kant ervan. Politiek lijkt dan onttoverd te raken en los te komen van symboliek. Alleen 'echte' feiten doen er nog toe. Toch is ook politiek die zich slechts hult in een doel-middelschema van prestaties ook symbolisch van aard.[346] Wie politiek ziet als probleemoplossing maakt van de politicus een huisarts of een ingenieur. Daarmee is meteen een voorstelling van zaken gegeven, zijn de spelers en hun spel benoemd en is voor een specifieke enscenering gekozen. Dit bevestigt dat politiek altijd vormgeving is: van zichzelf en van de wereld. En centraal in deze vormgeving staat als steeds de vormgeving van het conflict. Maatschappelijke strijd is pas dan politiek, als deze als politieke strijd is vormgegeven, in woorden en taal en als voorstelling.

In den beginne was het Woord?

We lezen in de Bijbel:

> 'In den beginne was het Woord en het Woord was bij God. Dit was in den beginne bij God. Alle dingen zijn door Hetzelve gemaakt en zonder Hetzelve is geen ding gemaakt, dat gemaakt is. In Hetzelve was het

345 Douglas, 1966: 35

346 Versteeg & Hajer, 2010: 333 e.v.

> Leven en het Leven was het Licht der mensen. En het Licht schijnt in de duisternis, en de duisternis heeft Hetzelve niet begrepen.'[347]

Hoe mooi kan het worden gezegd. Hoe toepasselijk ook is dit in een zo door het protestantisme gevormde cultuur als de Nederlandse, althans een deel ervan. Dat verklaart ook waarom in de Nederlandse politieke cultuur en vooral ook in de wereld van beleid, sturing en recht de woorden steeds nauw luisteren. Veelvuldig hebben interpretaties van het Woord (met hoofdletter) geleid tot kerkscheuringen. Parallel daaraan is het Nederlandse partijenlandschap altijd sterk pluralistisch geweest en rust er een politiek taboe op staatkundige hervormingen gericht op inperking van het aantal partijen.

Als in de wereld van sturing, beleid en recht de voornemens tot woord zijn geworden – een wet, een maatregel, een nota – lijkt het proces voltooid, ook al begint de uitvoering dan pas. Het bestuurskundig breed gedragen inzicht dat beleid pas in de uitvoering tot stand komt en dat alle politieke kleerscheuren overwegend daar worden opgelopen, vermag hieraan niet veel te verhelpen. Politiek, beleid en recht zijn, zeker in Nederland, talige werkelijkheden. Via de woorden krijgt politiek handelen gestalte: politiek handelen is bijna altijd spreken; bestuurlijk handelen is bovendien bijna altijd ook schrijven. Teksten – in al hun onderlinge verwevenheid, verknoping en 'con-tekstualiteit' – zijn in de wereld van politiek en bestuur fenomenen van grote betekenis.[348]

Dit sluit aan bij een breed gedeeld inzicht dat alle taal politiek is. Dat wist Aristoteles al. Sterker nog, hij betoogt dat het de taal is die de mens tot een politiek wezen maakt.

> 'Waarom de mens in hogere mate een gemeenschapswezen is dan een bij of om het even welk ander dier dat in een groep leeft is duidelijk. Naar onze overtuiging produceert de natuur niets zonder doel. Nu beschikt de mens als enig levend wezen over taal. Stemgeluid is een signaal van wat pijn doet en plezier verschaft, vandaar dat het ook bij andere levende wezens wordt aangetroffen: hun natuur reikt slechts zover dat ze

347 Johannes 1: 1-5 (in de oude Statenvertaling)

348 Van Twist, 1995: 79 e.v.

gewaarwordingen van pijn en plezier hebben en die door signalen aan elkaar kenbaar maken. Maar taal is er om te kennen te geven wat nuttig is en schadelijk, en daarmee ook wat rechtmatig is en wat onrechtmatig. Het is kenmerkend voor de mens in vergelijking met andere levende wezens dat hij als enige zin heft voor goed en kwaad, recht en onrecht, enzovoort. Het gemeenschappelijk accepteren van deze waarden brengt huishouden en polis tot stand.'[349]

Joseph sluit daar bij aan:

> 'All animals are political, buts some are more political than others, and one in particular is the most political of all, the reason being language.'[350]

Taal is in velerlei opzicht politiek, omdat taal altijd van doen heeft met de articulatie van conflict, op het microniveau van het gezin net zozeer als op het macroniveau van de staat. Taal is macht en machtsverhoudingen drukken zich uit in taal. Er zijn verschillende manieren van spreken en dus ook verschillende opvattingen van wat correct taalgebruik is. Taal is spreken én tegenspreken. De interruptie is een politiek fenomeen par excellence.

Taal is bij uitstek interactie en dus niet alleen ingebed in sociale, culturele en politieke verhoudingen maar is in zichzelf zo'n stelsel van verhoudingen. De enige gezaghebbende bron voor taalgebruik is dat gebruik zelf, terwijl er altijd de mythe van de standaardtaal is, die voorschrijft wat correct taalgebruik is, naar inhoud, vorm en klank. De standaardtaal is echter niet neutraal maar door en door politiek: uitdrukking en gedaante van macht. Hoewel de meeste mensen twee- of meertalig zijn, is taalkeuze politiek in al zijn institutionele gevolgen en betekenissen. En taalkeuze impliceert altijd ook het bewaken van de keuze, in ultieme zin met het geweldsmonopolie.[351] De vestiging van het geweldsmonopolie door de staat ging bij natiestaten vaak ook gepaard met het op bloedige wijze dominant verklaren van één taal. Inderdaad: de taal van de heerser. De taal is

349 Aristoteles, 2012: 38

350 Joseph, 2006: 1

351 Joseph, 2006: 9 e.v.

een prominent medium om het onderscheid tussen wij en zij te maken. Niet voor niets betekent inburgering vaak: het kunnen spreken van de standaardtaal.[352] Een taal bindt en scheidt tegelijkertijd.

> 'Languages – not just standard languages – are historical constructs, with a political process at their centre.'[353]

De historische en politieke bepaaldheid van taal komt op een bijzondere manier tot uiting in metaforen. In het gangbare taalgebruik zijn metaforen stijlmiddelen met een sterk ornamenteel karakter. Het gaat om beeldspraak: woorden die beelden oproepen en zo proberen weer te geven wat in de wereld ook echt en buiten die beelden bestaat. Ze maken onderscheid tussen een figuurlijke en een letterlijke betekenis. De wetenschap dient metaforen te vermijden: daarin gaat het om de feiten zoals ze 'echt' bestaan.[354] Metaforen zijn slechts versiering en die is in de moderniteit verboden: 'less is more'.

Daartegenover staat de opvatting dat we naar en in metaforen leven: *Metaphors We Live By* is niet voor niets de titel van het boek waarin Lakoff en Johnson deze opvatting verdedigen. Metaforen zijn constructies in ons conceptuele systeem waardoor en waarmee we de wereld begrijpen. Ze zijn gebaseerd op onze alledaagse ervaring en organiseren tegelijkertijd onze abstracties. Ze zijn onvermijdelijk, alomtegenwoordig en meestal onbewust. De letterlijke kern van veel abstracties wordt uitgebreid met metaforen, die vaak inconsistent zijn. We leven onze levens door voortdurend in metaforen te redeneren en dus te handelen.[355] De auteurs geven als voorbeeld het concept 'argument' in de betekenis van discussie. Dit concept is bijna onlosmakelijk verbonden met de metafoor 'argument is war'. Standpunten in een discussie kunnen dan onverdedigbaar zijn, zwakke plekken kennen, doel treffen, vernietigd worden. Discussies worden gewonnen of verloren, zijn strategisch, worden door tegenstanders gevoerd. Feitelijk kunnen we in

352 Onlangs is zelfs een rechtszaak aangespannen tegen tweetalig onderwijs op basisscholen. Daarbij ging het om het aantal uren dat per week aan een vreemde taal – Engels in dit geval – mag worden besteed.

353 Joseph, 2006: 145

354 Van Twist, 1995: 46-47

355 Lakoff & Johnson, 2003: 272-273

onze cultuur een discussie niet anders zien dan als strijd. Inderdaad: we leven naar de metafoor. We denken over 'argument' als strijd en we handelen ernaar. De metafoor structureert denken en handelen.[356]

Metaforen stemmen overeen met fundamentele karakteristieken van een cultuur. Vaak gaat het dan om metaforen die ruimtelijk zijn. Lakoff en Johnson geven als treffend voorbeeld het begrippenpaar 'Up' en 'Down', waarbij het eerste begrip altijd positief is en het tweede overwegend negatief, wat vaak overeenstemt met reële ervaringen. De westerse cultuur associeert met 'up' allerlei positieve begrippen: 'happy', 'conscious', 'health and life', 'having control on force', 'more', 'foreseeable future events', 'high status', 'good', 'virtue', 'rational'. Samengevat: 'happy is up'. De westerse cultuur is er een van vooruitgang, van toename, van stijging.[357] En voortdurend krijgen deze metaforen rituele bevestiging.

> 'The metaphors we live by (...) are partially preserved in ritual. Cultural metaphors, and the values entailed by them, are propagated by ritual. Ritual forms an indispensable part of the experiential basis for our cultural metaphorical systems. There can be no culture without ritual.'[358]

Metaforen vormen met andere woorden praktijken, ook politieke praktijken. Ze gaan dus aan dat handelen vooraf.

Dit toont verwantschap met het begrip discours en zeker met wat Hajer 'discourscoalities' noemt. In een discours wordt de orde van de woorden bepaald om op die manier de orde van de dingen en dus de mensen in hun onderlinge (machts)verhoudingen te bepalen.

> 'Discourse has been defined as a specific ensemble of ideas, concepts, and categorizations that is produced, reproduced, and transformed

356 Lakoff & Johnson, 2003: 3-6

357 Lakoff & Johnson, 2003: 14-21. In een recent RMO-rapport is dit inzicht impliciet aanwezig in een analyse van het begrip sociale stijging. Deze metafoor is in alle politieke stromingen en in zeer veel beleidspraktijken structurerend voor denken en handelen, zo blijkt. (Raad voor de Maatschappelijke Ontwikkeling, 2011a)

358 Lakoff & Johnson, 2003: 234

> in a particular set of practices and through which meaning is given to physical and social realities.'[359]

Een discursieve orde verbindt altijd verschillende vertogen. Dat gebeurt via 'storylines', verhaallijnen en in discourscoalities. Kern van zo'n coalitie is dat deze tot stand komt door de multi-interpretabiliteit van teksten en niet primair door de consistentie ervan, hoewel die natuurlijk behulpzaam kan zijn. Verhaallijnen maken dat kennis selectief wordt geclusterd, dat actoren in stelling worden gebracht en dat er tussen deze actoren coalities ontstaan. Metaforen zijn voorbeelden van dergelijke verhaallijnen.[360] Discourscoalities streven naar hegemonie en vormen zich rond actoren voor wie specifieke verhaallijnen aantrekkelijk zijn.

> 'Discourse-coalitions are defined as the ensemble of (1) a set of story-lines; (2) the actors who utter these story-lines; and (3) the practices in which this discursive activity is based. Story-lines are here seen as the discursive cement that keeps a discourse-coalition together.'[361]

Actoren staan altijd in relatie tot elkaar en bovendien in institutionele contexten. Taal is in een discourscoalitie cruciaal, veel meer dan overtuigingen of ideologieën. Het gaat om een politieke dynamiek veel meer dan om een rationeel spel van argumentaties waarin uiteindelijk de objectieve waarheid zal overwinnen. Een discourscoalitie zoekt naar hegemonie in een symbolische politieke orde. Zij slaagt daarin door verhaallijnen te creëren die actoren verbinden, door institutionele arrangementen te ontwerpen waarin handelingen normatief kunnen worden gelegitimeerd, door praktijken te ontwikkelen waarvan de dramaturgie toeschouwers en sprekers weet aan te trekken.

Taal is cruciaal. Daarom ook is 'framing' bij de creatie van verhaallijnen en dus de totstandkoming van discourscoalities van grote betekenis.

Wat is een 'frame'? 'Een frame is een inhoudelijke politieke boodschap, die in het politieke debat wordt gebruikt en tot een specifieke interpretatie van de

359 Hajer, 1995: 60

360 Hajer, 1995: 61-65

361 Hajer, 1995: 65

werkelijkheid leidt.'[362] Wie kan er bijvoorbeeld tegen 'eerlijk delen' zijn? Wie verdedigt de 'villasubsidie'? Wie kan ontsnappen aan de dwingende logica achter het begrip 'islamisering', zeker als die de gedaante van een 'tsunami' krijgt.

Maar het werkt ook subtieler. Als we in een beleidswerkelijkheid een maatschappelijk verschijnsel als probleem benoemen, is dat pas betekenisvol als we de overtuiging delen dat er ook een oplossing is. Met Wildavsky kunnen we stellen dat de mogelijkheid van een oplossing voorafgaat aan de definitie van een probleem.[363] Iets als een probleem 'framen' is in onze modernistische werkelijkheid niet vragen om problemen, maar juist om oplossingen.

Een frame heeft verschillende kenmerken. Het blijft hangen, zoals het beeld van de roze olifant of dat van de paarse krokodil, al helemaal als we ontkennen dat de olifant roze of de krokodil paars is. We hebben de neiging het eens te zijn met wat een beeld oproept. Vaak lijkt het op het eerste gezicht te gaan om een waarheid als een koe: 'veiligheid vraagt om een integrale aanpak', natuurlijk.[364] Een succesvol frame maakt bijvoorbeeld een scherp onderscheid tussen goed en fout: 'vandalen moeten betalen', zoals het op een VVD-poster haast onontkoombaar geformuleerd werd. Van belang is dat potentiële tegenstanders in het frame stappen. Het mooiste is als de tegenstander het beeld gaat ontkennen of liever nog nuanceren: 'Niet álle moslims zijn potentiële terroristen.' Velen wel dus, impliceert het frame. De relatie tussen religie en terreur staat daarmee vast.

Een frame verbindt zich altijd met een reële maatschappelijke onderstroom. Het beeld van het maatschappelijk ongenoegen dat decennialang door de elite is ontkend of verwaarloosd, is ijzersterk omdat het een aanwijsbaar fenomeen suggereert. Goede frames verlossen ons ook van een dilemma: 'strenger straffen' plaatst wraak boven resocialisatie. De effecten van 'framing' zijn niet te versmaden. De tegenstander raakt in het defensief. De media besteden er ruim aandacht aan, 'gratis zendtijd' dus. De bewijslast – en die is zwaar – ligt bij de opponent en de redenering om het frame onderuit te halen is een hordenloop van ingewikkelde stappen. Met evenzoveel kans om te struikelen door toedoen van de 'framer'. Een frame activeert onderliggende waarden die vaak lastig te kritiseren zijn: 'veiligheid',

362 De Bruijn, 2011: 16

363 Wildavsky, 1979: 388-389

364 Niet altijd natuurlijk: de roze olifant en de paarse krokodil zijn geen waarheden als koeien.

'solidaire zorg', 'verworven rechten'. Al met al loopt degene die in het frame stapt een groot risico: hij stapt dan in het verhaal van de ander.[365]

Het populisme – van rechts en van links, of beter nog: van buiten – is een meester in 'framing' en het daarbij horende gebruik van metaforen. Neem de titel van het verkiezingsprogramma van de PVV uit 2012: '*Hún* Brussel, *óns* Nederland'. In vier woorden staat er een krachtig Europastandpunt, met vele bekende elementen van het populistisch discours: de 'zij' van het vreemde, het andere Brussel en de 'wij' van het vertrouwde Nederland, waarvan de soevereiniteit wordt bedreigd. De artificiële constructie van een politieke institutie zonder volk staat tegenover de historisch gevormde natie met culturele tradities en een eigen staat. Een entiteit van de elite ('hún') bedreigt de eenheid van volk en vaderland ('óns'). Vele begrippen in het politieke discours zijn door de PVV gemunt: 'islamisering', 'Henk en Ingrid', 'kopvoddentax'. De retorische kracht en doorwerking van dit discours zijn groot. Kracht en doorwerking die overigens niet in de eerste plaats voortkomen uit de rationele inhoud van dit discours, maar vooral met de verbeeldingskracht ervan samenhangen. In die zin lijkt het populisme van rechts (en ook dat van links) de rol van het jarenzestigdiscours, waarin een van de leuzen was dat de verbeelding aan de macht moest komen, te hebben overgenomen. Men wil de verbeelding opnieuw aan de macht brengen.[366] Daarmee herstelt het populisme de mythologische kwaliteit van politiek. Dat doet het onder meer door het radicale verlangen naar de onmiddellijkheid van volkssoevereiniteit dat altijd in de democratie verborgen ligt, weer een politieke stem te geven.[367]

In hoofdstuk 1 heb ik dit de grote symbolische kracht van het populisme genoemd. Het weet met de verbeeldingskracht van de woorden betekenissen te verschuiven. In zijn object kiest het populisme systematisch voor een 'anti', een 'tegen'. In zijn stijl is het confronterend en antagonistisch. Zijn strategie is die van de permanente campagne. Als perspectief kiest het voor de verlossing.

365 De Bruijn, 2011: passim

366 Hoewel de verbeelding in de politiek natuurlijk altijd aan de macht is, gaat het hier om een positieve bevestiging daarvan tegenover een dominante politieke cultuur van rationele maakbaarheid.

367 Oudenampsen, 2010: 8; van Rooden, 2010: 112; Schinkel, 2010; 117 e.v.. Daarom ook noemen auteurs als Bovens en Wille en Van Reybrouck het populisme een gezonde correctie, een 'blessing in disguise', voor de tweedeling tussen een autistische elite en een verweesd volk, zeker als het populisme 'verlicht' is. (Bovens & Wille, 2011: 136 e.v.; Van Reybrouck, 2008: 66-67.)

We zouden met recht kunnen stellen dat het populisme de potentiële performativiteit van woorden als geen andere politieke stroming heeft begrepen. Het suggereert een natuurlijke taal te spreken, ongekunsteld, terwijl het ware woordkunstenaars als protagonisten heeft. Het laat de woorden hun werk doen en past zo in de beste retorische tradities door ethos, pathos en logos te verenigen in een discours dat velen weet te overtuigen. En overtuiging is natuurlijk primair een esthetische categorie, geen rationele.[368]

De term performativiteit ontleen ik aan het werk van Austin die het performatieve van de taal plaatst tegenover het descriptieve en het normatieve. Een 'performative sentence' behelst geen beschrijving, geen verslag, noch een uitspraak over fout en goed. Een 'performative utterance' is een 'speech act', een 'taaldaad', waarbij de uiting die wordt gedaan tegelijk de handeling of een deel ervan is. Heel beroemd is natuurlijk de uitspraak 'Ja, ik wil' bij een huwelijksplechtigheid. Andere voorbeelden zijn 'Ik doop dit schip ...' of iemand iets nalaten.[369]

Austin onderscheidt 'performative' en 'constative': taaldaden die ook handeling zijn of impliceren en taaldaden die naar een werkelijkheid buiten de taal verwijzen. 'Performative' taaldaden kunnen worden onderscheiden in:

> *Verdictives*, die een oordeel door een arbitrerende persoon of instantie inhouden

> *Exercitives*, waarin macht, invloed of rechten worden geëffectueerd

> *Commissives*, die iets beloven, een voornemen uitdrukken of een verplichting formuleren

> *Behabitives*, die gevarieerde vormen van sociaal gedrag weergeven, zoals zich verontschuldigen, feliciteren, condoleren, vervloeken, uitdagen

> *Expositives* tenslotte, die uitingen in een discussie of gesprek plaatsen: 'ik verklaar', 'ik veronderstel', 'ik postuleer'[370]

368 Zie Chytry (1989: 494) die 'persuasion' verbindt met schoonheid.

369 Austin, 1975: 4-5

370 Austin, 1975: 151-163

'Constative' uitspraken verwijzen naar fenomenen buiten de uitspraak zelf. Austin zelf relativeert de scherpte van het onderscheid tussen performatieve en beschrijvende of constaterende taaluitingen al. Immers, iets constateren is net zozeer een handeling als waarschuwen, beloven of oordelen. Constaterende uitspraken voeren dus ook handelingen uit. Ze zijn daarom een bijzondere vorm van de performatieve taaldaad.[371] Daaruit valt af te leiden dat elke taal performatief is, hetgeen natuurlijk in politieke, sociale en culturele domeinen even vanzelfsprekend als verhelderend is.

Taal is dus productief, creatief en is daarin niet primair afhankelijk van de bedoelingen van de spreker, maar vooral van sociale en taalkundige conventies. Het performatieve van de taal berust niet in het soevereine subject, opgevat als 'agency'. Het ligt veel meer voor de hand om taal zelf te zien als 'agency' waardoor het subject wordt gevormd. Butler bijvoorbeeld verwijst naar taal die kan verwonden, zoals 'hate speech'.[372]

Butler bouwt voort op Austin, maar heeft veel meer aandacht voor de politieke en maatschappelijke performativiteit van taal. Performativiteit is een specifieke modaliteit van macht als discours en is dus in essentie historisch. Performativiteit berust op herhaling, zegt Butler in navolging van Derrida, herhaling van maatschappelijke normen die in het spreken worden 'geciteerd'. Daarmee is natuurlijk ook de contingentie van veranderbaarheid geïntroduceerd. In de herhaling van het performatieve zit immers de mogelijkheid van afwijking en verzet. Het gaat niet om enkelvoudige uitingen, maar altijd om een nexus van macht en discours. In een rechterlijke uitspraak citeert de rechter de wet. Precies in dit citeren ligt de macht van het performatieve.[373] Voor Butler is performativiteit een concept voor sociale processen, waarbij het gaat om de aard en totstandkoming van identiteit; om de betekenis van sociale normen; om de vraag naar 'agency' of de problematiek van het kiezende subject; om de relatie tussen individu en verandering.[374] Aan de orde is de macht en de werking van het woord: hoe maken woorden macht en hoe kan de macht van het woord worden veranderd? Wie weet de betekenissen

371 Austin, 1975: 133 e.v.; Culler, 2000: 505

372 Butler, 1997: 1-2; Culler, 2000: 507

373 Butler, 2011: 139-140; 165 e.v.; 170-171. Zie ook: Lloyd, 1999: 197; Reinelt, 2002: 204.

374 Culler, 2000: 516

te verschuiven? Dat is niet voor niets een belangrijke politieke vraag. En het is een vraag naar de mogelijkheid de macht te verschuiven – uiteraard. Met het protestantisme kunnen we vaststellen dat het woord macht heeft en geeft. De performativiteit van het woord, zo kunnen we in navolging van Butler stellen, is een belangrijk ritueel dat subjecten vormt, maar ook altijd hervormt. De politieke betekenis daarvan is niet te onderschatten.[375]

Voor en voorbij het woord: de voorstelling

Maar er is meer. Tegenover de protestantse preoccupatie met het woord staat de katholieke beeldcultuur. Alleen al de inrichting van de gebedshuizen beider religies spreekt boekdelen, dan wel is illustratief. Het is de Beeldenstorm die het werk van Saenredam heeft mogelijk gemaakt. Tegelijkertijd lijkt diens esthetica van de stilte en de lege ruimte altijd in afwachting van een preek in de pijnlijk mooie tale Kanaäns. Alleen in stilte kan natuurlijk geen geloof bestaan, laat staan politiek.

In zijn intrigerende boek *Stilte, geste, stem* laat René ten Bos zien dat er 'betekenissen zijn die aan taal ontsnappen' en dat 'taal alleen maar dankzij stilte, geste en stem een fundamentele menselijke ervaring kan zijn'.[376] Tussen de woorden moet vaak een stilte vallen die betekenis verleent. Er wordt dan gezegd dat de spreker een stilte laat vallen. Begenadigd spreken is vaak een kwestie van stiltes. Wie maar doorratelt heeft niets te zeggen en kan nauwelijks de leegte van zijn woorden verhullen.

Wanneer we iemand zien spreken, zien we vooral de lichamelijkheid van de taal: de gestes. Welsprekendheid vraagt om gebaren. Het is juist de geste die de spreker tot 'levend persoon' maakt en niet 'een spraakautomaat'. Het performatieve effect van het spreken zit vaak in de geste die zichtbare en transparante effecten heeft.[377] En belangrijk is dat de geste buiten het domein van utilitair denken en de doel-middelschema's blijft. Politiek moet daarom altijd 'gestisch' zijn.

De stem tenslotte maakt het spreken mogelijk. En de stem kun je kwijtraken.

375 Butler, 1997: 159-163

376 Ten Bos, 2011: 7-8

377 Ten Bos, 2011: 107 en 117

Hoger klinkende stemmen gaan niet goed samen met machtsuitoefening. Maar de wijsheid dat wie zwijgt, toestemt gaat niet altijd op: machthebbers zijn vaak zwijgzaam of spreken zo zacht dat iedereen wel moet luisteren. De mens valt echter niet samen met zijn stem, zoals er ook altijd meer is dan taal. En sterven zal hij.

> 'Geen schrijven, geen reflectie, geen praten kan daar tegenop. Uiteindelijk wordt alles toch weer stil.'[378]

Politiek is meer dan taal, meer dan het woord, zoals politiek ook meer is dan 'logos' en ratio. Dit relatief triviale inzicht is duidelijk in alle vormen van machtsuitoefening. Bailey formuleert het onontkoombaar:

> 'To govern is to cause things to be done, to make people act. If there is to be action there must be an end to questioning. Action requires faith, however momentary that faith may be, and faith is the suspension of reason. Therefore government by reason of one is an impossibility.'[379]

Emoties als passie spelen een beduidend grotere rol dan vaak wordt gedacht en als de ratio al relevant is, dan vooral in zijn cynische variant: de machthebber die weet te spelen met andermans rationaliteiten.

Zeker in een samenleving die steeds meer als mediasamenleving, als beeldcultuur en als spektakelmaatschappij wordt gekarakteriseerd moet het woord wel een veel bescheidener plaats krijgen toegemeten. Ik zal de verleiding weerstaan om de empirische claims van deze karakteriseringen nader te onderzoeken. Historisch en sociologisch moet in samenlevingen met een grote omvang van analfabetisme het beeld toch prominenter zijn (geweest) dan het woord. En 'oude' massamedia en 'nieuwe' sociale media kennen tamelijk veel gepraat, geklets en verbaal geweld. Maar toch: in de mediasamenleving zijn beelden alomtegenwoordig en is er *voor* en *voorbij* het woord veel dat cultureel, politiek en sociaal betekenis heeft. Niet alleen zijn stiltes, gestes en stemmen van belang, maar ook, en volgens sommigen vooral ook, beelden. Ik heb dat al herhaaldelijk benadrukt. Politiek is niet slechts

378 Ten Bos, 2011: 209

379 Bailey, 1983: 264

te zien als retoriek, maar ook als voorstelling, als drama. Dramaturgie is voor politieke analyses daarom onontbeerlijk. 'Drama, in various forms, along with war and sport, is the dominant metaphor of our time', stelt Manning. En hoewel deze auteur vooral massamedia bedoelt als hij het over de betekenis van media heeft, geldt zijn observatie dat politiek wordt gevormd door visuele schouwspelen en de dramatische uitdagingen die deze presenteren onverminderd en sterker nog wellicht in het tijdperk van de nieuwe sociale media.[380]

Politiek als 'performance', als voorstelling ligt in het verlengde van de performativiteit van (politieke) taal en is tegelijkertijd meeromvattend. Dat in een voorstelling stiltes, gestes en stemmen een belangrijke rol spelen, is evident. En niet voor niets gebruikt De Haan de metafoor van het theater liever dan die van de schilderkunst om de esthetica van politiek te laten zien. Politiek is immers de enscenering van maatschappelijk conflict en daarbij is de meerstemmigheid van de theatervoorstelling (of die van het muziekstuk) meer voor de hand liggend dan de eenstemmigheid van het door de schilder geschilderde schilderij.[381] Het gebruik van de theatermetafoor vergt zorgvuldigheid, zo benadrukt Goffman. Voorstellingen zijn nauw omschreven fenomenen, net als rollen in het theater, de positie van het publiek en de toeschouwer.[382] Dramaturgie is een raamwerk voor de analyse van symbolen en symbolische acties die om hun overtuigingskracht worden gehanteerd.

> 'Dramaturgy draws upon and modifies symbolic interactionism, and emphasizes the metaphor of the theatre, performance, and the centrality of symbolic action in society.'[383]

In een mediasamenleving krijgt dramaturgie bovendien te maken met de specifieke logica van de media, die de werkelijkheid stileert en construeert en dat bovendien doet in een schier oneindige reflexiviteit van verwijzen naar elkaar en naar deze verwijzingen. De media coderen de gebeurtenissen die ze registeren op een geheel

380 Manning, 1996: 261; zie ook: Frissen, Kool & Van Lieshout, 2011.

381 De Haan, 2000: 243 e.v.

382 Goffman, 1986: 123 e.v.

383 Manning, 1996: 262

eigen wijze. De dramatisering van de wereld neemt in een mediasamenleving dus dramatisch toe. Representaties van de wereld lijken de wereld te vervangen, zoals politiek altijd al alleen in de representatie tot stand komt. De oorlog vindt pas plaats als er tv-beelden van zijn. Soms is niet eens duidelijk of er daadwerkelijk sprake is van een fysieke oorlog, zozeer lijken de beelden op een videogame, zoals we ons herinneren van de media-optredens van generaal Schwarzkopf.

In een politiek-bestuurlijke context zijn de volgende elementen van dramaturgie relevant. In de eerste plaats 'scripting': de selectie van karakters, actoren, 'dramatis personae', de bepaling van regels, aanwijzingen voor hun gedrag en de ontwikkeling van (dialoog)aanwijzingen voor de scènes. In de tweede plaats is er 'staging': de bewuste organisatie van interactie tussen deelnemers op basis van bestaande en nieuwe symbolen en de bepaling van de verhouding tussen actieve spelers en een passief publiek. In de derde plaats gaat het om 'setting': de vormgeving van de fysieke ruimte voor de interactie en de keuze van artefacten. In de vierde plaats is er dan de 'performance': de manier waarop de in de context geconstrueerde interactie nieuwe werkelijkheden en ervaringen produceert, zoals kennis, begrip en macht.[384]

Hajer omschrijft politieke processen als opeenvolgingen van 'staged performances' die gaan over conflicten en conflictoplossing. In een analyse van deliberatieve beleidsprocessen laat hij zien dat de setting bepaalt wat wel en niet wordt en kan worden gezegd en vooral ook wat met invloed kan worden gezegd. Beleid is een performatief proces; deliberatie is taal en handeling, woord en voorstelling tegelijk: een 'contexture'.[385]

In politieke en beleidsmatige processen is het frame van het theater zeer toepasselijk. Er zijn acteurs die zelfgekozen of opgelegde rollen spelen. Er zijn helden en vijanden. Vooral die laatste categorie is vanwege het populisme weer volop in het theater aanwezig. En er is, zoals in een tragedie, noodlot, dat vooral verlossing en oplossing behoeft. Er is een script dat enerzijds vaststaat, omdat de regels van het spel in de politieke constitutie zijn verankerd, maar anderzijds

384 Hajer, 2005: 631; Freeman & Peck, 2007: 912; Benford & Hunt, 1992: 38 e.v.. De laatste auteurs onderscheiden nog een vijfde categorie, 'interpreting', die voor de andere elementen noodzakelijke voorwaarde is.

385 Hajer, 2005: 628-630

ook altijd onderwerp van debat is: politiek is altijd ook metapolitiek. Politiek is daarom object van dramaturgie, maar tegelijkertijd zelf dramaturgie. Politiek heeft een vorm, maar is ook vormgeving. Er zijn vormvereisten, maar die staan altijd ter discussie.[386]

Van belang – en van steeds groter belang, betogen sommigen – is de vormgeving van interactie. Interactief beleid heeft een grote vlucht genomen en daarmee is 'staging' steeds prominenter. Het publiek krijgt bijvoorbeeld een steeds actievere rol in allerlei processen van deliberatie en – soms – besluitvorming. De symbolische vormgeving van deze processen op plekken, in beelden en teksten krijgt veel aandacht.

Tegelijkertijd ontwikkelt de democratie zich tot een toeschouwersdemocratie, waarin kiezers publiek zijn en politici acteurs op het toneel. De grote electorale volatiliteit maakt enerzijds de rol van het publiek belangrijker, omdat het zo onvoorspelbaar is. Tegelijkertijd ligt het initiatief bij de actoren op het politieke toneel wier positie gepersonaliseerd is in een beeldcultuur waarin media een prominente rol spelen.[387] Meer dan ooit behoeft gezag vormgeving: constitutioneel en institutioneel. Dramaturgie en performativiteit zijn essentieel voor gezaghebbend bestuur.[388]

De performativiteit van het politieke

Alle woorden hebben betekenis door hun werking. De werking is weer afhankelijk van enerzijds het discours waaraan de woorden ontspruiten en anderzijds de context waarbinnen de woorden worden gebruikt. Het discours is uiteraard historisch en dus gebaseerd op herhaling, zoals Butler in navolging van Derrida betoogt.[389] Spreken is dus altijd in en uit dat discours citeren. De taalhandeling ontleent daaraan ook de mogelijkheid om de woorden te kiezen, om afwijkende woorden te kiezen en om woorden dus uit hun verband te halen of om ze daaruit te rukken. Het

386 Hajer, 2000; Tanja, 2010: 9; Versteeg & Hajer, 2010: 333

387 Manin, 1997: 218-235

388 Versteeg & Hajer, 2010: 333

389 Butler, 1997 en 2011

historische determineert niet alleen, maar faciliteert ook autonomie. Dat is geen absolute soevereiniteit natuurlijk, maar altijd kiezen in context: institutioneel en, in het geval van politiek en bestuur, constitutioneel. Bij de performatieve taaluiting is het woord één met de handeling: 'ja ik wil'; 'ik beloof'; 'ik veroordeel'. Maar ook beschrijvende of constaterende taalhandelingen zijn performatief, zoals we eerder zagen: in de beschrijving zit een handelende component. Een teken is pas een teken omdat het herhaalbaar is en dus betekenis produceert.

Een intieme verbinding van het constaterende en het performatieve treffen we volgens Culler aan in het politieke fenomeen van de constitutie:

> '(T)he act of constitution, like that of literature, depends on a complex and paradoxical combination of the performative and constative, where in order to succeed, the act must convince by referring to states of affairs but where success consists of bringing into being the condition to which it refers.'[390]

Als de Nederlandse grondwet het koningschap bespreekt verklaart het daarmee de politieke orde tot een monarchie, waarmee Nederland de facto en de jure ook een monarchie is. En waar de artikelen 50 tot en met 72 de Staten-Generaal behandelen, funderen ze daarmee ook de parlementaire democratie.

Politiek spreken is altijd ook politiek handelen. In de eerste plaats is immers elke politieke uitspraak altijd ook een metapolitieke. Elke politieke uitspraak impliceert begrenzing of opening van het politieke domein. Eerder noemde ik dat het zelfreferentiële en potentieel grenzeloze karakter van politiek.[391] De vraag 'wat is politiek?' is ook altijd het antwoord op deze vraag. Dit betekent, in de tweede plaats, dat elke politieke uitspraak ook altijd handelen of niet-handelen impliceert. Of het nu gaat om de kwestie van weersomstandigheden, neringdoenden en popfestivals of om de vraag naar de invloed van menselijk handelen op het klimaat, altijd is de interventie slechts een paar woorden verwijderd. Vrijwel elke Kamervraag kent zelfs de opbouw van constatering ('Is het de minister bekend?') naar optreden ('Wat gaat de minister doen?'). In de derde plaats is

390 Culler, 2000: 510

391 Frissen, 2007: 260; Frissen 2009: 17 e.v.

er de autonomie van het politieke domein, die fenomenen voor politiek houdt als ze zich buiten de orde van de feiten en die van de moraal bevinden. Politiek handelen is autonoom én legitiem, als het object van potentieel handelen politiek wordt verklaard. Zo luidt de uitspraak dan ook: dit is een politieke kwestie, vraag, afweging, overweging. Paradoxaal genoeg betekent deze uitspraak vaak, dat we er beter het zwijgen toe kunnen doen: niet meer uitwisselen van rationele argumenten. Het gaat immers om politiek. Tegelijkertijd maakt de verklaring dat iets politiek is, handelen ook vaak gelegitimeerd of geboden. De kredietcrisis en de Eurocrisis bevatten talloze voorbeelden: 'De politiek is nu aan zet.' Vaak moet politiek dan overigens wel stoppen met 'gekissebis': de tijd van palaveren is voorbij, het komt er nu op aan te handelen.

De performativiteit van de politieke woorden wordt niet het minst versterkt door de performativiteit van de voorstelling die politiek ook is. Politiek is theater, waardoor alle politieke woorden dramatische kwaliteiten hebben. Beleid krijgt pas betekenis door het spel van symbolisch interacterende spelers die met taal en handelingen, met processen en artefacten, met verhalen en prestaties werkelijkheden creëren of continueren.[392]

Versteeg en Hajer verbinden een discursieve met een dramaturgische opvatting van gezag. Discursief gezag berust op overtuigende definities van problemen en oplossingen die kritiek kunnen pareren en uiteindelijk politiek of maatschappelijk dominant worden. Het publiek is daarbij passief totdat het zich misverstaan, niet gehoord of aangetast in zijn belangen acht. De dramaturgische kwaliteit van gezag nu berust op de vormgeving ervan. Kan de toeschouwende burger een politiek onderwerp persoonlijk als betekenisvol ervaren? Is de politieke acteur een overtuigende 'performer' op relevante podia? Een publiek voelt zich een eenheid door collectieve ervaringen.[393] Media spelen in deze dramaturgie een cruciale rol, juist omdat ze een voorkeur voor het theatrale boven de inhoud hebben en daarbij het conflict als het dominante narratieve patroon naar voren brengen. Bovendien houdt de medialogica in dat het aantal podia waarop de voorstelling plaats heeft multipliceert.[394]

392 Bijvoorbeeld: Yanow,1996.

393 Versteeg & Hajer, 2010: 338-341

394 Versteeg & Hajer, 2010: 341-345

Bezwaar tegen dit onderscheid tussen discursiviteit en dramaturgie zou kunnen zijn dat het lijkt te verwijzen naar een tegenstelling tussen rationaliteit en symboliek. De woorden bevinden zich dan al snel in het domein van waarheid en weten, terwijl de dramaturgie vooral charisma en emoties betreft. Veel werk dat Hajer (heeft) verricht op het gebied van het discours is daarmee overigens in strijd. Hoe het ook zij, hier gaat het erom dat discours en performativiteit beide volop symbolisch zijn, net zoals politieke representatie en bureaucratisch bestuur dat uiteindelijk zijn. Natuurlijk, het bestuur wil en moet efficiënt en effectief zijn, moet prestaties leveren. Politieke representatie articuleert dan de eisen en de wensen inzake problemen die om oplossing vragen en levert tegelijkertijd draagvlak voor beslissingen. Legitimiteit is zowel voorwaarde voor als gevolg van het leveren van prestaties. De 'dignified parts' van het politieke bestel leveren de macht die door de 'efficient parts' wordt gebruikt.[395]

De doel-middelrationaliteit is in discours en dramaturgie van de modernistische politiek van de maakbaarheid steeds prominenter geworden. Niet voor niets is in het Engels 'performance' zowel voorstelling als prestatie.[396] Effectiviteit, efficiëntie en werking zijn nieuwe vormen van symboliek in een voorstelling waarin het bestuur een probleemoplossingsmachine is geworden, geleid door politieke bestuurders van wie het charisma vooral technocratisch is. Bij alle gekoesterde transparantie wordt het politieke daardoor steeds meer onzichtbaar, omdat politieke symboliek nog slechts wordt geassocieerd met 'fact-free politics' en populisme. Dat heeft alles te maken met het diffuus worden van de klassieke tegenstelling tussen representatie en bestuur. In de gemedialiseerde netwerksamenleving raken charisma en legaliteit, inhoud en vorm, effectiviteit en esthetica verweven. Woorden en voorstelling raken verknoopt. Het bekende verhaal van de radioluisteraars die in het debat tussen Nixon en Kennedy een andere winnaar

395 Zie Aerts (2009: 58-59) die Bagehot (*The English Constitution*) citeert, waar deze onderscheid maakt tussen twee aspecten van de politieke institutie: 'those which excite and preserve the reverence of the population – the *dignified parts*, if I may call them; and next, the *efficiënt parts* – those by which it, in fact, works and rules'(cursivering auteur).

396 Onder Blair had de Engelse regering een 'delivery unit' die de 'performance' van ministers moest meten en waarderen. Een fenomeen uit de wereld van de doel-middelrationaliteit kreeg daarmee een zware lading in de wereld van de politieke symboliek. Een bureaucratische waarde wordt politiek performatief gemaakt. Een vergelijkbaar experiment onder het laatste kabinet-Balkenende stierf een snelle dood. Een kwestie van symbolische allergie in een anders geordende politieke cultuur.

aanwezen dan tv-kijkers is een historische herinnering geworden. We leven nu immers in een multimediale werkelijkheid waarin oude en nieuwe media een amalgaam vormen van vele stijlen, genres en logica's. Het performatieve van het politieke is daarvan zowel articulatie als bron. Natuurlijk, een discursieve logica verschilt van een dramaturgische logica. Maar het politieke discours is niet meer los te zien van de performativiteit van de voorstellingen waarin het discours zich voltrekt.

Inhoud en vorm van het discours van de moderniteit krijgen gestalte tegen een decor van rationeel beleid, risicoanalyses, planbureaus, raadgevers, onderzoekers en ongebreidelde dataverzameling. Maar de performatieve kracht van dit discours hangt evenzeer af van het politieke spel om de macht in de arena van interdepartementale schijn- en spiegelgevechten. Bovendien zijn er polder, middenveld, civil society, of hoe al die andere voorstellingen die zich afspelen naast de politieke voorstelling ook mogen heten. Niet voor niets is in de moderne beleidsvorming de vraag naar de regie een zeer gewichtige. Onderwijl herhaalt zich de symbolische vraag naar krachtig leiderschap. Het antwoord op de vraag is veelbetekenend: Rutte en Samsom, Van Rompuy en Merkel, Monti en Draghi.[397] Dat zijn niet bepaald doorsnee krachtige leiders.

Dit maakt een aantal zaken duidelijk. In de eerste plaats dat performativiteit niet per definitie gelijk is aan krachtige symboliek. Dat geldt in het geval van taaldaden, omdat het samenvallen van woord en handeling, toch altijd ruimte laat voor aarzeling, twijfel, voorbehoud, zoals Austin het zou formuleren. Dat geldt ook omdat de herhaalbaarheid en citeerbaarheid waaraan performativiteit refereert ook steeds mogelijkheid van deviantie en verzet, van 'agency' kortom, insluiten, zoals Butler het zou uitdrukken.[398] Maar ook als performativiteit breder wordt opgevat is de erin geïmpliceerde symboliek niet per definitie van een krachtige soort. De Graaf wijst erop dat in de door haar bestudeerde casus van terrorismebestrijding in verschillende landen zwakke performativiteit een beleidsmatig slim antwoord kan zijn.

397 Berlusconi, Sarkozy of Wilders liggen dan toch minder voor de hand.

398 Austin, 1975; Butler, 1997 en 2011

> 'Een geringe performatieve kracht had over het algemeen sneller een neutraliserend effect op radicalisering en politiek geweld dan wanneer terrorismebestrijding groots werd aangepakt. Anders dan in een eerste reflex op aanslagen of uitbarstingen van geweld werd aangenomen, bleken méér macht, bevoegdheden of middelen niet per definitie tot een effectievere vorm van terrorismebestrijding te leiden. Minstens net zo belangrijk was het in de open democratieën van het Westen dat de bestrijding van het politieke geweld in de beeldvorming niet een voorstelling van macht en onderdrukking werd.'[399]

Daaruit volgt, en dat in de tweede plaats, dat performativiteit zowel een analytische categorie is als een handelingsrepertoire. In weerwil van het disciplinerende en daarom determinerende karakter van het discoursbegrip tegen welke achtergrond de peformativiteit van woorden vaak wordt geplaatst, is er ook altijd een element van keuze, van 'agency'. Alleen al vanwege historische veranderingen die het discours ondergaat moet dat ook zo zijn. Verandering is immers altijd een vorm van deviantie, van afwijking, en dus ook, impliciet of expliciet, onbewust of bewust, een gevolg van verzet, van weerstand tegen de disciplinerende werking van het dominante discours en zijn performativiteit. Natuurlijk, maatschappelijke verhoudingen en tijdgeest zijn dwingende contexten. Maar er is altijd ook een contingente kant van het verhaal: toeval, onbedoelde gevolgen, opstanden, revoluties, geniale invallen.

Daarmee is een derde kwestie aangeroerd. Performativiteit in het politieke domein heeft alles van doen met vorm en vormgeving. Het politieke is een symbolisch domein van strijd, van agonisme – een dynamiek van politieke tegenstanders – en soms antagonisme – een dynamiek van vriend-vijanddenken. Woorden en handelingen zijn daarbij altijd (ook) esthetische fenomenen. En voor een esthetisch perspectief geldt weer dat dit een analytisch interpretatiekader kan zijn, maar ook een handelingsrepertoire. Performativiteit is eveneens een kwestie van stijl.

399 De Graaf, 2010: 289; zie ook Frissen & Müller (2012).

Een kwestie van stijl

Al sinds de Sofisten is er aandacht voor de politieke betekenis van stijl. Retorica in de zin van overtuigend spreken is in de Atheense democratie van groot belang. Als in de politieke arena het woord en het argument beslissend zijn, is welsprekendheid een democratische kwaliteit. Elke burger kan zich daarin immers bekwamen. In theorie beslist dan niet afkomst of positie, maar het kunnen overtuigen via woord en gebaar. Al heel vroeg is daarmee de esthetica als wezenlijke dimensie van politiek aangetoond: 'style matters'. Dat inzicht lijkt echter in politieke theorie en filosofie gaandeweg op de achtergrond geraakt. We zien hier de beslissende invloed van de moderniteit, die van geen gestileerde drogredenen (sofismen) wil weten en van de positivistische wetenschap die slechts logische redenering en empirisch bewijs erkent. Esthetische aspecten komen dan al snel in de verdachte hoek terecht van propaganda, verhullende taal, mooipraterij, imponeergedrag, monumentalisme en andere vormen van onderdrukkende misleiding. Tegelijkertijd herkent iedereen deze esthetische aspecten en al helemaal de performatieve werking ervan.

Veel vertoonde weerstand geeft blijk van deze performativiteit. Vandaar dat er steeds meer aandacht voor komt: 'political experience, skill, and result often involve conventions of persuasive composition that depend on aesthetic reactions', stelt Harriman vast in een studie naar politieke stijl.[400] De opkomst van het populisme en het maatschappelijk ongemak met nieuwe en vreemde culturen hebben gezorgd voor een hernieuwde en tamelijk brede (pre)occupatie met culturele fenomenen. Het is bovendien vaak de stijl van de populistische leider die zowel zijn populariteit als de aversie tegen hem verklaart, of het nu gaat om het dandyisme van Fortuyn of om de 'framing' van Wilders.[401]

Volgens Koenis is politieke stijl in de kern een strategie van probleemoplossing, waarin definitie en aanpak van problemen samenhangen. Bezwaar tegen deze omschrijving is het modernistische element van de maakbaarheid dat het

400 Hariman, 1995. Zie ook de oproep van Farmer (1991) om in de bestuurskunde meer aandacht aan stijl te schenken. En zoals in het Engels 'public administration' zowel slaat op de discipline als op het kenobject van de bestuurskunde wil Farmer dat ook van toepassing verklaren op de stijl van het discours. Daarmee verwijst hij overigens naar het potentiële Droste-effect van een esthetische benadering van politiek.

401 Koenis, 2008: 19 e.v.; Pels, 2003: 247 e.v.; Fennema, 2010: 222 e.v.

begrip probleem met zich brengt. Al eerder wees ik erop dat de performatieve kracht van het begrip probleem erin zit dat iets pas een probleem kan zijn, als de oplossing beschikbaar is, zoals we van Wildavsky weten. De stijlen die Koenis onderscheidt, zijn dan ook alle loot van deze modernistische stam, of het nu gaat om de emancipatoire stijl van de verzuiling, de paternalistische welzijnsstijl van de jaren zestig, de paarse zakelijkheid van de bedrijfskundige stijl, of de op responsiviteit gerichte bestuurskundige stijl van de verlichte sociaaldemocratie. En al deze stijlen staan volgens Koenis machteloos tegenover het antagonistische populisme.[402]

Harriman definieert politieke stijl zo: *'a coherent repertoire of rhetorical conventions depending on aesthetic reactions for political effect'*. [403] Daarbij heeft de politieke stijl betrekking op de rol van (esthetische) gevoeligheid, smaak, manieren, charisma, charme en de compositorische en performatieve kwaliteiten ervan in een politieke cultuur. Veel aandacht schenkt hij daarbij steeds aan het belang van tekst en tekstualiteit. Zeer diepgaand analyseert Harriman vier specifieke politieke stijlen. In de eerste plaats is dat de realistische stijl. Het werk van Machiavelli is daarvoor representatief. Deze theoretische uitvinder van de autonomie van het politieke creëert een scherp en hiërarchisch onderscheid tussen politieke macht en tekstualiteit, , en doet dat retorisch overigens zeer indringend en fraai. De heerser moet rationeel beoordelen welke keuzes hij moet maken, ook ethische, in het licht van het veroveren en het behoud van de macht. En hoewel Machiavelli daarmee politiek buiten de esthetica plaatst en dus als grondlegger van 'realpolitik' en objectivistische politieke analyse kan worden gezien, is zijn betoog door de retorische kwaliteit ervan paradoxaal.[404]

De tweede door Harriman behandelde stijl – die van de hofcultuur, geadstrueerd door keizer Haile Selassie – is diametraal verschillend. Het esthetische staat daarin centraal. Bovendien gaat het in deze stijl niet in de eerste plaats om taal, om woorden, om discours, maar vooral om 'gesture' gericht op het lichaam van de soevereine vorst. De stijl van het hof is gericht op machtsverhoudingen in een groep die helemaal afgezonderd is van de wereld. Ceremonies en rituelen liggen vast, over de doelen, waarden en richtingen van het bestaan aan het hof

402 Koenis, 2008: 22 e.v.

403 Hariman, 1995: 3-4 (cursivering auteur)

404 Hariman, 1995: 4-5 en 48-49

is geen debat. Normatief gaat het slechts om 'the fate of the king's body'. Maar, wat de bevestiging van het majesteitelijke moet zijn – een eindeloos beroep op het decorum en verfijning – ondermijnt de samenhang en macht van de hofcultuur die worden nagestreefd. Uiteindelijk vindt er opstand plaats tegen de uitbundige voorrechten.[405]

De derde politieke stijl is de republikeinse: 'a model of oratorical virtuosity for public performance in a parliamentary culture.' Reputatie van machthebbers en vooral representanten is in deze stijl van cruciaal belang. Het gaat erom hoe de idee van voortreffelijk burgerschap kan worden gecreëerd en onderhouden in de openbaarheid van het publieke debat en het politieke spel: 'civic virtues' staan centraal. Deze moeten worden getoond, onderhouden en vooral ook volgehouden. Reputatie is daarop gebaseerd en op de coherentie van het handelen van de republikeinse ambtsdrager. En een substantieel deel van deze reputatie en coherentie is esthetisch. Van zelfbestuur in het sociale weefsel van een democratische samenleving tot de uitoefening van de hoogste macht in de staat, overal waar een publiek beroep wordt gedaan op collectieve besluitvorming toont zich de schoonheid van deze stijl.[406]

De vierde stijl tenslotte is de bureaucratische. Deze kan worden getypeerd als een 'symbolic drama of assimilation', waarin het kantoor, de jurisdictie, het beambtenethos en de dominantie van het schrift de identiteit van de laatmoderne samenleving bepalen. De kracht van deze stijl is de gelijkschakeling die zowel alles in bureaucratische termen vertaalt – de regel, de procedure, de expertise – als ook een normatieve hiërarchie vestigt waarin de bureaucratische stijl superieur wordt geacht. Het is de meest gulzige stijl die we kennen.[407]

Deze grondige analyse van politieke stijlen is uiterst relevant voor mijn betoog. De gulzigheid van de bureaucratische stijl heb ik eerder aangewezen als zijn belangrijkste tekortkoming in de omgang met het populisme. Het technocratisch discours van de oplossing biedt esthetisch geen soelaas tegenover de claim van verlossing die het populisme voortdurend articuleert, of het nu gaat om migratie, islam of Europa. Vandaar ook dat de elite maar niet begrijpt dat haar

405 Hariman, 1995: 4-5; 94

406 Hariman, 1995: 4-5; 139-140

407 Hariman, 1995: 4-5; 171-176. Voor de notie van 'gulzigheid' zie ook Trommel (2011).

redelijkheid – bijvoorbeeld die van het Catshuisakkoord[408], of van de noodzakelijke redding van Euro en Europa – juist vanwege deze redelijkheid hopeloos faalt. Tegelijkertijd maakt de Machiavellistische notie van de autonomie van het politieke door de onontkoombaarheid ervan duidelijk dat de politieke orde om matiging en beheersing vraagt. De vormgeving daarvan is natuurlijk een kwestie van stijl, juist omdat politieke macht berust op de verdeeldheid, de fragmentatie van de wereld. Er is geen ontsnappen aan. Macht is overal. Maar redding in de zin van verlossing of oplossing valt er niet van te verwachten:

> 'To the extent that the ubiquitous human activity of politics is an art, there is no one way of being human.'[409]

Een herwaardering van zowel de hofstijl als de republikeinse stijl is daarom noodzakelijk. Als tegenover oplossing en verlossing verzoening staat, dan brengt dat onmiddellijk de focus van de hofstijl op ordening en op gebaren naar voren. We zullen opnieuw moeten onderzoeken hoe we ons kunnen en moeten verhouden tot de tragische onvolkomenheid en gebrokenheid van het bestaan. Rituelen zijn daarbij vanzelfsprekend en onontbeerlijk. Niet onttovering, maar stilering zal ons kunnen helpen. Daarin past ook de republikeinse idee van de deugd van burgerschap. Deze moet juist worden bevrijd van de modernistische obsessie met maakbaarheid. Het is deze obsessie immers die voorwaarden voor deugdzaam burgerschap systematisch ondermijnt.

In *Gevaar verplicht* heb ik geformuleerd wat een aristocratisch perspectief op politieke macht ons te bieden heeft. Ik pleit daarin voor een waardering van 'ordentelijke verhoudingen', voor een nieuwe 'bureaucratische ambachtelijkheid' en voor de 'schoonheid van neutraliteit'. In de politieke orde zijn deze zaken nodig om de plek van de macht leeg te houden. En omdat de wereld een wereld van differentie is, zijn elegantie en hoffelijkheid noodzakelijk om het verschil draaglijk te houden.[410]

408 In de zomer van 2012 meenden CDA en VVD een akkoord te hebben bereikt met de PVV. Toen deze partij het akkoord volkomen onverwacht opzei, beriepen de andere partijen zich voortdurend, maar vergeefs op de redelijkheid van de afspraken.

409 Hariman, 1995: 195

410 Frissen, 2009: 199-276

In het derde en laatste deel van dit boek zal ik deze kwestie van stijl verder uitwerken. De politieke orde zal zich moeten herstellen van de symbolische klappen die het populisme heeft uitgedeeld. Een esthetisch perspectief van verzoening met tragiek kan daarop uitzicht bieden.

III

De politieke orde hersteld

Wel wil ik nogmaals het volgende benadrukken: het is volkomen waar, en valt uit alle geschiedboeken af te leiden, dat men wel met de fortuin mee kan buigen, maar haar niet blokkeren kan; men kan haar helpen haar web te weven, maar kan dat niet verscheuren. Maar opgeven mag men nooit: want de fortuin bewandelt kromme, onbekende paden, en waar die heen leiden weet men niet; en daarom dient men altijd te blijven hopen en nooit de moed op te geven, hoe kritiek de situatie en hoe hoog de nood ook is.

NICCOLÒ MACHIAVELLI, *Discorsi*

9 Tragiek aanvaard

Er is een even mooi als ijzingwekkend verhaal van F.B. Hotz: *Theodicee*. Het vertelt over een volmaakte wereld die schoon, heel en veilig is. Niemand is ziek, er zijn geen gebreken. Ouderdom of dood bestaan niet, er komt nauwelijks iemand ter wereld en een verleden is er niet. Het enige resterende ziekenhuis staat op de nominatie om museum te worden, maar een adequate geschiedschrijving moet het natuurlijk ontberen. 'Er werd nergens geschreven, en muziek verzonk tot lege drieklanken uit een polsontvanger kleiner dan een horloge.' En dan is er plotsklaps opwinding omdat er een man ziek wordt. De wereld komt in welhaast neurotische beweging om de patiënt naar het ziekenhuis te brengen dat natuurlijk opnieuw moet worden ingericht. De bezitters van medisch materiaal staan dit onder dwang af. Na twee dagen keert de rust weer; na een week is de toestand van volmaaktheid weer hersteld.

Tot op een dag, even na vijven, een man zich het leven beneemt in het openbaar. Dat brengt een lawine van gebeurtenissen op gang. Mannen plegen massaal suïcide, vrouwen verwonden zich en kinderen 'werden gek, ontploften of bevuilden zich, en over de stad kwam een geur te hangen als van een negentiende-eeuwse boerensloot bij hoogzomer'. Er volgt geen ingreep van boven, maar vanuit een naburige stad. Een leger van vrijwilligers brengt rust, zonder daarvoor oorlog te hoeven voeren. De mannen zijn maar al te bereid te sterven en de vrouwen worden natuurlijk geholpen, niet geschaakt. 'God zag dit alles en hielp mee, ingevolge Zijn Genade, de zoveel heilzamer orde van een eeuw eerder te herstellen. Hij zond een milde bacterie, een nieuwe.' Heel snel functioneert er weer een ziekenhuis, wordt er pijn geleden en is er vrees en lust. Mensen misdragen zich weer of gedragen zich juist engelachtig goed.

De slotpassage luidt:

> 'We hebben Gods best mogelijke van alle werelden teruggehaald, riep men. En het was feest. Er waren weer fancy-fairs met verlotingen. En er kwamen spoedcursussen voor chirurgen.
>
> De stad kreeg zijn vereiste aantal invaliden en floreerde door allerhand nieuwe toeleveringsbedrijven. Men werkte, huilde en zong. Iemand schreef. Een ander schreeuwde in lang vergeten doodsangst. Men begroef en baarde haastig.
>
> In een park werd de eerste exhibitionist gesignaleerd en opgepakt. Een vrouw adverteerde met haar lijf in een regionaal dagblad. Kunst, zo lang voor overbodig gehouden, ontstond in een schuur, in het geniep, waar een man een pijpje houtskool vond en een vergeeld maar nog bijna leeg schetsblok.
>
> God glimlachte en zag dat het goed was.'[411]

Dat uitgerekend God ingrijpt om de onvolmaaktheid van de wereld te herstellen is natuurlijk een bewijs dat hybris voor de val komt, hoewel enige (postmoderne) ironie niet valt uit te sluiten. Niet alleen de exhibitionist en de adverterende dame van lichte zeden wijzen daarop, maar ook de mogelijkheid dat de volmaakte wereld het gevolg is van een eerdere bacterie.

Ik noem het verhaal ijzingwekkend omdat het niet alleen de onmogelijkheid van een volmaakte wereld laat zien, maar zeker ook de afschuwwekkendheid ervan. Zonder sterfte en geboorte komt de geschiedenis tot stilstand. Muziek wordt monotoon en niemand schrijft. Zo moet de utopie eruitzien en wellicht ook het eeuwige hiernamaals. Dat maakt het verhaal ook ironisch omdat het Christendom de onvolmaaktheid van de wereld slechts aanvaardt omdat er een transcendente orde is die de volmaaktheid brengt in een bestaan elders en later:

411 Hotz, 1996. Ik maakte kennis met dit verhaal dankzij een column van Aleid Truijens (2011).

de verlossing die wacht. Of potloodventer en lichtekooi daar toegang hebben is onderwerp van theologisch dispuut.[412]

De onvolmaaktheid van de wereld vraagt om een antwoord. Elke cultuur wil het noodlot temmen. Het antwoord op de vraag verschilt per cultuur. De Grieken nemen het lot heroïsch op de schouder: de tragische houding. Dat heroïsche verdwijnt met het Christendom, dat geen noodlot erkent, omdat Gods wegen deemoedig dienen te worden aanvaard, hoe ondoorgrondelijk ze ook zijn. De moderniteit wijst het noodlot radicaal af en plaatst de beheersing daartegenover: de maakbaarheid van de wereld. Wellicht dat de postmoderniteit weer een terugkeer naar aanvaarding van tragisch noodlot zal laten zien.[413]

In zekere zin lijkt de christelijke omgang met noodlot en tragiek op die van het populisme. Dat wil immers ook verlossing bieden door een radicaal onderscheid te maken tussen goed en kwaad, eigen en vreemd, wij en zij. De verlossing van het kwade zal volgens populisten echter niet in de toekomst en voorbij het aardse bestaan plaats hebben, maar in het nu, als de elite is verslagen en het kwaad is verbannen.

In dit boek bepleit ik een aanvaarding van het noodlot, niet door verlossing van christelijken of populistischen huize, en evenmin door de oplossingen van de modernistische maakbaarheid, maar door een verzoening met het onvolmaakte en het tekortschietende. Omdat we *moeten* handelen, gaat het om een heroïsche aanvaarding door het fatalisme als moedig perspectief en elegantie en hoffelijkheid als omgangsvorm te hanteren.

Het menselijk tekort

In veel beschouwingen over het tragische in de klassieke Griekse tragedies wordt duidelijk gemaakt dat het menselijk tekort fundamenteel is en niet, zoals in de moderniteit wordt gedacht en gehoopt, te overwinnen. In de tragedie gaat de

412 Hoewel ik in 2010 in een Italiaanse krant las dat een voormalige nachtclubdanseres haar terugkeer in de Moederkerk bezegelde met een sluierdans voor enkele Romeinse prelaten.

413 Deze ideaaltypische onderscheiding van verhoudingen tot en omgang met het noodlot ontleen ik aan De Mul (2006: 42-51). Zie ook: Van den Berghe, Lemmens & Taels (2005) ; Tindemans & Janssens (2007).

held of heldin onafwendbaar op zijn of haar noodlot af, waarbij zijn of haar heroïek de grote schoonheid van de tragedie uitmaakt. Zijn of haar keuze – die geen keuze is, maar noodzaak – vloeit voort uit de vanzelfsprekendheid van herkomst en bloedverwantschap die radicaal tegenover de wet staat: polis tegenover nomos.[414]Antigone moet op grond van de traditie haar broer begraven – dat is de plicht aan de familie - ook al is deze gesneuveld in opstandigheid tegen het gezag, wat zijn teraardebestelling juist verbiedt. En even onvermijdelijk komt Antigone daarmee in opstand tegen de door Kreon gehandhaafde wet van de gemeenschap. Wat ethisch geboden is, brengt het noodlot van de ondergang, voor Antigone én Kreon.[415]

Natuurlijk is de positie van de held of heldin ambigu. Hij of zij kiest maar is tegelijkertijd hiertoe verplicht. En anders dan in de postmoderne pluraliteit ligt maar één weg open. En die leidt naar het noodlot. Het is precies in deze spanning tussen vrijheid, noodzakelijkheid en onafwendbaarheid dat het tragische zich bevindt.

> 'Hieraan ontleent de tragedie ongetwijfeld haar blijvende fascinatie en aantrekkingskracht, tot vandaag. Zij bevat een soort waarschuwing die ons herinnert aan de broosheid van het ethisch handelen überhaupt, aan de wellicht fatale onmogelijkheid van de mens om ooit vanuit een volstrekte autonomie en transparantie het concrete, eindige leven af te stemmen op de morele wet, het appèl van het goede.'[416]

Toch is het bestaan van deze fatale onmogelijkheid sinds de Grieken twee maal indringend ontkend: door het Christendom en door de moderniteit. De Mul beschrijft de geschiedenis van de omgang daarmee in drie periodes, eventueel opgevolgd door een vierde. De Grieken aanvaarden het noodlot – ze moeten wel – en doen dat heroïsch, zeker in hun tragedies. Daarin zit het element van vrijheid, die later door Nietzsche als 'amor fati' wordt toegejuicht. Bij de Grieken tekenen zich overigens al alternatieven af voor deze tragische houding: de rationaliteit van Plato en de

414 Tindemans & Janssens, 2007; Lemmens, 2005; De Mul, 2006

415 Sophokles, 1989: 137-182

416 Lemmens, 2005: 11 (cursivering auteur). En in het offer dat de mens daarvoor moet brengen schuilt weer de grote waarde van heroïek.

praktische oriëntatie van Aristoteles. Deze kunnen worden gezien als voorboden van de moderniteit. Daarvoor ontstaat echter een geheel andere houding tegenover het noodlot: die van het Christendom. Daarin overheerst wat De Mul noemt, '*deemoedige acceptatie*'. Niets geen heroïek dus. Het noodlot, in ieder geval in zijn hoedanigheid van contingentie, wordt erkend. Alles is onderdeel van Gods bedoeling met de wereld immers, met de predestinatieleer als meest radicale variant.[417]

Daarna zien we de moderne houding: het noodlot wordt niet langer aanvaard, maar verdient bestrijding, oplossing, beheersing. Uiteraard speelt de techniek daarin een cruciale rol. Het lot wordt technologisch getemd: ziedaar het begin van tijdperk en ethos van de maakbaarheid. De mens verdringt daarmee niet alleen het noodlot maar stoot zelfs God van de troon. De Mul noteert dat met ironie. Hij betoogt dat de huidige cultuur ook deze, moderne, houding problematisch acht. Een postmoderne houding tekent zich af, die in de eerste plaats berust in een nieuwe appreciatie van toeval en chaos. Tegenover het diepgewortelde vertrouwen in de maakbaarheid van het bestaan komt een herwaardering van grenzen, begrenzing en tragiek. Het toeval is onontbeerlijk, ook voor de veraangenaming van het bestaan. Tegelijkertijd zijn de technologieën van de maakbaarheid voor altijd onder ons, hoezeer we de maakbaarheid ook relativeren. Pech, ongeluk en risico echter evenzeer.[418]

Daarom blijven de Griekse tragedies van onnoemelijk grote betekenis, ook al zullen we niet opnieuw Grieken kunnen worden. Dat ons handelen noodlottig is, lijkt verder weg dan ooit, als we ons technologisch vernuft in acht nemen. Maar onmiddellijk is ook de keerzijde van dat vernuft dan merkbaar, zichtbaar en voelbaar: in de risicomaatschappij wordt de moderniteit volop reflexief.[419] Zo is de crisis van het financiële systeem het opgetelde en onbedoelde resultaat van ontelbare beslissingen die steeds meer door automaten worden genomen, zoals ook de oorlog door vliegende robots ('drones') ons verder af zal brengen van een beheersing van de gevolgen. In de perfectionering toont zich dat het menselijk tekort fundamenteel is en de wereld in essentie tragisch.

417 De Mul, 2006: 42-45 (cursivering auteur). Deze auteur wijst er op dat 'tragisch' drie verschillende betekenissen heeft: '(...) de *tragiek* die zich in ieders leven voordoet (...) het *besef* van deze tragische dimensie van het leven (...) de *kunstvorm* waarin dat besef tot uitdrukking wordt gebracht', (De Mul, 2005: 13, noot 1; cursivering auteur).

418 De Mul, 2006: 45-51

419 Beck, 1986

Dit te moeten erkennen is een cruciaal aspect van de 'condition humaine'.[420] Sterker nog, de tragiek is in belangrijke mate gevolg van de menselijke conditie, omdat we voortdurend aan de tragiek proberen te ontsnappen. We willen de natuur onderwerpen en slagen daar tot op grote hoogte in, maar creëren tegelijk de onbeheersbaarheid van ziekte-uitbraken en ecologische uitputting. We willen economische groei en welvaart en creëren crises die al onze reguleringscapaciteit te boven lijken te gaan. We willen veiligheid en creëren de intense onveiligheid van omvattende securitisering.[421] We willen gezondheid en creëren een oneindige en onbetaalbare zorgbehoefte. Hoezeer deze wens de tragiek te bestrijden ook onlosmakelijk met de moderniteit is verbonden, de basisvorm van de klassieke tragedie blijft volop zichtbaar: onafwendbaar stevent de held die de moderne mens wil zijn af op het zelf veroorzaakte noodlot. Of de grootse heroïek waarmee we dat doen net als in de oudheid prachtige kunstwerken oplevert, staat nog te bezien.

Theoretisch is tragiek onontkoombaar omdat ons handelen in en spreken over de wereld wordt gekenmerkt door reflexiviteit, zowel aan de kant van het 'ons' als aan de kant van de wereld. Simpel gezegd: de sociale wereld praat altijd terug, zelfs als deze zwijgt. Een uitspraak gedaan over de wereld, wordt aan deze wereld toegevoegd, waarna de wereld waarover de uitspraak is gedaan niet meer bestaat vanwege deze uitspraak zelf.

Filosofisch is dit natuurlijk geen opzienbarend inzicht. De grenzen van de moderniteit en van het modernistisch vertoog zijn, ook voor filosofen die zich niet tot het postmodernisme hebben bekeerd, evident. Onze kennis is principieel begrensd en daarmee is het handelen altijd onvolkomen. We kennen de wereld nooit volledig en daarmee is deze onvoorspelbaar en dus nimmer volmaakt en volledig beheersbaar. Toch willen en moeten we handelen.[422]

420 Veelbetekenend in dit perspectief is dat de roman *La Condition Humaine* van André Malraux in het Nederlands (vertaald door zijn vriend Edgar du Perron) *Het menselijk tekort* heet. (Malraux, 1933. De auteur heeft het Franse origineel trouwens opgedragen aan diezelfde Du Perron.)

421 Buzan, Wæver & De Wilde, 1998. Zie hoofdstuk 2 van dit boek.

422 De populaire notie van evidencebased handelen in allerlei sociale domeinen is daarom ook onjuist. Ook al kunnen we effectiviteit van handelen vaststellen in een specifieke context en tijd, daarmee weten we nog niets over causaliteit, alleen al omdat context en tijd nooit volledig controleerbaar zijn als in een natuurwetenschappelijk experiment.

Ook bij de klassieken zijn noodlot en handelingsnoodzaak onlosmakelijk verbonden. Daarom ook is de aanvaarding van tragiek niet per definitie een pessimistisch perspectief, zoals Groot terecht betoogt. De figuur van Antigone laat niet slechts dilemma's zien, maar ook een soort 'alles-of-niets fundamentalisme', net zoals Kreon zich in halsstarrigheid met haar kan meten.

> 'Wie zo leeft en liefheeft, regeert en contesteert, stuurt onvermijdelijk op een tragedie aan.'[423]

De tragiek van de wereld zit daarom weliswaar in ons handelen, maar de aanvaarding daarvan is tegelijk voorwaarde voor prudent handelen. Niet alleen de onontkoombaarheid van het noodlot laat de tragedie ons zien, maar ook dat verblinding en overmoed ('hybris') potentieel in elk menselijk handelen schuilt. Het is precies deze waan die onze beperking toont. Als we daar weet van hebben, kunnen we op een prudente wijze omgaan met tragiek.

De klassieken blijven in dit opzicht onveranderd actueel:

> 'The drama of modern politics is a tragedy in which the hero, his supposed enlightenment being but another name for hybris, has become the author of his own impeding doom.'[424]

We hoeven niet zo schril de gevolgen van deze hoogmoed te schetsen als Ophuls doet: morele entropie, elektronische barbarij, roofzuchtige ontwikkeling, valse rijkdom, frauduleuze overvloed, irrationele redelijkheid, intrinsiek totalitarisme en democratisch despotisme. Toch kunnen we erkennen dat veel in de wereld van vernietigende overmoed getuigt. Als we maar beseffen dat de tragiek van de moderniteit juist voortkomt uit een niet willen aanvaarden maar willen beheersen van deze tragiek. In deze beheersingsdrang zijn echter ook de moed en heldhaftigheid van de moderniteit zichtbaar.

423 Groot, 2005: 41

424 Ophuls, 1997: 54

Fatale helden

In moed en heldhaftigheid toont de moderniteit haar continuïteit met de klassieken en met het Christendom. Het zou onrecht doen aan de vele idealen en idealisten die de wereld sinds de Verlichting hebben willen meten, begrijpen en beheersen, als we de heroïek daarvan zouden ontkennen. Alleen al de afstand die werd genomen van het christelijke wereldbeeld met zijn universele pretenties vroeg om moed. Daarnaast kenmerkt de moderniteit zich door een niet-aflatend streven naar rechtvaardige redelijkheid waarin de mens ten volle zou moeten profiteren van zijn arbeid en werk om daarmee een steeds grotere gelijkheid te realiseren: de verwerkelijking van een kosmopolitisch egalitarisme noemt Stuurman dat.[425]

De vrijheid die de moderniteit aan alle subjecten toedicht is bovendien verplichtend: kiezen en beslissen zijn een deugd waarin voortdurend naar excellentie moet worden gestreefd. De heroïek van de moderniteit brengt echter geen tragiek, zoals bij de Grieken, maar belooft heil. Daarin zien we de continuïteit met de heilsverwachting van het Christendom. De toekomst is voor de moderne mens echter altijd binnen handbereik en afzienbaar voor het levenseinde – in ieder geval (veel) eerder dan het christelijke heil wordt bereikt.

Het is deze heilsverwachting die ten grondslag ligt aan de oriëntatie op maakbaarheid en beheersing die alle moderne politiek kenmerkt. De moderniteit droomt van de maakbaarheid van de wereld. De tragiek van het bestaan moet worden opgelost. Dat ziet de moderniteit als vanzelfsprekende opgave, die als een dwingende logica voortspruit uit de rationele redelijkheid waaraan niet te ontsnappen valt. De helden van de maakbaarheid werken in de ontelbare praktijken van de technocratische interventiemachine die is ontworpen om de goede samenleving dichterbij te brengen. De moed van deze helden ligt in hun niet aflatende streven om de eigen kennis en kunde in te zetten, ook en wellicht juist als de toestand hopeloos lijkt. En het populisme kiest onvoorwaardelijk hun zijde, wanneer het de ambitie van maakbaarheid radicaliseert en politiseert. Er is immers veel leed dat leniging behoeft en die is slechts mogelijk als onversaagd gestreden wordt tegen het andere dat zich misdraagt en de ware helden verraadt.

425 Stuurman, 2009: 249 e.v.

Maar de heilsverwachting van de modernistische maakbaarheid is ook een faustisch verlangen. De mens kan zijn eigen wereld creëren en dus de perfectie realiseren of tenminste nastreven. Daarom is er sprake van een politiek van de hoop, zoals de conservatieve denker Michael Oakeshott deze politieke oriëntatie noemt:

> 'In the politics of faith, the activity of governing is understood to be in the service of the perfection of mankind.'[426]

En deze perfectie is niet gegeven, maar moet door menselijk toedoen tot stand worden gebracht. Vandaar ook dat de politiek van de hoop volgens Oakeshott niet utopisch of absolutistisch is: er valt altijd iets te verbeteren en de mens is de maat der dingen. Het streven naar maakbaarheid is daarom oneindig en zal dus niet aflatend zijn. Bovendien is deze politiek van de hoop eerder gevolg dan oorzaak van de grote toename van macht die de staat heeft verworven in de loop der geschiedenis. Het maakbaarheidsgeloof berust daarom niet alleen op het geloof in een betere wereld – dat zeker ook – maar het is tevens een product van de soevereiniteit die de staatsmacht via het geweldsmonopolie heeft verkregen. Dat verklaart minstens ten dele de hardnekkigheid van deze vorm van politiek.

De politiek van de hoop is door deze vervlechting met de macht van de staat een in vanzelfsprekendheid en onvermijdelijkheid vermomde heldhaftigheid. We *moeten* risico's voorkomen, pech compenseren, ongeluk uit de wereld helpen, eenvoudig omdat het *kan*. Daarom ook lijkt activisme eerder plicht dan keuze, laat staan dat de gedachte aan hybris snel opkomt. De moderniteit vraagt om voltooiing, omdat ze de belofte van redelijkheid impliceert. Wie kan bezwaar maken tegen een begrijpen van de wereld dat aan iedereen het perspectief van collectief geluk en universele gelijkheid biedt? De verlossing van het kwaad behoort tot de mogelijkheden als we ons met deze politiek van de hoop akkoord verklaren, want '(...) the object in government is "salvation" or "perfection"'.[427] Daarom ook staat regeren in het teken van de waarheid en vooral ook van het verwerkelijken van de waarheid. Macht is dan omvattend.

426 Oakeshott, 1966: 23. Voor een behandeling van het gedachtegoed van Oakeshott verwijs ik ook naar de bijdrage van Dalrymple in Baudet en Visser (2010: 269-285).

427 Oakeshott, 1966: 27

'Not as a defect but as a virtue, in proportion to the power at its disposal, the activity of governing in this style of politics will be minute, inquisitive, and unindulgent: society will become a *panopticum* and its rulers *panoverseeers*.'[428]

In het denken van Oakeshott gaat de politiek van de hoop overigens altijd vergezeld van de politiek van het scepticisme, zowel in filosofische als in historische zin. Scepticisme is een andere stijl van politiek bedrijven en getuigt van een andere mentaliteit die bestuur opvat als een specifieke menselijke activiteit die juist niet op perfectie en verlossing is gericht. We weten niet wat perfectie is, of wat de voorwaarden ervoor zijn, als het al geen illusie is. Deze vorm van scepticisme gaat niet over absolute twijfel, maar om prudentie, van een bedeesde soort.

'The office of government here is not to be the architect of a perfect manner of living, or (as faith understands it) of an improved manner of living, or even (as it turns out) of any manner of living at all.'[429]

De staat is niet goed, maar noodzakelijk, niet om een moraal te handhaven of te bevorderen, maar om de gevolgen van gedrag in de publieke orde te corrigeren, waar nodig. Evenmin gaat het om waarheid.

'In short, in the politics of scepticism, government is like good humour and raillery; the one will not get us to heaven and the other does not demonstrate "truth", but the first may save us from hell and the second from folly.'[430]

Vandaar ook dat de sceptische houding weinig heldhaftigs lijkt te hebben. In een perspectief van hoop en maakbaarheid is niets doen nooit een optie, terwijl dat vanuit een sceptisch perspectief juist wel het geval is. Juist vanwege de dominantie van de maakbaarheidsgedachte vraagt niets doen juist om moed. De moed

428 Oakeshott, 1966: 30 (cursivering auteur)

429 Oakeshott, 1966: 32

430 Oakeshott, 1966: 36

van de terughoudendheid en de terugtocht, wier helden door Enzensberger zijn gelauwerd, is even noodzakelijk als zwaar in lichtheid en verantwoordelijkheid.[431] Het gaat dan om fatale helden.

Fatalisme is een keuze

Niets doen is zeker een keuze. Als de staat en zijn politieke machthebbers maar willen aanvaarden dat de pluraliteit in de samenleving per definitie leidt tot tekortkomingen en onvolkomenheden, dan weten ze dat alle pogingen tot beheersing van deze pluraliteit tragisch zijn: alleen al de reflexiviteit zorgt daarvoor. Niets doen valt dan vaak te prefereren boven interveniëren, al was het maar uit bezorgdheid over de ongewenste en schadelijke gevolgen van deze interventies. En die treden met een hardnekkige zekerheid op, zo weten we van Merton, hoezeer ons handelen ook goedbedoelde intenties heeft.[432] En van Lindblom hebben we geleerd dat sturing niet alleen onvermijdelijk maar ook zeer gewenst incrementeel is: voortmodderen is heldhaftig en getuigt van moed omdat zo de negatieve implicaties van blauwdrukdenken en vooral blauwdrukhandelen te voorkomen zijn.

Dat is het fatalistische perspectief dat we eerder al bij Hood en Van Eeten zagen: '(...) relative passivity or going with the flow may be seen by some as a virtue rather than a vice in some circumstances.' En:

> 'Welke vorm de boodschap ook aanneemt, ze heeft één cruciale kwaliteit: ze maakt duidelijk dat onmacht niet hoeft te leiden tot machteloosheid, tot passiviteit. Ze ontkoppelt onmacht van machteloosheid, juist doordat de erkenning van onmacht de mogelijkheid schept om te handelen. En zo wordt onmacht getransformeerd in macht.'[433]

431 Enzensberger, 1990: 220 e.v.. Zie ook Raad voor Maatschappelijke Ontwikkeling, 2013.

432 Merton, 1936

433 Hood, 1998: 45; Van Eeten, 2010: 27. Natuurlijk kan 'going with the flow' ook worden gezien als 'sophisticated' technocratie.

Fatalisme is dus een beleidsstrategie en niet, zoals zo vaak gedacht, een antiperspectief op beleid, sturing en organisatie. Alleen al omdat het fatalistisch perspectief aan de beschouwer de positie van een Grieks koor geeft is het productief, net als de op Merton gebaseerde ironische appreciatie van de onbedoelde gevolgen. En bovendien honoreert het fatalistisch perspectief dynamiek en complexiteit veel meer dan op beheersing gerichte benaderingen.[434]

Van Eeten noemt fatalisme 'de leer van de onmacht' en die is in de dominante politieke cultuur getaboeïseerd. Tegenover alle leed, pech en risico's van de wereld, tegenover rampen, geweld en uitsluiting past de politicus geen houding van fatalistische berusting. Er zal en moet worden ingegrepen. '*Zo is het nu eenmaal*' is geen optie als antwoord in een debat vol verontwaardiging dan wel mededogen. Onoverkomelijkheid, onafwendbaarheid, onstuurbaarheid, onvermijdelijkheid – ook al weet iedereen dat het leven daarvan is vervuld, voor de politicus zijn het allemaal onzegbare begrippen. Dat komt omdat 'fatalisme onverkoopbaar is (...): het zou moreel verdacht zijn, de burger zou het niet pikken en de media zouden het afstraffen.'[435]

Leed is politiek van grote waarde: het valt te kapitaliseren en vooral ook te esthetiseren. Er valt drama van te maken, waarin de tragiek met veel empathie en larmoyante adjectieven wordt geschetst, zodat het plot zich eenvoudig kan ontrollen. Ingrijpen is geboden – 'er moet iets gebeuren' – en is intrinsiek goed. Omdat het leed in overvloed aanwezig is en in ieder geval royaal valt aan te boren, is het bijna gratuit om engagement te tonen en optreden te eisen. In Van Eetens frasering: 'Engagement is de weg van de minste weerstand, terwijl onverschilligheid juist moeizame arbeid vereist.'[436] Opnieuw wordt duidelijk dat fatalisme niet alleen een keuze, maar ook een moedige keuze is. Dat geldt helemaal op het terrein van de veiligheid waar fatalisme als boodschap niet te verkopen is, terwijl volledige veiligheid natuurlijk een illusie is. Wanneer machthebbers als het om veiligheid gaat hun verantwoordelijkheid ontlopen door schade voor rekening

434 Hood, 1998: 145-157. Interessant is dat Hood het fatalistisch perspectief ook verbindt met de klassieke Griekse traditie van verkiezing door het lot – volgens Aristoteles de meest zuivere vorm van democratie. (Hood, 1998: 164; zie ook: Frissen, 2009: 175 en 266)

435 Van Eeten, 2010: 4-6 (cursivering auteur)

436 Van Eeten, 2010: 7-11

van burgers te laten, is er ook nog sprake van 'fatalisme op andermans rekening'. Beter is het dan om onveiligheid te aanvaarden, maar burgers voor schade te compenseren, zoals creditcardmaatschappijen doen.[437] Dat burgers dit fatalisme inzake veiligheid en risico's niet aanvaarden lijkt weliswaar in allerlei praktijken van deliberatie en verzet bewaarheid te worden, maar is eerder een mantra die machthebbers legitimeert in hun panoptische beheersingsdrang: ze kunnen niet anders, omdat burgers dit afdwingen.

Volgens Van Eeten, Noordegraaf-Eelens, Ferket en Drenth komt dit voort uit een weigering om risico's ook moreel te duiden. Een risico is immers alleen aanvaardbaar of onaanvaardbaar in een normatief kader. Burgers gedragen zich technocratischer dan de technocratie van de macht. Ze idealiseren kennis en technologie en lijken 'totale' veiligheid en risicoloosheid te eisen. Overheden en bedrijven voeden deze positie door op grote schaal risicoanalyses te (laten) vervaardigen die alle binnen het frame van een specifieke morele keuze staan: 'het risico dat gereduceerd *kan* worden, *moet* gereduceerd worden.' Dat is wat de auteurs de 'impliciete moraal van de technocratie' noemen. In de technocratie is nietsdoen nooit een optie, terwijl daarmee natuurlijk morele opties worden uitgesloten.[438]

Ze onderscheiden drie alternatieve vormen van omgang met risico's. In de eerste plaats is dat 'berekenen'. Als risico's bekend zijn, zeker in hun gevolgen, kunnen ze worden afgewogen tegen voorgestelde interventies. In de tweede plaats kunnen risico's worden verdeeld. Wie is verantwoordelijk, wie draagt de lasten en wie zorgt voor benadeelden? En in de derde plaats kan het om 'verzoenen' gaan. Risico's worden geaccepteerd als het bestrijden ervan identiteiten of andere belangrijke waarden aantast.[439] Deze drie houdingen plaatsen de auteurs vervolgens in het perspectief van drie ethische theorieën: utilisme, deontologie en deugdenethiek. Deze perspectieven waarderen vormen van omgang met risico's steeds verschillend. Het utilisme blijkt in het huidige modernistische discours dominant. Het nutsaspect overheerst: beperking van schade, maxi-

437 Van Eeten, 2010: 17-23. Niet alleen de klant profiteert, maar ook het bedrijf; dat hoeft immens veel minder in beveiliging te investeren.

438 Van Eeten, Noordegraaf-Eelens, Ferket & Drenth, 2012: 102-103 (cursivering auteurs)

439 Ibidem, 2012: 125

maliseren van voordeel. Maar mensen hebben een bredere oriëntatie. Regels en principes, zoals het nakomen van afspraken, worden gekoesterd en dat nu past in het deontologisch perspectief. Verzoening is mogelijk als principes goed zijn. Deugdenethisch tenslotte gaat het om betrouwbaarheid en rechtvaardigheid van belangen. Verzoening met 'een ongunstig lot vraagt om persoonlijke blijken van moed, onverstoorbaarheid, edelmoedigheid, rechtvaardigheid, compassie'.[440] Opnieuw: fatalisme is een bruikbaar en een aanvaardbaar perspectief, maar het vraagt om moed, zeker ook omdat burgers ambivalent zijn. Verzoening met tragische omstandigheden en onvoorzien noodlot zullen ze opbrengen, mits 'politici en bestuurders afscheid nemen van hun defaitistische mythe over hypochondrische burgers en aansluiten bij de morele overwegingen die burgers daadwerkelijk belangrijk vinden.'[441] Uiteraard valt hierbij de kanttekening te maken dat een fatalistische beleidsstrategie steeds ook tragisch in haar goede bedoelingen kan zijn, wanneer ze dreigt uit te monden in onderworpenheid, uitzichtloosheid, berusting en ondergang.

Gevaarlijke hoop, misleidende idealen, maar wel heroïek

Behalve technocratische beheersingsdrang gericht op het uitsluiten van risico's waarbij fatalisme als onaanvaardbare houding geldt, zijn er ook veel idealistische of normatieve bezwaren tegen fatalisme als politiek perspectief. Vaak komen deze bezwaren uit linkse of progressieve hoek. Niet verwonderlijk natuurlijk, omdat aan deze kant van het politieke spectrum het fundamentele tekort van de wereld juist de belangrijkste uitdaging vormt om te handelen en zo een wereld tot stand te brengen die meer rechtvaardigheid, minder ongelijkheid, en een eerlijker verdeling van sociaal, cultureel en zeker ook economisch kapitaal kent.

Tony Judt is op dat punt teleurgesteld en noemt het land moe. We hebben de droom van een betere samenleving in de toekomst opgegeven voor een hedonistisch perspectief op onmiddellijk gewin. We weten dat de crisis onontkoombaar is als we niets doen: 'We moeten handelen op basis van de intuïtie die ons zegt

440 Ibidem, 2012: 126-127

441 Ibidem, 2012: 127

dat er een catastrofe dreigt.' En het is de staat die daarbij het cruciale instrument is, 'omdat er zonder overheid natuurlijk geen toekomst gloort'.[442]

Terecht stelt Judt vast dat de neoliberale hegemonie van de laatste decennia zelf een heilsleer verkondigde, sterk in strijd met het liberale inzicht dat vrijheid om bescheidenheid en terughoudendheid vraagt. De terugdringing van de staat is een strategie van depolitisering die miskent dat politiek 'agency' is: 'the *contingent* but reflexive interplay between pervasive power relations and capacities for autonomy in collective life.'[443]

Politiek staat in deze visie tegenover fatalisme en zeker ook tegenover de aanvaarding daarvan. Politiek is altijd een kwestie van kiezen, ook en zelfs als de keuze er een vóór fatalisme is. Jenkins verwijst instemmend naar auteurs als Gamble en Hay die politiek opvatten als contingent collectief handelen gericht tegen het noodlot en de veronderstelde onontkoombaarheid daarvan. Ook Schedler betoogt dat politiek een ontkenning van het noodlot impliceert. Hij spreekt over vormen van antipolitiek, waarvan de esthetische er één is. Furedi kritiseert de populariteit van het 'resilience'-denken in theorie en praktijk omdat dit uitgaat van maatschappelijke kwetsbaarheid en passiviteit versterkt.[444]

Maar normatieve bezwaren tegen fatalisme als politiek perspectief zijn niet noodzakelijkerwijze alleen in de linkse hoek te situeren. Volgens Cassirer hoort fatalisme thuis in de mythe die de irrationaliteit symboliseert die door de staat, zeker in zijn totalitaire gedaante, altijd is gebruikt en misbruikt. De door Machiavelli aan de staat toegekende autonomie strijdt volgens hem met Fortuna, wat hij het mythische noodlotselement in Machiavelli's politieke theorie noemt. Maar dat betekent nog niet dat Machiavelli zich overgaf aan fatalisme. Het gaat er bij hem nu juist om met moed en wijsheid Fortuna te weerstaan. Maar Machiavelli's theorie blijft een esthetische benadering van politiek en is daarom zo gemakkelijk te misbruiken.[445] Van daar is het niet zo'n verassende stap naar Cassirers conclusie dat de mythe van de irrationaliteit ook de moderne totalitaire staat fundeert en

442 Judt, 2010: 168 en 17

443 Jenkins, 2011: 159 (cursivering auteur). Ook Achterhuis (2010) wijst op de utopische kant van de vrije marktideologie.

444 Gamble, 2000; Hay, 2007; Schedler, 1997; Furedi, 2008

445 Cassirer, 1974: 156-162

legitimeert. Het is de mythe die de onvermijdelijke, niet te weerstreven bestemming celebreert. 'Fatalism seems to be inseparable from mythical thought.' Dat is wat Heidegger heeft aangeduid als '*Geworfenheit*': we kunnen de wereld begrijpen en interpreteren, maar we kunnen de loop van de geschiedenis niet veranderen.[446] Daarmee is de verbinding met de linkse afkeer van fatalisme weer gelegd. Marx betoogde immers dat de geschiedenis meer dan voldoende was geïnterpreteerd en dat het erop aankwam haar te veranderen.[447] Fatalisme geeft dan geen pas.

Tegen deze argumentatie maakt dit boek bezwaar. Idealen en hoop mogen mensen dan wel inspireren in private en publieke domeinen, in het politieke domein zijn ze om uiteenlopende redenen gevaarlijk en bepaald geen goed kompas. Juist omdat de mens in het politieke domein moet handelen met anderen en daarmee intreedt in het netwerk van menselijke betrekkingen, zoals Arendt het benoemt, kan het politieke handelen niet anders dan gebaseerd zijn op pluraliteit of differentie, om met Deleuze te spreken.[448] En waar pluraliteit bestaat en deze wordt gewaardeerd is de hoop op de een of andere betere wereld al snel gevaarlijk. Deze hoop zou andere werelden kunnen uitsluiten, zodra zij zich zou kunnen doorzetten met het zware geschut van de staat en al helemaal wanneer zij zich zou willen richten op een waandenkbeeld. Er zouden natuurlijk onbedoelde gevolgen optreden en als het politieke handelen niet voldoende van contrapunten en contragewichten zou zijn voorzien worden deze onbedoelde gevolgen óf niet gezien óf in een schier oneindige herhaling gecompenseerd en gemitigeerd.

Dat is allemaal zeker het geval als de hoop zich verbindt met idealisme en daarmee al snel van de eigen morele superioriteit overtuigd raakt. Dan is nogal wat aan drang en dwang geoorloofd. Wie niet alleen hoopt mensen gelukkig te maken, maar dat ook voor de mensheid als geheel wil bereiken uit naam van het een of andere ideaal, is opmerkelijk vaak te porren voor beleid, wetgeving en financiële prikkels, waarmee de stap naar de verplichting snel is gezet. Dat geldt zeker als de weigerachtige zwak of onkundig te noemen is.

446 Ibidem, 1974: 290-293 (cursivering auteur). Zie ook Coskun (2007).

447 Marx & Engels, 1974: 9

448 Arendt, 2009: 160 e.v.; Deleuze, 2011. Zie ook Moyaert die hoop verwijst naar het rijk van de religie en politiek als het domein van '*solvable* problems' opvat. (2009: 282, cursivering auteur) Ze sluit haar betoog overigens af met de conclusie dat religieuze hoop de politieke arena kan inspireren.

Hoop en idealisme zijn voor velen ook rechtvaardigingen voor oorlog. Het moge duidelijk zijn: een oorlog kan noodzakelijk zijn, politiek legitiem, onvermijdelijk uit een oogpunt van statelijke belangen. Er is echter geen ideaal, hoe hoopvol ook, denkbaar dat het intrinsiek rechtvaardigt dat mensen worden gedood. Niet voor niets is de rechtvaardige oorlog al snel een door een hogere orde gelegitimeerde kruistocht en wordt dan absoluut. Achterhuis haalt instemmend Schmitt aan die stelt dat de notie van de rechtvaardige oorlog het bestaansrecht van de vijand ontkent: deze belichaamt dan immers het kwaad. De tegenstelling tussen vriend en vijand is echter de kern van politiek en kan niet worden opgeheven, ook niet in deoorlog. Vernietiging van de vijand is altijd een politiek, geen moreel doel, omdat, Von Clausewitz indachtig, '*der Krieg nichts ist als die fortgesetzte Staatspolitik mit anderen Mittel*'.[449]

Daarom ook hebben we het geweldsmonopolie in handen van de staat gegeven, zodat deze instantie als enige handelingen mag verrichten die in de kern immoreel zijn: doden, stelen, vrijheid benemen. De staat kan daarom niet anders dan een amoreel handelende instantie zijn. Bovendien zou de staat, zou politiek niet nodig zijn als mensen engelen waren, zoals James Madison betoogt. De geneigdheid tot het kwaad maakt een institutie noodzakelijk om dit kwaad te beteugelen. Daarom noemt Buchanan politiek een 'tragedy in several acts': haar bestaansgrond berust op de aanvaarding van een fundamenteel tekort; haar functionarissen zijn evenmin engelen als gewone burgers; de strijd om politieke posities draagt weer bij aan het tekort; vele politieke posities maken misbruik mogelijk. Tegen deze tragiek helpt een stevige dosis ethiek aan de kant van politieke ambtsdragers en vooral ook 'constitutional limits on the range and scope of political authority itself'.[450]

Hier is opnieuw de verbinding tussen tragiek en fatalisme duidelijk. Waar de tragiek getuigt van noodzakelijkerwijze tekortschieten omdat de mens nu eenmaal moreel gemankeerd is, zijn we op een fatalistisch handelingsperspectief aangewezen. En hoewel Lebow waarschijnlijk dit perspectief niet zal kiezen, geeft hij een tragische visie op internationale betrekkingen, onder meer geïnspireerd door Thucydides en Morgenthau. Elke orde is fragiel, alle handelen is onzeker en

449 Achterhuis, 2008: 511-513; Schmitt, 2001: 69-70 en 82-83; Von Clausewitz, 2011: 8 (cursivering auteur)

450 Buchanan, 2003: 181-182 en 190. Zie ook Madison, Hamilton & Jay (1987).

steeds ligt hybris op de loer. Terughoudendheid en scepsis zijn daarom geboden. En het 'vuile-handendilemma' is permanent aanwezig.[451]

> 'Tragedy confronts us with our frailties and limits, and the disastrous consequences of trying to exceed them. *Antigone* explores the limits of power, *Oidipus Tyrannus* those of reason. All tragedies remind us of our mortality and how it differentiates us from the gods.'[452]

De prototypische wereldverbeterende held of heldin weet dit en moet zich, gedreven door plicht of ideaal, hiertegen verzetten met een volledig gebrek aan bescheidenheid of matiging. Tolerantie en verzoeningsgezindheid komen in hun repertoire niet voor.

De stijl van de tragische held komt overeen met die van de 'politics of faith' waarin 'the excess, the absence of self-limitation' altijd gelijke tred houden met de beschikbare macht. De 'politics of scepticism' kenmerkt zich daarentegen door zelfbeperking, door matiging, door zelfkritiek, omdat het een 'politics of mortality' is.[453] Fatalisme in de betekenis van een aanvaarding van de fundamentele gebrokenheid van de wereld en de daaruit voortvloeiende complexiteit en onzekerheid betekent dan terughoudendheid en matiging en vooral vaak nietsdoen. In ieder geval betekent fatalisme dan een afzien van grootse en meeslepende toekomstvisioenen en idealen. De hoop op het goede leven kan maar beter buiten de plek van de macht blijven. Een fatalistisch handelingsperspectief laat zich dan zeer wel vergelijken met Leforts notie van de lege plek van de macht. De revolutionaire betekenis van de democratie is dat de plek van de macht niet permanent bezet mag worden en dat de symbolische orde van het politieke bestaat in mechanismen om deze leegte te bewaren en te garanderen.

> 'Vide, inoccupable – tel qu'aucun individu ni aucun groupe ne peut lui être consubstantiel –, le lieu du pouvoir s'avère infigurable. Seuls sont

451 Lebow, 2003: X-XII. Hij citeert *Réflexion 218* van La Rochefoucauld: 'L'hypocrisie est un hommage que la vice rend à la vertue.' (2003: 17)

452 Ibidem, 2003: 20 (cursivering auteur)

453 Oakeshott, 1966: 114-115

> visibles les mécanismes de son exercice, ou bien les hommes, simples mortels, qui détiennent l'autorité politique. On se tromperait à juger que le pouvoir se loge désormais *dans* la société, pour cette raison qu'il émane du suffrage populaire ; il demeure l'instance par la vertu de laquelle celle-ci s'appréhende en son unité, se rapporte à elle-même dans l'espace et le temps. Mais cette instance n'est plus référée à une pôle inconditionné; en ce sens, elle marqe un clivage entre le *dedans* et le *dehors* du social, qui institue leur mise en rapport; elle se fait tacitement reconnaître comme purement symbolique.'[454]

Alleen door deze symbolische ordening is de pluraliteit te beschermen en blijft de idee dat in de democratie de minderheid kwetsbaar is en haar bescherming dus belangrijker is dan de macht van de meerderheid overeind.

Het fatalisme dat hierbij past, kan overigens ook de gedaante van ironie hebben: denk aan het inzicht dat de loop van de geschiedenis door 'Weltironie' wordt bepaald; denk ook aan de notie dat tegenover de overtuiging van maakbaarheid ironie de gepaste reflexieve positie is; denk bovendien aan de ironische zekerheid van de vergissing en het ongelijk die altijd met overtuigingen gepaard horen te gaan. Ironie betekent aanvaarding van tragiek als stijl. Niet voor niets is de tragedie de esthetische verbeelding van tragiek. Als er al een uitweg is, zou het fatalisme van de ironie hoge ogen kunnen scoren. Daarmee komen we echter in het domein van de komedie en daarop kom ik later nog terug.

Tragiek en de esthetica van verzoening

Het menselijk tekort is onafwendbaar. En zoals dit woord al zegt, kan het dus niet worden opgeheven. De tragische held die het noodlot wil bezweren en daarom het onvermijdelijk over zich afroept, verbeeldt de reflexiviteit die in theoretische zin deze onafwendbaarheid verklaart. Filosofisch ligt daaraan weer de begrenzing van het weten tegen de achtergrond van de noodzaak om te handelen ten grondslag.

454 Lefort, 1986: 28 (cursivering auteur)

De beheersingsdrang van de tragische helden van de maakbaarheid, vaak geïnspireerd door een politiek van de hoop, is in de hoogtijdagen van de moderniteit dolgedraaid geraakt. De hoop is gevaarlijk, de idealen zijn misleidend, omdat ze uiteindelijk het tekort willen opheffen. De heilsverwachting, die het Christendom en de modernistische overtuiging van de maakbaarheid delen, zal niet net als in de tragedie de held die deze verwachting koestert in een heilloze afgrond doen storten. Dat geldt echter des te meer voor de burgers op wier heil de verwachting van de held is gericht. Heilsverwachtingen hebben immers een sterke neiging tot paternalisme. Het gaat vaak om het heil van de ander, ook al kent deze dat niet. Ik zwijg dan nog maar van de burgers die een andersoortig heil prefereren of die menen zelf verantwoordelijkheid te kunnen dragen voor hun eigen heil.

De tragedie als esthetische verbeelding van de tragiek heeft daarom in de eerste plaats een heuristische betekenis voor ons moderne mensen. Ze is een esthetische bron, zoals ook het gedicht, de film, de foto of het schilderij Bleiker laat bijvoorbeeld zien dat poëzie verzet, herinnering, hoop, identiteit, gemeenschap kan verbeelden. Picasso's *Guernica* vergroot onze gevoeligheden voor het afschuwwekkende van de oorlog. De pijnlijke en de sublieme ervaring worden zo verbonden.[455] Esthetisering van tragiek is natuurlijk altijd een vorm van representatie in plaats van een mimetisch perspectief.

Een esthetisch perspectief op politiek maakt het ook mogelijk genres van politiek te onderscheiden. Bekend is het onderscheid tussen politiek als tragedie en politiek als komedie, waartussen overigens meer verwantschap bestaat dan meestal wordt aangenomen. De komedie als politiek genre sluit zeer direct aan bij een ironisch perspectief. Politiek als komisch genre vergt een focus op deviantie. Zoals Coombs en Nimmo, auteurs van *The Comedy of Democracy*, betogen:

> 'The impiety of comedy challenges the accepted in subversive, even revolutionary ways.'[456]

De komedie is veel minder vormvast dan de tragedie; het gaat om improvisatie, waarin verrassing, verandering en toeval centraal staan. Actoren in dit spel zijn

455 Bleiker, 2009: 29 en 66

456 Combs & Nimmo, 1996: 10

niet van universele, maar van contextuele allure. Mensen zijn niet verkeerd, fout, of kwaadwillend, maar vergissen zich of worden misleid. Dat dit noodzakelijkerwijze zo is, verbindt tragedie en komedie dan weer: beide genres benadrukken nederigheid, stellen Coombs en Nimmo in navolging van Burke.[457] Politieke probleemoplossing creëert problemen, zoals Merton al inzag met zijn logica van onbedoelde gevolgen. Politieke analyse moet daarom een komische dimensie hebben. Ze laat zien dat politiek ridicuul kan zijn, ook als het om leed en schade gaat. Een komisch perspectief is oneerbiedig, subversief zelfs, maar allerminst doctrinair. De komedie, zo zegt Machiavelli, moet de toeschouwer plezier bieden en hem onderwijzen. De lach moet de ernst ondermijnen; humor relativeert en maakt triviaal wat en wie groots en heroïsch wil ogen. En in navolging van Mark Twain kunnen we vast stellen dat er in de hemel niet wordt gelachen, maar in de hel des te meer. Alle macht is gehuld in symbolische kledij en de komedie laat ondermijnend weten dat de machthebber uiteindelijk naakt is.[458]

Dat neemt uiteraard het gevaarlijk karakter van de machthebber niet weg, maar '(r)ather than bear this with Apollonian sorrow at the eternal tragedy of wrong forever enthroned (...), with a comic perspective we can celebrate the Dyonisian song of comic joy, finding delight and rebirth in the mad spectacle of politics that unfolds before us.'[459] Volgens Coombs en Nimmo is de democratie in essentie komisch, zoals de komedie zelf in de kern democratisch is. Wat democratie en komedie verbindt, is ironische nederigheid. Democratie is immers macht van het volk, macht zonder machthebbers, als het ware. De uitkomst is natuurlijk anders: zelfbestuur bestaat niet, politici regeren. Democratie is alleen maar effectief als de eigen principes worden geschonden.

Tragedie en komedie maken beide duidelijk dat het menselijk tekort moet worden aanvaard. Het noodlot treft ons allemaal en als we het al te heldhaftig trachten te bestrijden of te voorkomen roepen we het nog sterker over ons af. Elke politieke stijl die bestrijding, oplossing of preventie van leed, groot of klein, nastreeft is uiteindelijk dramatisch in zijn hybris. De tragedie laat daarvan de schoonheid zien, de komedie de potsierlijkheid. In beide gevallen is de wijze les

457 Ibidem, 1996: 10

458 Ibidem, 1996: 12-15

459 Ibidem, 1996: 17

dat het maar beter is om in ironische zin nederig te zijn, of de noodzaak van hypocrisie in te zien. Geen ideaal is groter dan de vrijheid van de mens, ook dan zijn vrijheid om zich te vergissen. De tragedie laat ons zien dat tegenover ernstig streven naar verlossing altijd de subversiviteit van ironie, satire, en deviantie te plaatsen is. 'We hebben de tragiek nodig van mensen die zichzelf ernstig nemen en alle narigheid die daar onvermijdelijk van komt, om het komische van dat zich zo ernstig nemen in te zien', zegt Ankersmit. [460] Hij ziet daarin ook de politieke stijl van de democratie. Die is satirisch omdat democratie in het realistische perspectief van Machiavelli anti-idealistisch is. Komisch voor zover het idealisme tot wanorde en toevalligheid leidt, tragisch voor zover het om noodlot en slechtheid gaat.

De satire van de democratie berust natuurlijk op de democratische gelijkheid van alle burgers. Een gelijkheid die slechts zinvol kan worden begrepen als een politieke gelijkheid van het verschil die maakt dat alle macht controle behoeft om de dictatuur van de meerderheid te vermijden en om voor elke minderheid de potentiële positie van machthebbers te kunnen reserveren.[461] De democratie is satirisch omdat een verzoening met het menselijk tekort wel draaglijk moet zijn. De draaglijkheid van deze verzoening komt mede voort uit het voor de satire principiële wantrouwen in elk idealisme.

Als alle politiek vormgeving is, is aandacht voor de esthetische kant van deze vormgeving geboden. Welke politieke stijl kan een symbolische orde creëren waarin de schoonheid van het verschil belangrijker is dan het gelijk van het ideaal of de macht van de meerderheid? Natuurlijk, met het 'nieuwe institutionalisme' is de aandacht voor de symbolische en rituele kant van politiek en bestuur fiks toegenomen, zoals dat ook is gebeurd door de organisatietheoretische belangstelling voor cultuur van organisaties en organiseren.[462] Maar de aandacht voor een fatalistische stijl waarin de verzoening met tragiek centraal staat, is altijd beperkt gebleven.

In de navolgende hoofdstukken zal ik deze stijl verder uitwerken. Ik ga eerst in op de elegantie van begrenzing. Die dient te worden gezocht in de normering van

460 Ankersmit, 2000: 35-38

461 Kateb, 2000: 30 e.v.

462 Een van de eerste funderende bijdragen is een artikel van March en Olsen (1984). Zie ook Hajer, 2000 en Freeman & Peck, 2007.

middelen, de terughoudendheid van de macht en de waardering van bescheidenheid. Vervolgens zal ik laten zien dat tragiek om humor en ironie vraagt, waarmee een hoffelijk conservatisme gepaard gaat. De politiek noodzakelijke verzoening met tragiek berust op een besef dat utopische vernieuwingsdrang en een zucht naar maakbare oplossingen weerstaan moeten worden. Dat nu vraagt, tenslotte, om de moed van onmacht. We kunnen niet anders dan prudent zijn. Alleen dan valt gezag te herstellen.

10 De elegantie van begrenzing

Een belangrijk aspect van de performativiteit van het politieke is zijn functie van begrenzing. Eerder al heb ik aangegeven dat het politieke domein in een samenleving het enige domein is dat grenzen kan stellen, zeker als het geweldsmonopolie in de staat is geïnstitutionaliseerd. De eerste vorm van begrenzing is natuurlijk die van de soevereiniteit over het territorium: binnen welke fysieke en juridische grenzen geldt de soevereiniteit? Daarmee hangt onmiddellijk de tweede fundamentele begrenzing samen, namelijk die tussen vriend en vijand, om met Schmitt te spreken. Of, om minder krijgshaftige, maar daarom niet minder betekenisvolle terminologie te gebruiken: de bepaling van het staatsburgerschap. Wie is lid van de politieke gemeenschap – de demos – en wie niet? Wie kan toetreden, wie blijft vreemdeling? Ten slotte is er de begrenzing van en door het politieke domein ten opzichte van het publieke en het private domein. Zeker ook deze laatste vorm van begrenzing maakt duidelijk dat de totalitaire verleiding – het politieke doordringt het publieke en het private – voortdurend op de loer ligt.[463]

De performativiteit van het politieke ligt mede in deze rol van begrenzing: politiek spreken is altijd ook handelen, omdat de metapolitieke vraag naar de reikwijdte en betekenis van het politieke altijd aan de orde is. Elke politieke taaldaad is een vorm van begrenzing, omdat altijd de vraag aan de orde is, waarom politieke interventies noodzakelijk en legitiem zijn en tot hoever ze mogen gaan

463 Frissen, 2007: 258-263; Frissen, 2009: 23-35; zie ook: Wetenschappelijke Raad voor het Regeringsbeleid, 2012a.

in de vrijheidsbeperking in politieke en private domeinen. Ook Butler erkent dat het de staat is die bepaalt wat de performativiteit van taaldaden is door te onderscheiden, hoofdzakelijk via het juridisch discours, tussen het zegbare en het onzegbare. In esthetische zin bepaalt de staat dus de grenzen, niet het subject, of de burger. En deze grensbepaling vindt plaats door 'authoritative speech' waarin macht en recht worden verbonden.

> 'Importantly, however, there is no power, constructed as a subject, that acts, but only (...) a reiterated acting that *is* power in its persistence and instability. This is less an "act", singular and deliberate, than a nexus of power and discourse that repeats or mimes the discursive gestures of power.'[464]

Begrenzing heeft alles te maken met vrijheid. Grenzeloze vrijheid bestaat immers niet. Die zou anarchie impliceren en uiteindelijk onvrijheid voor de meesten. De begrenzing van en door het politieke is daarom een vorm van ordening. Wat Douglas over de hiërarchie heeft geschreven geldt in bredere maatschappelijke en politieke zin. De hiërarchie is een vorm van balans en symmetrie die berust op checks-and-balances, op gewicht en contragewicht, op ritueel en contraritueel.[465] De hiërarchie is een geheel van grenzen en begrenzingen waarin alles zijn plaats heeft en krijgt. Dat geldt ook voor de maatschappelijke orde, waarin eveneens alles zijn plaats heeft en krijgt. Het bijzondere van het politieke is dat het steeds het primaat heeft over deze ordening en tegelijkertijd het domein is waar over de ordening de strijd plaatsvindt en wordt beslecht. De beslechting van de strijd is in de democratie uiteraard principieel voorlopig en tijdelijk.[466]

De vraag nu is, of begrenzing in esthetische zin te begrijpen is. Bij ontstentenis van waarheid en moraal – daarover is er immers politieke strijd – moeten we op zoek naar andere normeringen van deze begrenzing. Dat geldt zeker voor het tragisch perspectief dat in dit boek wordt geschetst. Als we aanvaarden dat de menselijke conditie tragisch is, valt er dan iets meer te zeggen over hoe we politiek moeten handelen en hoe we instituties moeten vormgeven? Dat is een vraag naar

464 Butler, 2011: 171 (cursivering auteur). Ook Butler, 1997: 77 en 100 e.v.

465 Douglas, 2002: 8

466 Lefort, 1986: 28

de kwaliteit van de normen en de ordentelijkheid van de orde en naar het gedrag dat hierbij passend is. Mijn stelling zal zijn dat elegantie daarbij een belangrijk stijlkenmerk moet zijn, juist vanwege de zwaarte van de statelijke monopolies. Elegantie van begrenzing heeft dan te maken met een normering van de middelen buiten het bereik van grote idealen, met een voorkeur voor incrementalisme als politiek handelen en met een begrenzing van de begrenzing. De gebaren en gestes van het politieke handelen zullen van terughoudendheid en bescheidenheid moeten getuigen. Natuurlijk zullen terughoudendheid en bescheidenheid ook gelden voor het fatalisme als beleidsstrategie: ook andere strategieën zijn van waarde. Een vitale samenleving die veerkrachtig is, vraagt om een staat die in politieke zin traag en licht is: niet al te veranderlijk en met een vanzelfsprekend respect voor de constitutionele orde.

Middelen zonder idealen

De oorlog is een bijzondere vorm van politiek. Von Clausewitz' uitspraak dat de oorlog een voortzetting is van de politiek met andere middelen laat dat zien. Van Creveld heeft aan de betekenis van dat bijzondere zijn boek over oorlogscultuur gewijd: deze cultuur is nodig om oorlog te kunnen voeren en de krijgers woeste horde, noch zielloze machine, noch feministisch geïnfecteerde mannen zonder pit te laten zijn.[467] Het bijzondere van de oorlog, maar tegelijkertijd de normaliteit ervan als een van de uitingsvormen van politiek, laten zien hoe noodzakelijk het is de staat in zijn middelen te normeren. De monopolies van het geweld en de belastingheffing, waarvan de oorlog een uitdrukkingsvorm is, zijn zwaar. Ze plaatsen, om met Agamben te spreken, de soevereine macht tegenover de naaktheid van het menselijk bestaan. De uitzonderingstoestand is daarvan de meest afschuwwekkende articulatie, maar de dreiging van de barbarij maakt de mogelijkheid deze te kunnen uitroepen steeds noodzakelijk, hoe paradoxaal ook. De Leviathan van Hobbes berust in zijn almacht wel op de vanzelfsprekende wens van burgers vrij en veilig te kunnen zijn.[468]

467 Von Clausewitz, 2011: 8; Van Creveld, 2009: 517

468 Agamben, 2002 en 2005; Schmitt, 2005; Todorov, 2009; Hobbes, 2007

Daarom ook kan de staat ten aanzien van aanwending van de monopolies niet anders dan compromisloos zijn: deze komt alleen aan hem toe. Daarbij past slechts strengheid als stijl. Aantasting van het geweldsmonopolie kan onder geen enkele omstandigheid en voorwaarde worden toegestaan. Het is opnieuw de tragiek van de menselijke conditie die een dergelijke onverbiddelijkheid legitimeert. Maar strengheid vraagt tegelijkertijd om matiging. Hoe zwaarder het middel, hoe terughoudender de benutting ervan dient te zijn. Denk aan het klassieke adagium dat wie de vrede wil zich op de oorlog dient voor te bereiden. Daarin is voortreffelijk uitgedrukt dat maatschappelijke vrede om het geweldsmonopolie én de bereidheid dat geweld ook uit te oefenen vraagt, maar dat diezelfde vrede alleen kan bestaan als met het monopolie prudent wordt gedreigd.

Vandaar ook dat precies deze matiging gelegen is in een normering van de middelen. Zelfbinding is daarom de aan strengheid complementaire stijl. Strengheid is geboden ten aanzien van de aanwending van het monopolie dat constitutioneel aan de staat is toevertrouwd. Er mag daaromtrent nooit sprake zijn van aarzeling, dralen, of compromis. Het roemruchte fenomeen van de vrijstaat – krakersbolwerk of woonwagenkamp met gedogen van criminele praktijken – is volstrekt onduldbaar, vooral ook in symbolische zin. Zelfbinding is van deze strengheid de keerzijde, omdat matiging en mildheid legitieme steunberen zijn. Omdat zelfbinding echter geen kwestie van vrijwilligheid alleen kan zijn, is stringente juridische normering van het statelijke handelen en de bevoegdheden waarop het berust vanzelfsprekend. Om een fameuze passage uit de *Federalist Papers* aan te halen:

> 'Ambition must be made to counteract ambition. The interest of the man must be connected with the constitutional rights of the place. It may be a reflection on human nature that such devices should be necessary to control the abuses of government. But what is government itself but the greatest of all reflections on human nature? If men were angels, no government would be necessary. If angels were to govern men, neither external nor internal controls on government would be necessary. In framing a government which is to be administered by men over men, the great difficulty lies in this: you must first enable the government to control the governed; and in the next place oblige it to control itself. A

dependence on the people is, no doubt, the primary control on government; but experience has taught mankind the necessity of auxiliary precautions.'[469]

Alleen de middelen kunnen het doel heiligen, niet andersom. Het doel van de staat is immers de maatschappelijke vrede en vrijheid. De vrede en vrijheid zijn nodig om de samenleving zelf doelen te laten kiezen en nastreven. Terecht stelt Smeets daarom dat middelen juist fout worden als ze met een heilig ideaal worden verbonden. Geen ideaal kan immers de inzet van het geweld rechtvaardigen.[470] In een vreedzame en vrije samenleving zijn de idealen natuurlijk pluriform. Idealen moeten daarom ook blijven waar ze horen: in de samenleving. Daarom ook vraag ik me af of de grote studie die onder leiding van Van den Brink is gedaan naar de maatschappelijke betekenis van geestelijke beginselen – aangeduid als 'het hogere' – niet de verleiding inhoudt deze idealen ook politiek te articuleren en er gevolgen aan te verbinden. Zolang ze de pluraliteit van het publieke domein inspireren is er sprake van vrijheid. Zodra ze met de staat worden verbonden dreigen ze utopisch en universalistisch te worden en ligt de inzet van politieke middelen voor deze idealen op de loer. Dan worden we snel getuigen van wat Gray een 'zwarte mis' noemt.[471]

Een normering van statelijke middelen die niet op idealen, laat staan heilige idealen, berust zou de volgende elementen kunnen behelzen:

› Erkenning van de beperktheid van effectiviteit als legitimatie

› Compassie met kwetsbaarheid

› Eindeloosheid noch absoluutheid

469 Madison, Hamilton & Jay, 1987: 319-320

470 Smeets, 2011. Voor een huiveringwekkende geschiedenis van heilige idealen, zie Burleigh, 2007. Bolkestein (2011) wijst op de voortdurende intellectuele verblinding die dergelijke idealen in de politiek veroorzaken. Van Middelaar (1999) heeft erop gewezen dat veel van dit intellectueel idealisme berust op een antipolitieke en uiteindelijk antidemocratische positie.

471 Van den Brink, 2012: 523 e.v.; Gray, 2007. Daarbij teken ik aan dat de studie van Van den Brink vooral een pleidooi onderbouwt om juist de civil society als vindplaats en werkingssfeer van idealen te heruitvinden.

› Bescherming van en door differentie

› Neutraliteit van de inzet

› Negatieve vrijheid ten behoeve van positieve vrijheid

› Een ethiek van verantwoordelijkheid

› Rechtsstatelijkheid als laatste toets

Ik licht deze elementen van een normering van middelen zonder idealen toe.

Veel interventies van de verzorgingsstaat nemen het met de zware normering van de middelen niet zo nauw. Bekend voorbeeld is de in verschillende gemeenten gevoerde onderwijspolitiek die de grondwettelijk verankerde vrijheid van onderwijs met voeten treedt, hoe subtiel dat ook gebeurt. Immers, bijzondere scholen zijn geen objecten van gemeentelijk overheidsbeleid, maar vallen onder het toezicht van de centrale overheid. De gemeente is niet bevoegd om schoolbesturen als wettelijk gezag onder curatele te stellen en al helemaal niet om hun scholen te (doen) sluiten. Dat het daarbij om 'zwakke' scholen gaat, kan natuurlijk geen legitimatie zijn. Effectiviteit gaat zeker bij de Grondwet nooit boven legaliteit.[472] Dat wil niet zeggen dat effectiviteit nooit een legitimerende rol kan spelen. Maar bewezen resultaat kan nooit de inzet van middelen rechtvaardigen die ongrondwettelijk, niet rechtsstatelijk of disproportioneel zijn.

De machthebber die zware middelen inzet, dient systematisch compassie te tonen met het kwetsbare en de kwetsbaren. Voorbeeld is het gevangenisregime. Met straf binnen de straf dient de staat terughoudend te zijn: wat tegenwoordig 'versobering' heet, dient zelden de veiligheid of stabiliteit, maar lijkt te appelleren aan rancuneuze sentimenten. Compassie is geen sentimentele zwakte, maar een

472 Dit argument is door de toenmalige wethouder Asscher in Amsterdam met veel lokale en nationale instemming gebruikt om een actieve onderwijspolitiek te voeren waarbij het bestuur van 'zwakke' scholen werd gedwongen specifieke interventies van de zijde van het stadsbestuur te dulden. Het positieve resultaat wordt steevast aangevoerd als legitimatie voor een interventionistische praktijk die onconstitutioneel te noemen is. Liefkozend wordt dan van 'wethouderssocialisme' in de traditie van Wibaut gesproken. Altijd oppassen als de geschiedenis analogieën ter rechtvaardiging moet opleveren.

vorm van humaniteit: aan wie de vrijheid is ontnomen komt nog steeds bescherming toe die een staat zijn burgers dient te bieden, zeker als deze burgers in hun rechten zijn beperkt.[473]

De middelen die de staat inzet mogen eindeloos noch absoluut zijn. Werkingsduur en werkingsbereik dienen altijd begrensd te zijn. Dat vraagt om een fundamentele voorlopigheid van alle beleid. Daarmee doel ik niet op een vorm van tijdelijkheid die vooral van burgers vraagt om steeds opnieuw aanvragen en verzoeken in te dienen bij de staat. Het gaat hier om een voorlopigheid voor de staat zelf. Zijn macht moet worden begrensd in de tijd: geen levenslange gevangenisstraf; geen permanente ondertoezichtstelling; geen voortdurende ontzegging van rechten en aanspraken. En de inzet van middelen mag geen absolute of universele gelding hebben: altijd moeten er ontheffingen, uitzonderingen of vrijstellingen mogelijk zijn. Er geldt verdragsrechtelijk geborgde leerplicht, maar thuisonderwijs om allerlei redenen moet mogelijk zijn. Een absoluut geldende zorgplicht kan evenmin worden gelegitimeerd voor instellingen in de civil society. Datzelfde geldt voor een verzekeringsplicht.[474]

Uitzonderingen, ontheffingen en vrijstellingen zijn ook van belang vanwege de maatschappelijke differentie die de inzet van statelijke middelen altijd moet respecteren. In die zin beschermt de differentie de burger tegen de monopolies van de staat, die in zijn gedaante van verzorgingsstaat noodzakelijkerwijs collectivistisch en dus gelijkschakelend is. Tegelijkertijd moet de legitimatie van de inzet van middelen die verder gaat dan de klassieke taken van de rechtsstaat altijd

473 Een rancuneus sentiment blijkt ook uit nodeloos grievende kwalificaties van uitkeringsontvangers als 'profiteurs' en subsidieontvangers als 'subsidieslurpers'. In de laatste jaren is dat nogal eens gebeurd. Een verzorgingsstaat die politiek heeft bepaald dat uitkeringen en subsidies worden verstrekt, kan burgers moreel niet verwijten daarvan gebruik te maken.

474 Interessant is natuurlijk de casus van de moeder die uitgesproken opvattingen over voedsel heeft. Het is moeilijk in te zien, waarom religieus fundamentalisme wel recht geeft op thuisonderwijs en voedingsfundamentalisme niet. Nog complexer is de kwestie vanwege het feit dat de gevolgen van de opvattingen over voedsel van deze burger bepaald niet als verwaarlozing door gebrekkig gezondheidsbesef zijn te kwalificeren. Dat argument is in 2012 gebruikt om kinderen met een ernstige vorm van obesitas onder toezicht te stellen.

Bij een verzekeringsplicht geldt als overweging dat schade toegebracht aan anderen altijd te verhalen moet zijn. De legitimatie van een collectieve plicht tot verzekering tegen ziektekosten is in dat opzicht veel zwakker. Vandaar ook dat in de VS over een verplichte volksverzekering tegen ziektekosten zeer principiële debatten worden gevoerd, die ten onzent maar al te lichtvaardig en met veel dedain worden afgedaan.

worden bepaald door de mate waarin deze de maatschappelijke differentie weet te beschermen.[475] Dat geldt ook voor nieuwere vormen van staatsinterventie die om redenen van effectiviteit willen aansluiten bij kenmerken van de improvisatiemaatschappij als vloeibaarheid, horizontalisering en nodaliteit.

In het verlengde daarvan ligt het volgende element in de normering van middelen. De staat dient ten aanzien van de maatschappelijke differentie neutraal te zijn. De staat kan deze differentie ook alleen maar gezaghebbend beschermen als hij zelf geen positie inneemt, geen voorkeuren toont en geen partij kiest. De staat moet tegenover de differentie dus indifferent zijn. De staat is volgens Constant een 'pouvoir neutre' juist vanwege de zwaarte van zijn macht. Voor de Nederlandse situatie legt Elzinga deze neutraliteit vooral bij het gekroonde staatshoofd en waardeert deze als een aanvulling op checks-and-balances en de trias politica. De neutraliteit van de monarchie is te zien als een 'buiten', een virtuele positie om middelpuntvliedende krachten in het politieke te beteugelen.[476] Maar de neutraliteit kan ook in meer algemene zin het handelen van de staat normeren. De blinddoek van Vrouwe Justitia drukt op een elegante manier uit dat de rechter slechts de daad moet beoordelen, niet de morele kwaliteit ervan. De staat zou ook alleen maar moeten onderscheiden tussen Nederlandse staatsburgers en vreemdelingen – dat is de enige distinctie die juridisch relevant is, niet huidskleur, religie, afkomst, (seksuele) voorkeuren, overtuigingen, of wat dan ook.[477]

Voor al zijn burgers dient het een democratische rechtsstaat te gaan om de vrijheid. De normering die dan, gegeven ook de andere elementen, voor de hand ligt, is die van de negatieve vrijheid. De staat dient zich te onthouden van interventies die de vrijheid van de burger om zijn eigen leven vorm te geven en dus zijn opvattingen om het goede leven te verwerkelijken nodeloos beperken. Het ideaal moet buiten het domein van de staat worden gehouden, juist om

475 Frissen, 2007: 243 e.v. en 2009: 42 e.v.; Deleuze, 2011; Marchart, 2007

476 Elzinga, 2009

477 Het begrip 'allochtoon' is daarom ook verwerpelijk. Waar iemands ouders geboren zijn is voor de staat niet relevant. Alleen de juridische status van de burger zelf telt. Daar komt bij dat in Nederland ook nog het bizarre onderscheid tussen westerse en niet-westerse allochtonen geldt, waarbij Indonesië overigens als westers geldt, maar Suriname en Argentinië niet. Onze Koninklijke familie is dan ook op grote schaal allochtoon en voor een deel zelfs niet-westers allochtoon. Zie ook: Raad voor Maatschappelijke Ontwikkeling, 2011b

maatschappelijk het nastreven van idealen in alle pluraliteit mogelijk te maken. En natuurlijk betekent deze normering ook dat vrijheid van burgers is begrensd door de onvrijheid van andere burgers die door het nastreven van eerstgenoemde vrijheid wordt veroorzaakt.[478]

In zoverre het handelen binnen en van de staat wordt gestuurd door een ethiek, dient dit een ethiek van verantwoordelijkheid te zijn. Zoals Weber overtuigend heeft betoogd valt de moderne staat sociologisch slechts te 'definiëren vanuit een specifiek *middel* dat hem, net als elke politieke eenheid, karakteriseert: de toepassing van fysiek geweld'.[479] Kenmerk van de moderne, democratische staat is dat de aanwending van dit middel door de staat legitiem moet zijn. Deze legitimiteit is enerzijds gebaseerd op legaliteit – de staat is een rechtsstaat – en anderzijds op de ethiek van het politieke handelen. Deze ethiek moet natuurlijk minimaal zijn, omdat de staat neutraal is ten opzichte van opvattingen over het goede leven.

Het politieke handelen kan 'overtuigingsethisch' of 'verantwoordelijkheidsethisch' geïnspireerd zijn, in de woorden van Weber. Het gaat dan om een ethiek die alle handelen en dus ook de inzet van de zwaarste middelen rechtvaardigt vanwege de eraan ten grondslag liggende goede intentie versus een ethiek die het handelen steevast toetst aan de gevolgen ervan. De heilige overtuiging kiest daarbij altijd voor de inzet van het 'laatste geweld', terwijl de verantwoordelijkheidsethiek weet dat geweld immoreel is en daarom zowel zonder dralen als met uiterste beperking moet worden ingezet, want 'geen enkele ethiek ter wereld kan aangeven wanneer en in welke mate het moreel goede doel de moreel gevaarlijke middelen en neveneffecten "heiligt".'[480] Webers verantwoordelijkheidsethiek komt het meest overeen met deugdenethiek.

Zoals al gezegd: uiteindelijk is de legitimiteit van de staat gewaarborgd in zijn rechtsstatelijkheid. Dit te zeggen roept meteen de vraag op wat rechtsstatelijkheid dan precies is. Zouridis heeft beschreven dat, hoezeer de geleerden daarover ook van mening verschillen, er toch een minimale consensus lijkt te zijn. Die betreft

478 Berlin, 1996. Daarmee is nog veel politiek onbepaald, natuurlijk. Claassen (2011) verdedigt eveneens vrijheid als belangrijkste oogmerk van politiek, maar kent de staat toch royaler taken toe om ook de positieve vrijheid van de burger te beschermen en te bevorderen.

479 Weber, 2012: 44 (cursivering auteur)

480 Ibidem, 2012: 97

de gebondenheid van de staat aan het recht, het bestaan van onafhankelijke rechtspraak waartoe elke burger toegang heeft en fundamentele grondrechten die de burger tegen de staat beschermen en hem aanspraken op overheidsinspanning verlenen. Ik zou daaraan toe willen voegen dat een vorm van machtsevenwicht tussen de verschillende statelijke instituties gewenst is en dat er ook sprake moet zijn van sterke checks-and-balances die het handelen van de staat begrenzen. Dat vraagt om nogal wat zelfbegrenzing van de kant van politici en bureaucraten.[481]

Alleen als de middelen van de staat en zijn politiek gezag zo zijn genormeerd kunnen idealen daar tot bloei komen waar ze het meest tot hun recht komen en het beste gedijen: in de samenleving. Dat is de eerste vorm van begrenzing die ik als elegant zou willen karakteriseren.

De onbedoelde schoonheid van modder

Een tweede vorm van begrenzing zie ik in de weerbarstigheid van de sociale werkelijkheid die zich niet zomaar voegt naar de politieke voorkeuren en de technocratische ambities van politieke en bureaucratische machthebbers. De maakbaarheid van de wereld is, zoals al eerder en elders omstandig betoogd, beperkt. Dat laat natuurlijk onverlet dat belangrijke delen van de wereld gemaakt zijn en dat veel interventies ook reële effecten hebben, al was het maar omdat ze uiterst schadelijk kunnen zijn.[482]

De beperkte maakbaarheid van de wereld valt steeds opnieuw empirisch vast te stellen. Charles Lindblom heeft dit inzicht gecanoniseerd door er de wetenschappelijke kern van de bestuurskunde van te maken. Deze discipline kan volgens hem ironisch worden aangeduid als 'The Science of Muddling Through' – de wetenschap van het voortmodderen.[483] Hoe volmaakt het plan ook, hoe volledig de informatie, hoe geavanceerd de beleidstheorie, altijd is de werkelijkheid weerbar-

481 Zouridis, 2009: 25-43. Foqué (2011) betoogt daarom dat de rechtsstaat een 'onrustig bezit' is. Recent heeft Spong (2012) nog eens laten zien hoe de rechtsstaat onder druk staat. Politici beseffen onvoldoende hoe gevaarlijk het is de rechtsstaat onder invloed van het populistisch discours instrumenteel aan te passen of ingrijpend te moderniseren.

482 Opnieuw verwijs ik naar het werk van Scott (1998) voor talloze voorbeelden.

483 Lindblom, 1959

stig, zijn niet alle feiten bekend en schiet onze kennis tekort in voorspelbaarheid. Daarom is alle beleid per definitie incrementeel, hoe synoptisch de plannen ook zijn. De blauwdruk van de wereld stuit altijd op de onvolmaaktheid van diezelfde wereld die juist voort kan komen uit de intelligentie van allerlei handelende en reagerende actoren. Bestuurskunde is daarom een toegepaste discipline die geen 'rocket science' is, maar een wetenschap van het zoeken en tasten, van 'trial and error', van het moeizame en het voorlopige. Beleidsmakers modderen voort in het moeras van kennistekort en handelingsverlegenheid. Daarom pleit Lindblom ervoor dit voortmodderen wetenschappelijk te onderzoeken én te ondersteunen. De empirie vraagt daarom.

> 'Making policy is at best a very rough process. Neither social scientists, nor politicians, nor public administrators yet know enough about the social world to avoid repeated error in predicting the consequences of policy moves. A wise policy-maker consequently expects that his policies will achieve only a part of what he hopes and at the same time will produce unanticipated consequences he would have preferred to avoid. If he proceeds through a *succession* of incremental changes, he avoids serious lasting mistakes (...).'[484]

Voortmodderen is echter niet alleen empirische noodzaak. In dat geval zou synoptische beleidsvoering het ideaal zijn en incrementalisme de onvermijdelijke, maar teleurstellende praktijk: we willen wel, maar kunnen het nog niet. Ons tekortschieten is voorlopig, maar zal ooit worden overwonnen. Voortmodderen is ook in principiële zin onvermijdelijk. Het is bovendien gewenst omdat de gebrekkigheid van onze kennis, de terugpratende werkelijkheid en de falende plannen ook een garantie zijn tegen bestuurskundige en bestuurlijke megalomanie. Het is maar goed dat plannen falen, omdat een wereld die door een plan te maken is, niet veel goeds in petto heeft – sterker nog: een afschuwwekkende en lelijke wereld is. Daarom is beleidsmatig voortmodderen een normatief wenselijk repertoire, een bewust na te streven stijl van politiek handelen. Karel Appel lijkt

484 Ibidem, 1959: 86 (cursivering auteur)

dit esthetisch te hebben geformuleerd door te betogen dat zijn kunst product is van 'aanrotzooien' en niet van planmatig ontwerp.[485] Dat 'aanrotzooien' zeer veel vakmanschap vraagt, heeft Appels glansrijke carrière overigens wel bewezen.

Incrementalisme moet dus uit de sfeer van mislukken en tekortschieten worden gehaald. Zonder een meer 'sophisticated' vorm van maakbaarheid na te streven kan incrementalisme ook worden opgevat als een politieke en bestuurlijke stijl die elegant en niet ruw en krachtpatserig is. De wereld wordt met zorg en met respect tegemoet getreden. Wie wil interveniëren dient zich altijd te vergewissen van geschiedenis en context, van gegroeide verhoudingen en praktijken en van het delicate karakter van het maatschappelijk weefsel. Het grote gebaar, hoezeer ook geïnspireerd door goede bedoelingen, verdient in het politieke domein altijd wantrouwen. Omdat het kan falen, maar meer nog omdat het onherstelbare schade kan aanrichten: 'How Great Schemes to Improve the Human Condition Have Failed' luidt niet voor niets de ondertitel van het vaker aangehaalde boek van Scott. Pressman en Wildavsky formuleren het nog bloemrijker in de ondertitel van hun studie *Implementation*:

> 'How great Expectations in Washington Are Dashed in Oakland; Or, Why It's Amazing that Federal Programs Work at All, This Being a Saga of the Economic Development Administration as Told by Two Sympathetic Observers Who Seek to Build Morals on a Foundation of Ruined Hopes'.[486]

In de ironie van deze ondertitel ligt een belangrijk aspect van een normatieve verdediging van incrementalisme als elegante bestuursstijl besloten. Als de wereld onvolmaakt is, betreft dat per definitie alle actoren en instituties in deze wereld, dus ook politieke machthebbers en beleidsmakers. Zij dienen dan ook, gegeven hun macht en de middelen waarover zij beschikken, van het besef doordrongen te zijn dat het nog-niet-weten principieel is en de potentiële vergissing daarom onvermijdelijk. Dat is geen wild postmodernistisch inzicht, maar een eenvoudige

485 In het beroemde verhaal in *Vrij Nederland* van Jan Vrijman, gemaakt met fotograaf Ed van der Elsken (29 januari 1955).

486 Scott 1998; Pressman & Wildavsky, 1984

erkenning van het falsificatieprincipe van Popper. In de sociale werkelijkheid valt daar het fenomeen van de reflexiviteit nog aan toe te voegen. Het is daarom wellicht beter te spreken van het nooit-weten in plaats van het nog-niet-weten.

Daarmee is de tragiek van de menselijke conditie aangeduid: we zullen het nooit zeker weten, terwijl we moeten handelen. Ironie is dan een passend antwoord. Dat heeft alles van doen met het onbetwistbare inzicht dat ons handelen onbedoelde gevolgen heeft.[487] We maken een plan, we formuleren beleid, we treffen een maatregel en steeds opnieuw zijn de gevolgen daarvan onvoorzien, hoe weloverwogen plan, beleid of maatregel ook zijn. We bedoelen het – doorgaans – goed, maar de consequenties van ons handelen zijn altijd ten dele onbedoeld. Onbedoelde gevolgen kunnen bovendien ongewenst zijn of bijvangsten die achteraf als gewenst zijn te beschouwen. In termen van harde causaliteit valt zelfs niet overtuigend vast te stellen of de gevolgen van beleid die voorzien, bedoeld én gewenst zijn te verklaren zijn door de effectiviteit van het beleid. Dat geldt ook als de effecten in een experimentele opstelling, hoe gerandomiseerd ook, worden vastgesteld.[488]

Deze ironie is natuurlijk van een grote schoonheid als we deze als beschouwende stijl gebruiken. Maar ook als bestuursstijl heeft de ironische positie een grote esthetische kwaliteit. Mits toegepast op de wereld waarin wordt geïntervenieerd én op de interventies zelf, kan deze stijl van beschouwen en handelen ineen de machthebber behoeden voor al te lachwekkende zelfoverschatting en daarmee de burger beschermen tegen de grote schade die deze zelfoverschatting vaak tot gevolg heeft. Matiging, bescheidenheid en terughoudendheid zijn voor de seculiere politicus slechts op te brengen vanuit een relativerende, ironische positie.[489]

Maatschappelijk houdt deze esthetica van de ironie voor machthebbers vooral een acceptatie van libertijnse subversiviteit in. Contrair aan het vaak gehuldigde adagium dat vertrouwen in politiek en politici noodzakelijk is, getuigt het naar mijn oordeel van een goed functionerend politiek bestel als de relatie tussen burger en machthebber er een van wantrouwen van de eerste jegens de

487 Merton, 1936

488 *Tant pis* voor alle aanhangers van evidencebased beleid.

489 Religieus geïnspireerde politici kunnen natuurlijk relativering ontlenen aan hun overtuiging dat de mens slechts deemoed tegenover het hogere past.

laatste is. Subversiviteit, en zeker die met een libertijnse inspiratie, is tegenover macht en machtsstreven van groot belang. Het siert daarom machthebbers als ze verzet en weerstand aanvaarden als onderdeel van hun ironische stijl. Dat is bepaald iets anders dan het appreciëren van verantwoordelijk burgerschap. Goed burgerschap zal immers in de ogen van de macht altijd ook getuigen van een zekere onverantwoordelijkheid. En als er al prijzen worden uitgereikt voor de (maatschappelijke) vrede kunnen statelijke instanties of vertegenwoordigers daarvoor natuurlijk nooit in aanmerking komen.[490] Alleen vanuit een ironisch perspectief kan de machthebber libertinisme waarderen, al zal dat regelmatig met knarsende tanden zijn. Zoals de feodale heerser de hofnar nodig had – iemand moest hem tenslotte tegenspreken – heeft de moderne heerser een mate van opstandigheid en weerstand nodig.[491]

Deze opstandigheid moet overigens niet slechts gericht zijn tegen mogelijk kwade bedoelingen die aan machtsuitoefening ten grondslag liggen. Meer nog is weerstand gevraagd tegen de goede bedoelingen. De samenleving mag daarvan vervuld zijn en voor zichzelf geluk, genoegen of genot nastreven, de staat kan dit maatschappelijk hedonisme echter alleen maar accepteren en moet niet in de verleiding raken het te willen bevorderen. Maakbaarheid van geluk is de droom van vele machthebbers. Die kan maar beter niet worden gedroomd. Met gepaste afstand en zonder het paternalisme van de goede bedoelingen: dat is de ironische positie die samenhangt met bewust gekozen en gewild incrementalisme.[492] Dat is de onbedoelde schoonheid van modder, waarin de samenleving haar gang moet kunnen gaan.

490 Het was een gotspe dat president Obama de Nobelprijs voor de vrede ontving, terwijl Guantanamo Bay nog open was en 'waterboarding' niet effectief uitgebannen. Ook de toekenning aan de Europese Unie getuigt van een grote misvatting. Stel dat de NAVO laureaat zou zijn, terwijl daarvoor vanuit een vredesperspectief bepaald iets te zeggen is, dan zou er toch tamelijk veel opwinding ontstaan. Staten kunnen de vrede slechts dienen vanwege hun geweldsmonopolie en dus de mogelijkheid en bereidheid niet vreedzaam te handelen. Dat valt weliswaar toe te juichen, maar niet van moreel geladen prijzen te voorzien.

491 Al was het maar omdat opstandigheid en weerstand kunnen bijdragen aan democratische verandering. (Scott, 2012: 17)

492 Natuurlijk blijft incrementalisme ook te waarderen als de tragische uitkomst van onhaalbaar maakbaarheidsstreven. 'Weltironie' is een belangrijke garantie voor fatalisme.

Grenzen stellen aan grenzen stellen

Het politieke domein stelt grenzen. De staat moet deze bewaken. Er zijn territoriale grenzen, grenzen van identiteit, grenzen tussen domeinen. Het politieke domein is in vele, zo niet alle samenlevingen het enige domein dat zelf kan beslissen grenzeloos te zijn door te vallen voor de totalitaire verleiding. In het bewaken van grenzen kan de staat over grenzen heen gaan. De mogelijkheid van de uitzonderingstoestand ligt altijd op de loer. Gevangenen kunnen buiten de rechtsorde worden geplaatst en gemarteld; onbemande vliegtuigen kunnen niet gehinderd door het oorlogsrecht vijanden liquideren; virtueel kan de tegenstander worden getroffen in vitale infrastructuren zonder belemmering van fysieke en juridische grenzen.

Ook de verzorgingsstaat kent zijn grenzeloosheid in een interventionisme van de goede bedoelingen. Uit voorzorg worden risico's gecalculeerd en preventieprogramma's ontwikkeld. Voorkomen is immers beter dan genezen. Intenties kunnen de burger al in een quasi-staat van schuldigheid brengen. Vele panoptica houden de burger virtueel en fysiek onder bewaking. Dit te weten moet hem of haar tot het juiste gedrag brengen. Nieuwste loot aan deze stam noemt zichzelf verhullend 'libertair paternalisme': de staat en zijn gesubsidieerde professionals weten wat goed is en verleiden tot gedrag dat met dit beeld in overeenstemming is. Niet verplichtend, maar vrijblijvend als de verleiding door een fatale vrouw.[493]

De staat is in toenemende mate door politieke beslissingen grenzen gaan stellen aan gedrag, intenties en voorkeuren van burgers. Niet alleen wil de verzorgingsstaat burgers beschermen tegen risico's en hen verzekeren tegen pech en leed, hij wil nu ook dat de burger specifieke voorkeuren heeft en het door de politiek gewenste gedrag vertoont. Hij moet zijn lot in eigen hand nemen, zijn kinderen verstandig en verantwoordelijk opvoeden en het leven gezond leven. Over het goede leven is inmiddels een omvangrijke catalogus van wenselijkheden

493 Dit is de 'Nudge-school' in de keuzetheorie, bekend gemaakt door Thaler en Sunstein (2008). Het gaat in deze theorie om het ontwerpen van een zodanige 'keuze-architectuur' dat burgers worden verleid om de 'beste' beslissingen te nemen, zonder dat hun keuzevrijheid wordt aangetast. Vanwege de zwaardmacht van de staat acht ik het echter nogal bezwaarlijk als de staat burgers zou willen verleiden, al helemaal omdat burgers daarvan niet altijd op de hoogte hoeven te zijn, volgens deze benadering. Over het voorzorgprincipe zie Peeters (2013).

ontwikkeld en met gevarieerde vormen van vriendelijkheid en verleiding, maar ook van drang en dwang krijgt de burger deze aangeboden. In de nieuwe strenge taal van de interventiestaat staat 'aanbieden' overigens gelijk aan opleggen.

De maakbaarheidsambities zijn groter dan ooit en er is geen grens meer aan het interventionisme dat ondertussen aan de burger vele benauwende grenzen oplegt. Falen, zwakte en tekort worden niet aanvaard en zullen worden opgeheven: in de eerste plaats door de burger zelf. Lukt deze dat niet, dan is de staat onverbiddelijk en wordt het gewenste gedrag voorgeschreven.

Daarbij wordt de machinerie van de staat flexibel gemaakt, vloeibaar haast. De nieuwe gedaante van de maakbaarheid is niet meer die van de gestolde structuren. Er is veel geleerd van de bestuurskundige en sociologische beschouwingen over de tekortkomingen van de klassieke bureaucratie. De tijd van de blauwdruk en het synoptische plan is voorbij. De postmoderne staat is 'rizomatisch' geworden.[494] Hij beweegt mee met de onnavolgbare complexiteit en turbulentie van de samenleving. Een slimme staat heeft het archipelkarakter van de postmoderne samenleving, niet de piramidale vorm van de moderne, bureaucratische ordening uit het industriële tijdperk.

Daar valt het nodige tegen in te brengen. In hoofdstuk 4 heb ik mijn bezwaren geformuleerd tegen de politieke, beleidsmatige en wetenschappelijke pogingen om tussen staat en samenleving isomorfie tot stand te brengen. Dat herhaal ik hier. De staat kan en moet niet op de samenleving lijken. De kloof tussen politiek en samenleving is eerder te klein dan te groot. De politieke wens om tragiek te voorkomen en op te lossen heeft geleid tot een grootschalige doordringing van de samenleving door de staat en door de staat gefinancierde en gestuurde instellingen. Aan dit stellen van grenzen – met name aan het gedrag van burgers – moeten grenzen worden gesteld.

Als de staat de enige institutie is die uit de aard van zijn monopolies grenzen kan stellen, dan is hij voor zijn legitimiteit afhankelijk van dit grenzen stellen aan grenzen stellen. Dat is natuurlijk altijd al het doel van de rechtsstaat geweest, maar er is daarover meer te zeggen. Wie gezaghebbend grenzen wil stellen, aan zichzelf en aan anderen, kan dat slechts vanuit een positie van distantie doen.

494 Zie Trommel (2009) over deze nieuwe 'gulzigheid' van de staat.

Het gaat immers niet om een waarheid die slechts onthulling behoeft of een moraal die universele gelding heeft. Politiek handelen is even noodzakelijk als arbitrair. Als de staat onder politiek gezag grenzen stelt is dat dus een vorm van 'contrafactisch' handelen. De staat beweegt niet mee, maar tegen, als de normen worden geschonden, als een beslissing moet worden genomen, als een oordeel moet worden geveld.

De staat zet als het ware contrapunten in de kakafonie van maatschappelijk geluid en tumult. De staat is nodig om tegen de tijdgeest in te werken of beter nog: om indifferent te zijn ten opzichte van de onoverzichtelijkheid van de differentie. Daarom is er politieke normstelling nodig die het maatschappelijk mogelijk maakt waardenpluralisme te koesteren en te verdragen. De norm is immers dan relevant als het pluralisme ondraaglijk wordt omdat het tot geweld en uitsluiting leidt.

Dat vraagt natuurlijk om een uitgebreid repertoire van symbolen en rituelen. Politiek arbitrair gestelde grenzen vallen immers buiten het discours van de technocratische rationaliteit. De grens die moet worden gesteld – soms – valt niet te calculeren of te bewijzen. Wat verboden is, kan alleen worden getaboeïseerd. Overwegingen van nut schieten tekort. Zelf met het monopolie van geweld begiftigd, kan de staat onmogelijk de uitoefening van geweld door burgers of andere staten voor immoreel verklaren. Overtreding van het geweldsmonopolie is daarom taboe en moet ritueel met het verbod worden bestreden. Opnieuw mag worden verwacht dat de staat sommige grenzen – die van het monopolie – vastberaden handhaaft, maar daar waar het stellen van grenzen alleen met de het monopolie als latente dreiging op de achtergrond gebeurt, elegant is: lichtvoetig, maar beslist.

Begrenzing als geste

In een cultuur van de openheid, de calculeerbaarheid en de doelgerichtheid is elegantie natuurlijk een merkwaardig begrip. Het wijst op een kwaliteit die geen nut heeft, nergens toe dient. Het is een begrip dat zich aan taligheid onttrekt. In de terminologie van René ten Bos: het is een begrip uit de wereld van de stilte. In diens boek *Stilte, geste, stem* heet elegantie een complex verschijnsel dat veel verbergt, bijvoorbeeld alle arbeid, alle moeite die nodig zijn om elegantie te realiseren. Hij verwijst naar 'de bekoorlijke voetballer' en 'een elegante vrouw op hoge hakken'.[495] Ten Bos laat de stilte, de geste en de stem het spreken doordringen.

Stilte laat zich mooi verbinden met leegte, omdat de stilte geen begin, geen initiatief kent en evenmin een centrum. De stilte is dus 'an-archisch' in de woorden van Ten Bos.[496] Paradoxaal is natuurlijk dat we over de stilte maar beter kunnen zwijgen, omdat spreken het sublieme, de intensiteit van stilte ruïneert. En dat geldt zowel voor de stilte van schoonheid en elegantie als voor die van de ramp, de tragiek, het leed. De leegte van de stilte valt daarom goed te vergelijken met Leforts begrip van de lege plek van de macht.[497] Die plek is leeg en moet ook leeg worden gehouden om betekenis te kunnen hebben als symbolische ordening. De democratie kan alleen bestaan als macht nooit permanent en alles doordringend is. De minderheid is niet afwezig maar juist aanwezig, als de politieke institutie zich niet verbindt met de wil van één meerderheid, zelfs als die uit verkiezingen zou blijken of de stem van het volk articuleert. De lege plek van de macht is enerzijds bedoeld als begrenzing, als aansporing tot terughoudendheid. Tegelijkertijd beoogt de leegte van de plek te symboliseren dat de minderheid altijd bescherming geniet. De leegte is daarom van een elegante subtiliteit: we moeten ons er van verzekerd kunnen weten, zonder dat deze zekerheid voortdurend als slogan wordt verkondigd. Dit maakt deze terminologie ook gecompliceerd: politiek in de modernistische interpretatie is immers altijd spreken en handelen. Alleen maar 'dasein' in de Heideggeriaanse betekenis van het woord, lijkt onbestaanbaar en dus onzegbaar. De politieke institutie is opgesloten geraakt in een discours van probleemoplossende doelgerichtheid en kan dus niet stil en leeg zijn. Daarom is er ook zo veel weerstand tegen een esthetisch perspectief op politiek en macht. Dat zou de wereld van het onechte, de schijn, de symboliek en het mythische in de wereld van de technocratische maakbaarheid halen.

De actuele obsessie met transparantie laat dit zien. Alles moet zichtbaar zijn, geen geheim mag bestaan, niets mag in het verborgene blijven. De lof van transparantie wordt in vele verhalen bezongen. In een fraaie studie schetst Scholtes zeven betekenissen van transparantie. Het gaat om openbaarheid als democratisch

495 Ten Bos, 2011: 118

496 Ibidem, 2011: 37 e.v.

497 Lefort, 1986: 28-32

principe; om kennis en bekendheid als voorwaarde voor 'empowerment'; om controleerbaarheid van machthebbers; om vergelijkbaarheid die oordeelsvorming mogelijk moet maken; om gelijkheid van posities op markten; om betrouwbaarheid van actoren die open kaart spelen; om informeren en geïnformeerdheid over de wereld.[498]

Maar transparantie is en blijft een taalhandeling die alleen maar performatief is vanwege de symbolische betekenis ervan. Dat laten de betekenisvolle verhalen van Scholtes ook zien. Wie transparantie bepleit, suggereert daarmee een wereld van openheid, betrouwbaarheid, integriteit en authenticiteit. In één oogopslag is alles helder. De machthebber mag geen geheimen hebben. Zijn persoon moet authentiek zijn. Er spreekt een voorkeur uit voor onmiddellijkheid en directheid. Dat politiek en macht zich ook altijd in het verborgene moeten afspelen, al was het maar omdat het geweldsmonopolie door duistere krachten wordt bedreigd, lijkt voor transparantiegelovigen blasfemisch. Dat macht ook altijd mythen en rituelen nodig heeft, wordt vergeten. Dat de kracht van een symbolische orde ook altijd samenhangt met het niet-calculeerbare en het niet-doelgerichte, is onbespreekbaar.

Daarom bepleit Ten Bos een eerherstel voor de geste als belangrijk element van een politieke orde. De geste is meer met het lichaam dan met de rede verbonden, maar maakt het spreken fysiek zichtbaar. Fascinerend voorbeeld daarvan is minister Opstelten, bij wie het gebaar en de stem een werkelijk onverbrekelijk verbond zijn aangegaan. De performativiteit daarvan verdwijnt onmiddellijk als we hem slechts kunnen beluisteren. Dan ervaren we slechts het spreekwoordelijke 'meel in de mond'. De combinatie echter van de bassende stem, de bedachtzame gebaren met de armen en handen (soms de vingertoppen tegen elkaar, soms de armen Messiaans gestrekt, soms de handen in bidstand voor de mond) en de imposante fysieke gestalte geven aan zijn bijna zonder uitzondering triviale teksten talloze voor velen onpeilbare betekenissen, maar vooral ook het vermoeden van doorzettingsmacht.

Wat Ten Bos 'gestische politiek' noemt is een politiek die de lichamelijkheid terugbrengt in het politieke domein. In navolging van Agamben betoogt hij dat

498 Scholtes, 2012

de soevereiniteit die over insluiting en uitsluiting beslist, relativering behoeft. Ik deel die gedachte: de noodzaak van begrenzing komt eruit voort. Maar ik verwerp zijn conclusie dat deze relativering impliceert dat alles politiek is. Mijn pleidooi voor een esthetisch perspectief op politiek is juist gebaseerd op een besef van de noodzakelijkheid van afstand. Elegantie is juist gelegen in het verschillend zijn van politici en samenleving, wat overigens zeer wel samen gaat met de erkenning dat deze afstand en de omvang ervan resultaat van politieke beslissingen zijn.

De tragiek van de wereld die met het besef van de eindigheid van elk mens is gegeven, maakt het echter noodzakelijk de totalitaire verleiding te bestrijden onder meer door steeds opnieuw de geste te maken dat politiek ons met tragiek moet leren verzoenen. Dat kan alleen maar door de doelgerichtheid zo veel mogelijk uit te bannen. Zowel in ethische als in esthetische zin, zo stelt Ten Bos, gaat het om een politiek die 'haar eigen soevereine logica constant ter discussie (moet) willen stellen'.[499] Dat betekent echter allerminst dat daarmee de soevereiniteit kan verdwijnen. Juist om ook aan de uitgeslotenen, de machtelozen steun te kunnen verlenen, is er een plek van de macht nodig. Deze plek moet echter niet worden opgevat als een centrum of een te bereiken doel, maar als een constitutie die haar vitaliteit ontleent aan een vanzelfsprekende duurzaamheid, en aan een aanwezigheid die zichzelf weet te begrenzen. De begrenzing als geste is haar ethiek, die tevens haar duurzaamheid representeert. Het vitalisme van deze constitutionele orde hangt niet in de laatste plaats samen met haar hoffelijke conservatisme.

499 Ten Bos, 2011: 161

11 De hoffelijkheid van conservatisme

De constitutionele orde moet een ethiek van begrenzing kennen en moet een orde zijn, waarvan de duurzaamheid berust in een hoffelijk conservatisme. Deze stelling bouwt voort op mijn pleidooi voor 'aristocratische politiek'.[500] Om de burgeroorlog te voorkomen en om de zwaarte van de monopolies te beteugelen is zelfbinding van de staat noodzakelijk. Een dergelijke zelfbinding moet zelfbescherming en zelfbeperking opleveren. Die vallen slechts op te brengen als politiek distantie betracht ten opzichte van de samenleving en daarmee niet wil samenvallen, zoals in een interventionistische stijl het vanzelfsprekende geval is. Aristocratische politiek neemt zo'n distantie wel in acht omdat deze haar bescheiden én verantwoordelijke plaats weet. De zwaarte van de monopolies – het gevaar van de staat – verplicht daartoe.

Het plichtsbesef dat met deze erkenning van het gevaar van de staat en van de politieke verleiding van het totalitarisme samenhangt, is ook als een kwestie van eer op te vatten. Machtsposities zijn zware posities: deze te mogen bekleden moet als eervol worden gezien. Ambtsdragers zijn geen bezitters van het ambt; het ambt gaat aan de drager vooraf én voorbij; het ambt draagt zijn drager.[501]

Eer lijkt een vergeten thema. Olsthoorn brengt in herinnering:

500 Frissen, 2009

501 Ibidem, 2009: 94; Olsthoorn, 2000

> 'Het streven naar eer en roem werd geacht ertoe bij te dragen dat zij die daartoe waren voorbestemd door geboorte en opvoeding, probeerden te excelleren in de publieke ambten en op het slagveld.'[502]

Ook nu machthebbers democratisch worden gekozen is streven naar excellentie nog steeds gewenst. Dat gaat voorbij aan overwegingen van nut en doelgerichtheid en berust evenmin op een romantisch verlangen naar authenticiteit, dat we zo vaak aantreffen in de literatuur over leiderschap. Streven naar excellentie is juist de kern van een deugdenethiek. Als we moeten handelen – en in het politieke domein moet dat, van tijd tot tijd – is de voortreffelijkheid van deugdzaamheid een goed en eervol richtsnoer. Van Roermund stelt dat deugd in de kern 'een gezamenlijke, maar ook gezamenlijk beheerste, vitaliteitsdrift' is. Alleen als zij daarover in voldoende mate beschikt, kan een samenleving een relatie met zichzelf vinden. Het algemene belang berust niet alleen op de 'machtsbron' waarvan de plek maar beter leeg kan blijven. Het berust evenzeer op 'een levensbron', die de vitaliteit ervan bepaalt en die aan de samenleving haar identiteit geeft. Dat lijkt het populisme als geen andere stroming te beseffen, hoewel het daarover vooral een eendimensionale en daardoor 'halve waarheid' vertelt.[503]

De deugdzaamheid van de aristocratische politiek daarentegen moet voortdurend tussen politieke macht en maatschappelijke vitaliteit bemiddelen. Niet voor niets is de voortreffelijkheid die wordt nagestreefd er een van het midden zoeken. In de woorden van Aristoteles: 'een midden tussen twee uitersten: een teveel en een te weinig.'[504] Deugdzaamheid in het politieke domein heeft in deze visie betrekking op maatvoering, die ik eerder verbonden heb met een esthetica van ordentelijkheid, met bescherming van differentie, die als verdraagzaamheid te kwalificeren valt, en met zelfbinding, die gericht is op het vermijden van wreedheid. Tezamen vormen deze elementen een esthetica van de neutraliteit.[505]

Deze neutraliteit is geen mediocriteit of vrijblijvendheid maar berust op een willen respecteren van gefragmenteerde identiteiten. Voor zover het streven naar

502 Ibidem, 2000: 4

503 Van Roermund, 2011: 129-130

504 Aristoteles. 2005: 125

505 Frissen, 2009: 243, 250-253; Rorty, 1992: 101

eer en voortreffelijkheid samenhangt met maatschappelijke opvattingen over het goede leven past het deugdzame machthebbers om terughoudend te zijn. Daarom ook heb ik in *Gevaar Verplicht* betoogd dat van ambtsdragers in het politieke en het statelijke domein prudentie, proportionaliteit, bescheidenheid, oordeelsvermogen, tolerantie en kosmopolitisme mogen worden verwacht.[506] Wie de neutraliteit van het midden betracht, is daarom ook zeer terughoudend als het gaat om politieke ambities gericht op verandering en innovatie. Het inzicht geldt dat de politieke macht de maatschappelijke vitaliteit en veerkracht vooral moet respecteren en waar nodig beschermen. Dat vraagt om ordentelijke verhoudingen tussen het politieke domein en private en publieke domeinen. Belangrijk aspect van deze ordentelijkheid is wat ik hoffelijkheid zou willen noemen. Voor wat maatschappelijk is gegroeid, voor tradities, past de machthebber vooral ontzag. Hij weet immers dat het publieke domein juist is ontstaan in reactie op het menselijk tekort, om pech, leed en risico's te kunnen dragen. De machthebber past bescheidenheid meer dan veranderingsdrift en verheffingsambitie. Hij moet dus conservatief zijn. Dat is een vorm van hoffelijkheid die berust op het ironische inzicht dat tragiek onvermijdelijk is en dat de omgang daarmee om distantie vraagt.

Conservatisme is voor velen een pejoratieve term. Wie conservatief is, verlangt naar een voorbij verleden en is vol van behoudzucht. Nu is er natuurlijk weinig mis met een verlangen naar een verleden of de wens om wat waardevol is te behouden.[507] Veel schade in de wereld wordt aangericht door omgekeerde voorkeuren, zou de conservatief betogen. Ik ben zo vrij om een enigszins eclectisch conservatismebegrip te hanteren. De stroming is zo breed en gevarieerd dat het mogelijk is er verschillende opvattingen uit te kiezen die het beste passen bij mijn betoog.[508]

Een eerste belangrijke aspect van het conservatisme dat ik wil gebruiken is zijn pessimistisch mensbeeld. Daarmee bedoel ik de opvatting dat de mens ook geneigd is tot het kwade en niet als vanzelfsprekend het goede doet, kan of wil.

506 Frissen, 2009: 254-257

507 Dit maakt ook duidelijk dat niet alles waard is om te behouden. Als de traditie totalitair of tyranniek is, is deze dat allerminst.

508 Ik haal deze elementen uit Kinneging, 2005: 444 e.v., Baudet & Visser, 2010: 7-12 en Baudet & Visser, 2012: 7-12.

Deze neiging tot het kwade verbindt zich dan met zijn fundamentele tekortkomingen, waardoor de wereld in essentie tragisch is. Zelfs zijn goede bedoelingen kunnen in hun tegendeel verkeren. Wat rest is onzekerheid, ongewisheid en onbepaaldheid. De mens is in zijn kunnen beperkt, wil desondanks toch handelen, en draagt daardoor alleen maar bij aan de onkenbaarheid en onvoorspelbaarheid van de wereld: de ironie, dan wel tragiek van de onbedoelde gevolgen.

Daarmee hangt in de tweede plaats een wereldbeeld samen dat niet teleologisch is: de wereld heeft geen doel, laat staan een doel dat nastrevenswaardig is en door menselijke inspanning dichterbij te brengen. Het conservatisme kan dus onmogelijk utopisch zijn; het staat sceptisch tegenover alle revolutionaire streven en aanvaardt geen interventionistische politiek om welke blauwdruk van welke rechtvaardige samenleving dan ook dichterbij te brengen. Het is uitermate kritisch inzake verlichtingsidealen.

In de derde plaats waardeert het conservatisme het belang van instituties en tradities die kunnen dienen om de geneigdheid tot het kwaad te beteugelen. De negatieve gevolgen van de menselijke vrijheidsdrang moeten worden ingetoomd waar mogelijk en bestreden waar noodzakelijk. Dat maakt het bestaan van een staat en zijn monopolies onontkoombaar. Dat in de staat een groot gevaar is belichaamd, weet het conservatisme. De constitutionele orde die het gevaar van de staat op haar beurt moet intomen, is van dat besef de belangrijkste uitwerking.

Tegelijkertijd, en dat in de vierde plaats, behelst de constitutionele orde ook de bescherming van de differentie. De pluraliteit is de belangrijkste te koesteren waarde van de demos en van de samenleving waarvan de demos de politieke gemeenschap is. Daarom ook is het conservatisme ten opzichte van de samenleving 'politiek liberaal en tolerant', omdat het het recht om 'in eigen kring het historisch gegroeide anderszijn te cultiveren' wil beschermen.[509]

Ten slotte is het conservatisme dat ik bepleit hoffelijk. Onder erkenning van kwaad, leed en tragiek en met respect voor traditie en institutie wil het op het niveau van het gedrag bij machthebbers en burgers een zekere lichtvoetigheid bevorderen en in de beschouwingswijze en houding vooral humor, ironie en relativeringsvermogen. De mens schiet in kennis tekort en het conservatisme

509 Piret, 2002: 26

laat hem daarom positie kiezen in het midden, waarbij hij streeft naar voortreffelijkheid zonder potsierlijk te worden.

De hemel, op aarde of hierna

Vaak wordt conservatisme geassocieerd met christelijk denken. Dat past natuurlijk bij de gedachte dat het hoogmoedig is om het lot in eigen hand te nemen. De mens moet op aarde in deemoed aanvaarden wat over hem wordt beschikt. Na het aardse leven wacht de gelukzaligheid van de vereniging met het opperwezen in de hemel. Of deze toekomst nu gepredestineerd is of dat de toegang ertoe verdiend moet worden, tijdens het aardse bestaan moet de mens arbeiden en goede werken verrichten. De toekomst in het hiernamaals biedt dan de verlossing van de wereldse tragiek: 'verlos ons van het kwade'

De verscheurdheid van de wereld, de gebrokenheid ervan, gaat volgens deze religieuze conservatieven terug op het begin van de geschiedenis in de christelijke interpretatie: de moord van Kaïn op zijn broer Abel. Ook Schmitt hanteert dit theologisch uitgangspunt. Te denken dat de politiek een einde kan maken aan deze verscheurdheid is daarom hybris volgens hem. Dat standpunt deel ik. De verscheurdheid, de tragiek is fundamenteel. Schmitt, en met hem Hoogers, betoogt dat in de soevereiniteit van de staat sinds de negentiende eeuw de notie van transcendentie – zij het van een goddelijke, zij het van een vorstelijke soeverein – is vervangen door de immanentie van het politieke in zijn naakte identiteit. Die kan slechts de brute politieke macht representeren die altijd aan het recht en de ordening voorafgaat. Legitimiteit is dan puur positiefrechtelijk ofwel gebaseerd op de constituerende, democratische macht van het volk. Volgens Schmitt houdt daarmee legitimiteit in de traditionele zin op te bestaan.[510]

Tegen een dergelijk christelijk geïnspireerd conservatisme kan ik alleen maar agnostisch bezwaar maken. Bovendien is het beeld van het hiernamaals waarin verlossing voor tragiek wordt geboden in een eeuwigdurende gelukzaligheid wat al te aards. Als de transcendentie al bestaat, is deze voor mensen per definitie

510 Schmitt, 2005: 49-52; Hoogers, 1991: 250-255

onbegrijpelijk, want goddelijk. Als we ons met tragiek willen verzoenen, kan dat daarom alleen maar in het hier en nu. We aanvaarden dan het menselijk tekort, maar niet omdat daaraan de erfzonde ten grondslag ligt.

Dit tekort – en dus de verscheurdheid van de wereld- is fundamenteel. De soevereiniteit van de staat is er om deze draaglijk te houden. We kunnen ons alleen met tragiek verzoenen, omdat we weten dat deze onvermijdelijk is. Interessant is dat Schmitt betreurt dat met het verdwijnen van de transcendentie en de komst van de immanentie ook de ernst dreigt te verdwijnen. De ernst is voor hem onlosmakelijk met het politieke verbonden. Als liberale vrijheid, of erger nog wereldvrede en universele rechten het doel van de staat worden, verdwijnt het politieke. Dat is immers gebaseerd op de tegenstelling tussen vriend en vijand en op de bereidheid voor de politieke gemeenschap van vrienden het leven te geven. Met de ironie die in de postmoderne, esthetische politieke filosofie wordt gehanteerd krijgt het verdwijnen van deze ernst dan ook een plaats en compensatie. Zelfs de zwaarste beslissing van het politieke – die over de oorlog – is dan in ieder geval onderworpen aan de ironie van de geschiedenis.[511]

Een vergelijkbare oriëntatie op ernst zien we in het utopisch verlangen om de tragiek in het hier en nu op te lossen door een hemel op aarde te stichten. Ook in dit hemelrijk zal de humor, zal de ironie verdwenen zijn, zo valt te vrezen. Eeuwig geluk, eeuwige vrede zijn na onze dood al buitengewoon ernstig te nemen, voor onze dood helemaal. Zoals tegen de religieuze verwachting van een oneindig rijk in de transcendentie vooral agnostisch bezwaar valt in te brengen, zo valt tegen de utopische droom van een hemel op aarde filosofisch, theoretisch en empirisch bezwaar aan te tekenen.

Empirisch steekhoudend en eigenlijk afdoende is een fameuze scene uit *Monty Python's Life of Brian*. Daarin wil de onbedoelde leider zijn volgelingen inprenten dat ze allemaal individuen zijn. Zij bevestigen dit, al scanderend: 'We are all individuals.' Maar een van hen roept: 'No, I'm not.' Deze dissident, die geen individu wil zijn, zal het ongetwijfeld zwaar krijgen als de grootst mogelijke meerderheid het individualisme zal willen collectiviseren.

Theoretisch is het bezwaar tegen de utopie dat deze altijd zal stuiten op

511 Schmitt, 2001: 69 e.v.; De Wit, 1992: 124 e.v. en 491 e.v.; zie ook Ankersmit, 1996: 162 e.v.

onbedoelde gevolgen en reflexiviteit. De wereld praat terug en ondermijnt als vanzelf de condities van consensus en instemming die elke hemel op aarde vraagt. Bovendien vraagt een hemel op aarde altijd om voorzieningen tegen het onvoorziene. Fortuna, al was het maar in de vorm van overstroming of meteoriet, laat zich nooit helemaal temmen. Voorzieningen kosten geld, financiering moet worden afgedwongen, en snel is er een debat over solidariteit en draagkracht.

Filosofisch kunnen we tenslotte kort zijn: een utopie betekent het einde van de geschiedenis, het einde van de politiek en dus van de democratie. Dat is eerder het absolute niets van de hel.

Het conservatisme heeft zich altijd gekeerd tegen de utopie. Te denken dat we op aarde de volmaaktheid zouden kunnen realiseren is hoogmoed. Het heeft altijd principieel bezwaar gemaakt tegen de utopische projecten van fascisme en communisme, zoals voor de hand ligt, maar het conservatisme is zeker ook kritisch over de ideologie van de Verlichting die een seculiere utopie is geworden. Als eenmaal de sluier van onwetendheid, die het geloof volgens Verlichtingsdenkers is, wordt afgelegd, zullen we de verwezenlijking van de rationaliteit in alle menselijke domeinen kunnen begroeten. Gray laat zelfs overtuigend zien dat ook het 'neoconservatieve project' van Amerikaanse Republikeinen en hun Europese navolgers veel utopische kanten heeft.[512]

Veel utopisme is ook zichtbaar in minder megalomane projecten. Eerder al wees ik in navolging van De Mul erop dat de religie, en met name het christendom, verlossing van tragiek in het hiernamaals belooft. In het verlengde daarvan is er de moderniteit die verlossing van tragiek in het hier en nu nastreeft. Er is een grote ambitie om 'het onvoltooide project van de moderniteit' te voltooien.[513] Dat vergt veel innovatie, veel verandering en een permanente oriëntatie op het heden dat natuurlijk onvolkomen is. In deze zucht de tragiek voor eens en voor altijd op te lossen, herkennen we een heilig verklaren van het heden ten opzichte van het verleden. Deze wordt weliswaar altijd met de toekomst, waarin

512 Gray, 2007

513 Zo noemt Habermas (1985) de moderniteit. Alle alternatieven voor de moderniteit zijn volgens hem regressief, een negatie van de Verlichting. Alle tegenstanders, of ze nu Foucault of Derrida, oude of neo-conservatieven heten, zijn 'gewoon' conservatief en dat bedoelt Habermas waarschijnlijk niet als een positieve appreciatie.

alles goed zal komen, gelegitimeerd, maar brengt een tirannie van de urgentie.[514] Dat kan ook niet anders: het voortdurende besef dat de wereld nog niet af is, dat bestaande praktijken en instituties niet passend zijn, vraagt volgens dit discours om verandering, vervolmaking en voltooiing. Die heet overigens vaak volledige flexibilisering en adaptiviteit. Als alles flexibel en adaptief wordt, resteert een dictatuur van de technocratie. Vastigheid is immers alleen nodig als we niet weten waarheen we op weg zijn of wat de hemel op aarde zal zijn. Duurzaamheid is bij uitstek een zaak van instituties en tradities. Conservatief zijn wil toch vooral zeggen daarvoor waardering te hebben.

Ironie jegens de maakbaarheid, de kenbaarheid en de voorspelbaarheid is daarom een teken van hoffelijkheid.[515] Juist om ons met tragiek in de wereld te kunnen verzoenen is het zaak elke vorm van utopisme te herkennen. Zeker als deze mild despotisme als gedaante heeft.

Mild despotisme herkennen

In zijn indrukwekkende studie *Over de democratie in Amerika* ontwikkelt Alexis De Tocqueville het begrip 'mild despotisme'. Hij is geïnteresseerd in de vraag welke specifieke vormen van despotisme eigen zijn aan uiteenlopende politieke stelsels. In de inleiding wijst hij al op de grote gevaren van despotisme:

> 'De mens raakt niet vernederd door het gebruik van de macht, noch door de gewoonte van gehoorzaamheid, maar door het gebruik van een macht die hij onrechtmatig acht en door de gehoorzaamheid aan een macht waarvan hij vindt dat die wederrechtelijk is verkregen en onderdrukkend is.'[516]

514 Laïdi, 2002: 215 e.v.

515 Het gaat mij hier dus om een vorm van ironie die vooral filosofisch van aard is en die ik ontleen aan het werk van onder anderen Rorty (1992) en Willke (1992). Hoewel vaak wordt opgemerkt dat ironie toch vooral een houding van de commentator op afstand is, zou ik willen betogen dat ook de machthebber ironie past: relativeren van grote verhalen en maakbaarheidsambities, afstand nemen van utopisch denken. Natuurlijk geldt de ironie allerminst voor de ernst van leed en tragiek.

516 Tocqueville, 2011: 24

Tegen deze achtergrond zou de stelling gerechtvaardigd zijn dat de democratie – waarin het volk tenslotte onderdaan en machthebber tegelijk is – een einde maakt aan het despotisme. Daar brengt Tocqueville de ervaring van de Franse Revolutie tegenin. Hij ziet vooral de verwarring die resteert na de omvangrijke excessen en de vernietiging van traditie en instituties.

> 'De religieuze mens bestrijdt de vrijheid en de vrienden van de vrijheid bestrijden de religies; nobele en genereuze geesten roemen de slavernij en lage en slaafse zielen bevelen de onafhankelijkheid aan; eerbare en verlichte burgers zijn de vijanden van elke vooruitgang, terwijl mannen zonder vaderlandsliefde en zonder zeden zichzelf uitroepen tot de apostelen van de beschaving en de verlichting!'[517]

Vandaar dat Tocqueville verwacht in Amerika een democratie aan te treffen in meer zuivere vorm. Dat land is immers het product van emigranten en vluchtelingen uit aristocratisch en feodaal Europa. Daar is volledige gelijkheid zonder standsbesef. Welke wetten en staatsinrichting zijn daar ontstaan? Welke invloed heeft daar de democratie op de samenleving? Niet overigens met het oogmerk een apologie te schrijven, maar eerder om de democratie in zuivere vorm en volle werking te kunnen aanschouwen. Welk despotisme treft de auteur in zo'n democratie aan?

Kruiter laat zien dat Tocqueville in Amerika een samenleving heeft aangetroffen waarin gelijkheid een zo grote waarde kent dat deze de vrijheid van zelfbewuste individuen bedreigt. De soevereiniteit van het volk heeft een dogmatisch karakter dat bovendien moreel grote kracht heeft. Daarmee is democratische macht in potentie groter dan welke heersers in het verleden ooit bezaten. Gevolg: het ontstaan van een 'tirannie van de meerderheid' die vooral voortkomt uit de gebrekkige waarborgen tegen deze vorm van despotisme. En veel van dat despotisme is te vinden in een steeds verdere doordringing van het private domein door de staat.[518]

Met Kruiter zie ik in de volgende sleuteltekst uit Tocquevilles grote studie het milde despotisme het meest aansprekend omschreven:

517 Tocqueville, 2011: 28

518 Tocqueville, 2011: 272 e.v.; Kruiter, 2010: 85 e.v. en 91-93.

‘(I)k zie een ontelbare massa eendere en gelijke mensen die voortdurend met zichzelf bezig zijn om zich kleine en platvloerse genoegens te verschaffen waarmee zij hun ziel vullen. Elk van hen afzonderlijk staat als een vreemdeling tegenover het lot van alle anderen; zijn kinderen en zijn vrienden vormen voor hem het hele mensdom; wat de rest van zijn medeburgers betreft: hij staat naast hen, maar ziet hen niet; hij raakt ze aan, maar voelt ze niet; hij bestaat slechts in en voor zichzelf en, zo hij al familie heeft, kan men in ieder geval zeggen dat hij geen vaderland meer heeft.

Boven hen torent een immense en beschermende macht uit die zich als enige belast met de zorg voor hun genietingen en het toezicht op hun lot. Zij is absoluut, nauwkeurig, regelmatig, vooruitziend en zachtmoedig. Zij zou op het vaderlijk gezag lijken als zij, evenals dat gezag, tot taak zou hebben de mensen voor te bereiden op de volwassenheid, maar zij probeert juist niet anders te doen dan hen onherroepelijk in hun kindertijd vast te houden; zij ziet graag dat de burgers genieten, mits zij alleen maar aan genietingen denken. Zij merkt met genoegen aan hun geluk, maar wil er de enige vertegenwoordiger en de enige scheidsrechter van zijn; zij biedt hun veiligheid, kent en regelt hun behoeften, vergemakkelijkt hun genoegens, zorgt voor hun voornaamste zaken, staat aan het hoofd van hun nijverheid, regelt hun erfopvolging, verdeelt hun erfenissen; waarom kan zij hun niet volledig de moeite van het denken en de lust van het leven besparen?

Zo maakt zij het gebruik van de vrije wil elke dag minder nuttig en zeldzamer; zo dringt zij de wil binnen een kleinere ruimte terug en neemt zij geleidelijk elke burger zelfs het gebruik van zijn eigen vermogens af. De gelijkheid heeft de mensen op al deze dingen voorbereid: zij heeft hen ertoe gebracht ze te ondergaan en vaak zelfs als een weldaad te beschouwen.

Na aldus elk individu een voor een in zijn machtige handen te hebben genomen, en hem naar goeddunken te hebben gekneed, strekt de soeverein zijn armen over de gehele samenleving uit; hij bedekt haar met een netwerk van kleine, ingewikkelde, minutieuze en eenvormige

> regels waar de meest originele geesten en de sterkste zielen niet doorheen kunnen komen om de massa te overstijgen; hij breekt hun wil niet, maar verzwakt, verdraait en leidt die; hij dwingt zelden tot handelen, maar verzet zich er onophoudelijk tegen dat men handelt; hij vernietigt niet, hij belemmert het ontstaan; hij tiranniseert niet, hij hindert, hij onderdrukt, hij verstoort, hij dooft uit, hij stompt af en hij reduceert uiteindelijk elke natie tot een kudde schuchtere en vaardige dieren waarvan de staat de herder is.'[519]

Het milde despotisme van de democratie definieert Kruiter daarom als volgt:

> 'Centralisering en bureaucratisering als voornaamste kenmerken van de democratische overheid en individualisme als voornaamste kenmerk van de democratische samenleving versterken elkaar en zijn er de voornaamste oorzaak van dat beleidsprincipes en doelstellingen resulteren in onverwachte politieke effecten die het democratisch vermogen van de samenleving, uitgedrukt in welbegrepen eigenbelang, aantasten.'[520]

Waar de democratie bedoeld was als waarborg tegen despotisme, slaat deze om in een producent ervan, met name in zijn bureaucratische en technocratische gedaanten. Uiteraard gebeurt dat eerder met goede dan kwade bedoelingen – vandaar de mildheid – en natuurlijk staat altijd het belang van de burger voorop. Dat is dan wel het belang van een meerderheid en het is niet welbegrepen maar paternalistisch gedecreteerd.

Het vraagt conservatisme om dit milde despotisme te kunnen herkennen. Het vraagt in het bijzonder een aristocratisch conservatisme omdat dit niet de gelijkheid maar het onderscheid van de differentie prefereert. Daarom ook moet een dergelijk conservatisme vooral in de minderheid de belangrijkste categorie van de democratie willen zien. Daarin ligt ook zijn hoffelijkheid. Die heeft immers per definitie betrekking op de ander en het andere. De hoffelijkheid van dit conservatisme is daarom ook tolerant. Het aanvaardt dat de ander en het andere in

519 Tocqueville, 2011: 748; Kruiter, 2010: 203-207

520 Kruiter, 2010: 311

allerlei opzichten onbegrijpelijk, onverstaanbaar en soms ook ondragelijk anders kunnen zijn. Dit conservatisme is een republikeins conservatisme. Het weet dat de burger zijn eigen vrijheid definieert, tegen de gevaarlijke staatsmacht in. De deugd van dit republikeinse conservatisme is dat het over een liberale, of beter nog: libertaire, hoffelijkheid beschikt.

Conservatisme is liberaal, liberalisme is conservatief

Conservatisme en liberalisme hebben in de afgelopen decennia, zeker als het voorvoegsel 'neo' is toegevoegd, een kwade reputatie gekregen. De neoconservatieven hebben grote politieke invloed in de Angelsaksische wereld gekregen, hetgeen hopeloze oorlogen heeft veroorzaakt in Irak, Afghanistan en hun buurlanden. Het neoliberalisme heeft een paradigma in de politieke economie geïntroduceerd waardoor de markt en marktwerking in de economische politiek een ideologische statuur hebben gekregen. Wie weleens een Europese aanbestedingsprocedure heeft meegemaakt, weet hoe de elegantie van de markt verdrongen lijkt door het bureaucratisch ritueel van 'knock-outcriteria' afvinkende inkopers. Neoconservatieven en neoliberalen willen het einde van de geschiedenis, ooit door Fukuyama vals bezongen, afdwingen door democratie uit de loop van een geweer te laten komen en het kapitalisme als een ideologie van rauwe vrijheid aan iedereen op te leggen.[521]

Tegenover de politieke praktijk van neoconservatisme en neoliberalisme staat de politieke theorie van het liberalisme. Deze theorie is volgens veel auteurs naïef, omdat enerzijds het gewelddadige karakter van de staat en het dwangmatige karakter van veel politiek onderbelicht blijft en omdat anderzijds in de ideale situatie dwang afwezig is:

> 'The legitimate state is non-coercive, and a non-coercive state requires citizens prepared to engage in political action on a wide range of issues in non-coercive ways.'[522]

521 Zie Gray, 2007.

522 Stears, 2007: 540

Dat sluit goed aan bij wat Groot aanduidt als het 'belang van naïviteit'. Hij stelt dat een van de gevolgen van de opmars van het neoliberale denken – hij spreekt in navolging van MacPherson van 'possessief individualisme' – is dat wantrouwen en achterdocht van steeds prominenter belang worden geacht. Hij bepleit een terugkeer van vertrouwen in de mens 'in de wetenschap dat ook wij *good natured* zijn: van nature opgenomen in een goedheid die zich dankzij onze onbekommerdheid vanzelf wel zal bewijzen.'[523]

Daar valt natuurlijk veel tegenin te brengen, ook zonder in de valse melodie van de twee neo's te vervallen. Politiek bestaat vanwege onenigheid, zo heb ik hiervoor en elders omstandig betoogd. Het agonistische karakter van de wereld is een van de gedaanten die tragiek aanneemt. Zodra liberale consensus intreedt, verdwijnt politiek. Een dialoog zonder heerschappij kan worden gevoerd in een salon of een debatcentrum of in de wetenschap – en zelfs daar werkt de macht op allerlei manieren door. Maar in de politiek is afwezigheid van macht volkomen ondenkbaar. En bovendien is de staat het instrument par excellence van politiek: die kan slechts als dwanginstitutie worden begrepen. Altijd is er de noodzakelijke mogelijkheid van het geweld.

Erkenning van dwang als centrale karakteristiek van het politieke domein en zijn belangrijkste instrument, de staat, kan drie uiteenlopende normatieve implicaties hebben, volgens Stears. Politiek moet de onvermijdelijkheid van strijd erkennen en daarin de belangrijkste voorwaarde voor vrijheid zien. Of politiek moet verre blijven van morele opvattingen en die vooral aan de samenleving laten. Of, en dat als derde optie, politieke strijd moet uiteindelijk altijd eindigen in meerderheidsbesluitvorming.[524] Het zal duidelijk zijn dat ik me het meest thuis voel bij de tweede positie, juist omdat ik de eerste positie in meer empirische zin aanvaard en tegen de derde positie vooral het daaruit voortvloeiend gevaar van mild despotisme wil inbrengen.

Daarom ook zie ik een zeer productieve verbinding tussen conservatisme en liberalisme. Conservatisme is liberaal; liberalisme is conservatief. Startpunt van de redenering is dan de vrijheid: elke mens moet zijn conceptie van het goede leven kunnen kiezen. Daaraan valt toe te voegen dat de vrijheid van de ander

523 Groot, 2011: 15 e.v. en 28 (cursivering auteur)

524 Stears, 2007: 545 e.v.

als grens geldt en ook Rorty's notie dat elk mens wil dat jegens hem wreedheid wordt vermeden.[525] Mijn sympathie ligt bij een libertaire interpretatie van de vrijheid, hoewel ik veel kritiek op de soms radicale vooronderstellingen van het libertarisme deel. Vooral ook het eenzijdige contractualisme staat me tegen. Dat immers reduceert het bestaan tot een kwestie van eigendomsrechten. Dat is nogal beperkt in al zijn armoedigheid.[526]

De vrijheid die als uitgangspunt geldt, definieer ik als een liberale vrijheid, waarbij het recht van de burger om zijn leven naar eigen goeddunken en morele opvattingen te leven om een zeer terughoudende staat vraagt. In de relatie tussen staat en burger vraagt dat om een maximale negatieve vrijheid.

Deze notie van liberalisme komt overeen met wat Kahan 'aristocratic liberalism' noemt. Aristocratische liberalen zijn beducht voor drie vormen van despotisme: dat van de staat, dat van de meerderheid en dat van de commercie.[527] Deze aristocratische vorm van liberalisme is dus als vanzelfsprekend conservatief. Tegen de uitdagingen van de moderniteit en tegen de tijdgeest in is dit liberalisme pessimistisch. Wie vrijheid wil, moet zich tegen het centralisme van de staat verzetten, moet veel checks-and-balances instellen, en moet zeer sceptisch staan tegenover pogingen om voor de collectiviteit te willen regelen wat in publieke en private domeinen veel gevarieerder kan worden geregeld. Het vrijheidsbegrip dat hiermee is geïmpliceerd wijkt af van wat Claassen het ideaal van autonomie noemt. Dat gaat verder dan het beperkte begrip van negatieve vrijheid dat ik op veel plaatsen als inspiratiebron heb genoemd. In Claassens visie moet de staat de onafhankelijkheid van burgers beschermen, hij moet de vermogens van burgers om autonoom te zijn bevorderen of doen bevorderen, en hij moet de samenleving compenseren waar deze een te beperkte pluraliteit van keuzeopties produceert. Dat vraagt om zo veel staatsoptreden dat de autonomie in gevaar komt en zeker de vrijheid. Wel deel ik Claassens conclusie dat het liberalisme deze drie staatstaken het minst ambitieus invult en daarom de meeste vrijheid aan burgers laat.[528]

525 Rorty, 1992: 101

526 Rothbard, 2002; Van Duffel, 2007

527 Kahan, 2001: 58 e.v.

528 Claassen, 2011: 55-60

Daarom ook is het liberalisme noodzakelijkerwijze conservatief: het laat ruimte aan de ander en het andere en probeert op het punt van de invulling van het goede leven zoveel mogelijk te tolereren dat dit tot ondraaglijke keuzes kan leiden. In deze stellingname is de liberale positie – ook in de meest radicale variant van het libertarisme – de minst gevaarlijke politieke positie. Het laten van vrijheid aan de ander en het aanvaarden van keuzes die niet de eigen keuzes zijn is wat ik eerder als hoffelijkheid heb aangeduid.

Dat is overigens een ander soort hoffelijkheid dan wat Harriman heeft beschreven als politieke stijl van het hof. Daar is de hoffelijkheid er vooral een van gestes van de kant van de vorst die dan door de hovelingen moeten worden opgemerkt en gerespecteerd.[529] De hoffelijkheid waarnaar ik verwijs past beter bij een stijl die in Harrimans terminologie realistisch is, maar vooral aansluit bij een republikeinse context. Het realisme van deze hoffelijkheid is gelegen in scepsis jegens al te grote politieke idealen en dus in conservatisme. Het is een republikeins scepticisme omdat het weet dat ter bescherming van de vrijheid politiek handelen geboden is. Dit handelen nu is niet utopisch, niet idealistisch, maar vooral tragisch: het weet van zichzelf dat het de gebrokenheid van de wereld niet kan helen en is daarom gericht op beteugeling en matiging, opdat uiteindelijk verzoening met tragiek kan optreden.

Scepticisme als stijl van verzoening

Scepticisme heeft vaak eenzelfde connotatie als ironie, namelijk die van cynisme. Wie sceptisch is over de mogelijkheid van morele vooruitgang, over de goedheid van de mens, over de goede bedoelingen van de idealist, heet al snel cynicus, al helemaal wanneer hij in toon en formulering de ironie als retorische stijl kiest. Dat wordt heel ironisch tot uitdrukking gebracht door de grote scepticus Hume:

> 'De juiste filosofie (...) kan ons brengen tot milde en gematigde gevoelens, en indien deze onjuist en buitensporig zijn, dan zijn ze slecht en het object

529 Hariman, 1995: 51 e.v.

> van koude en abstracte speculaties. (...) De *cynici* zijn een buitensporig voorbeeld van filosofen die op grond van puur filosofische redeneringen een even uitzonderlijk gedrag aan de dag legden als die van *monniken* of *derwisjen*. Algemeen gesproken: fouten in de godsdienst zijn gevaarlijk, in de filosofie zijn ze alleen maar belachelijk.'[530]

Om even later te concluderen dat bij filosofisch onderzoek ook altijd het gevaar op de loer ligt dat we snel geneigd zijn 'ons scepticisme te laten varen, maar ook onze bescheidenheid te vergeten, en we maken gebruik van termen als *het is duidelijk, zeker* en *ongetwijfeld*. (...) Ik ben me er bewust van dat deze gevoelens niemand passen, laat staan de scepticus.'[531]

De politieke stijl van het scepticisme is goed verwoord door Oakeshott. Hij contrasteert deze met de 'politics of faith'. Deze laatste stijl streeft de perfectionering van de mensheid na, en wel in deze wereld. Het gaat dan dus om verlossing door de mens zelf: maakbaarheid. De belangrijkste institutie is de staat, die over een grote alomvattende macht beschikt. Regeren is grenzeloos.[532] De politieke stijl van het scepticisme daarentegen wil niets van verlossing of perfectionering weten. De staat is noodzakelijk omdat er altijd onenigheid is en conflict dreigt. Het bestuur kan niet anders dan incrementeel zijn. Belangrijkste doel is het in stand houden van een orde die vrijheid en pluraliteit beschermt.[533] Scepticisme is een stijl van verzoening. Wat Oakeshott vaststelt is dat moderne politiek zich tussen deze polen beweegt: politiek is daarom ambigu en complex. Vandaar dat hij pleit voor een politiek van het midden die hij vooral opvat als een politiek van de matiging. Dat betekent het permanent proberen te bewaren van evenwicht door tegenwicht tegen het extreme te bieden. Passendheid is van groot belang. Een dergelijke politiek van het midden staat overigens veel dichter bij de stijl van het scepticisme dan die van de overtuiging, van 'faith', dat erkent Oakeshott ook. Moderne politiek beweegt zich vooral in de richting van de 'politics of faith'. Hij concludeert:

530 Hume, 2007: 271 (cursivering auteur)

531 Ibidem, 2007: 271-273 (cursivering auteur)

532 Oakeshott, 1966: 23-30

533 Ibidem, 1966: 30-38

> 'What we are really considering is what chances there are of the political style of politics recovering its vitality and restoring to our institutions and manner of government their obscured complexity and lost mobility.'[534]

Ten onrechte wordt scepticisme vaak verbonden met immobilisme: het zou geen handelingsperspectief bieden. Dat zou echter een cynische duiding van scepticisme betekenen. Als filosofisch inzicht biedt het scepticisme juist een volledige aanvaarding van de noodzaak van politiek, waar een politiek van het geloof of de overtuiging feitelijk mikt en ook soms uitloopt op 'politicide'.[535] De beoogde verlossing in het hier en nu maakt politiek immers overbodig. Ooit zal de gebrokenheid zijn opgelost en zal de utopie van de gemaakte samenleving ons verlossen van alle kwaad. Die hemel op aarde klinkt een scepticus natuurlijk als potsierlijke, zo niet gevaarlijke dromerij in de oren. Hij weet dan dat het doel de middelen zal heiligen en dat het laatste individu dat ervan overtuigd is dat de droom bedrog of nachtmerrie is, zal moeten worden opgeofferd.

De scepticus weet dat politiek ons met de tragiek van de wereld moet verzoenen en dat daarvoor het middel van het geweld bij de staat moet berusten. Vandaar ook dat de scepticus weet dat bij politiek handelen een ethiek van de verantwoordelijkheid hoort en niet die van de overtuiging. Wat verantwoord is in welke omstandigheden is uiteraard onderwerp van conflict. We kunnen niet anders dan handelen: dat is de gedrevenheid die Weber van de politicus verwacht. Daarbij horen echter verantwoordelijkheidsgevoel en inschattingsvermogen. Want:

> 'Politiek is krachtig en langzaam boren in harde planken, met gedrevenheid én inschattingsvermogen.'[536]

534 Ibidem, 1966: 132

535 De term die Van Middelaar (1999) gebruikt om het verlangen van veel Franse politieke filosofie naar een verdwijnen van de politiek als een, al dan niet heimelijk, moordverlangen te kwalificeren. Terecht heeft Beatrijs Haverkamp mij erop gewezen dat een eeuwige vraag voor tegenstanders van een gezindheidsethiek blijft of een ironische dan wel sceptische houding zich verdraagt met politiek *handelen*? Mijn antwoord zou zijn dat ironie en scepsis ook de eigen overtuiging van de ironicus en de scepticus gelden.

536 Weber, 2012: 105

De sceptische politieke stijl is er een waarin terughoudendheid en doortastendheid samengaan. Terughoudendheid volgt logisch uit scepsis: er is onzekerheid, gebrek aan kennis en daarom als vanzelf handelingsverlegenheid. Terughoudendheid is ook vanzelfsprekend vanuit een ethiek van verantwoordelijkheid. Wie de gevolgen weet van handelen onder condities van onzekerheid en onvoorspelbaarheid is beducht voor het onbedoelde en vaak schadelijke karakter van die gevolgen. En terughoudendheid is geboden vanwege de zwaarte van de middelen waarover de politiek kan beschikken. Als dan echter toch moet worden gehandeld is wel doortastendheid noodzakelijk. Het geweldsmonopolie verdraagt geen aarzeling of weifelachtigheid. Zonder moreel misbaar moet het worden ingezet om geen misverstand te laten bestaan over de noodzaak en legitimiteit van deze inzet. Scepsis is dan gepast omdat de zekerheid van een hoogstaand of heilig doel ontbreekt. Een dergelijke scepsis heeft ook op het handelen zelf betrekking: de doortastendheid geldt slechts de inzet; over de gevolgen blijft altijd onzekerheid bestaan. Juist daarvoor neemt de machthebber verantwoordelijkheid.

Maar ook als het om handelen gaat dat niet onmiddellijk met de inzet van het geweldsmonopolie gepaard gaat is scepsis nodig, vooral ook ten aanzien van de eigen motieven. De machthebber die in de samenleving intervenieert moet op zijn hoede zijn voor de eigen motieven. Zodra daarin paternalisme, idealen en de bestwil van de onwillende of onwetende burger gaat doorklinken, is vooral de ironie die vaak de retorische stijl van scepsis kenmerkt gepast.[537] De eigen motieven, de eigen bedoelingen, vooral al ze goed en nobel zijn, verdienen veel argwaan. Het koesteren van idealen kan maar beter aan de samenleving worden overgelaten.

Doortastendheid en terughoudendheid passen goed bij elkaar in een sceptische stijl van politiek handelen. De doortastendheid heeft te maken met de stabiliteit van de staat en de instituties: die is voor de samenleving en de burgers van groot belang. Alleen dan kunnen vrijheid en veiligheid worden gewaarborgd. Tegelijkertijd is er de noodzaak van terughoudendheid: wie weet dat zijn macht groot is en zijn middelen zwaar zijn, zal terughoudend zijn in de toepassing ervan. Dat is wat deugdzaamheid voorschrijft: excellent zijn in het bewaren van een middenpositie. Dat is ook wat ik in dit hoofdstuk als elegantie heb aangeduid.

537 Slama, 1993; Peeters, 2013

Daarbij past distantie: staat en samenleving vallen *niet* samen en de samenleving is natuurlijk groter, gevarieerder en vloeibaarder dan de staat. De staat verbindt zwaarte en lichtheid. Dat kan alleen als hij in het besef van zijn eigen gevaar matiging en zelfbeheersing aan de dag legt. Een sceptisch perspectief is dan van groot belang. In een democratie brengt dat volgens Ankersmit een stijl met zich die satirisch is, Machiavellistisch, realistisch en anti-idealistisch. De satire is dan soms tragisch als we weet hebben van noodlot en slechtheid, maar komisch, als toeval en wanorde dominant zijn.[538] Tegenover deze aard der dingen past scepsis. En scepsis is noodzakelijkerwijs conservatief. Verandering is geen doel in zichzelf. Instituties zijn van belang om de vrijheid te beschermen. Tradities verdienen bescherming zolang ze steunberen voor een vrije en open samenleving zijn. Dat betekent dat we van machthebbers mogen verwachten dat ze voorzichtig zijn als ze ingrijpen in maatschappelijke verhoudingen. Fatalisme is geen algehele onthouding van ingrijpen. De machthebber moet handelen. Juist omdat ingrijpen soms nodig is, leidt hoffelijk conservatisme ertoe dat politiek handelen altijd prudent tracht te zijn. Want de staat, hoe machtig ook, is nodig vanwege onze onmacht jegens tragiek. Als we ons daarmee willen verzoenen is prudentie een essentiële deugd.

538 Ankersmit, 2000: 35 e.v.

12 De moed van onmacht: prudentie

De permanente voltooiing van de moderniteit, zo zagen we in deel I, heeft ons een gulzige maakbaarheid gebracht. Interventionisme is het vaste ritueel van deze mythe geworden. Ook meer geavanceerde wetenschappelijke theorieën die de wereld niet als een verzameling simpele causale en finale relaties opvatten bevestigen, vaak ongewild, deze mythe. Ik heb gewezen op de complexiteitsbenadering, op ideeën over kennisdemocratie en op bestuurskundige en organisatiekundige toepassingen van de notie van vloeibaarheid.[539] Al deze pogingen om recht te doen aan het complexe en horizontale karakter van de (post)moderne netwerksamenleving bevestigen een en andermaal dat er aan maakbaarheid grenzen zijn gesteld. Toch gloort achter deze bevestiging steevast een verlangen om met de erkenning van deze grenzen toch op een meer 'sophisticated' wijze bij te dragen aan maatschappelijke verandering en de sturing daarvan.[540] De conclusie dat sturing onmogelijk is, valt zelden te beluisteren. En als dat al het geval is, dan kan de teleurstelling maar met moeite worden onderdrukt.

Van Eeten spreekt in dit verband over een wijd verbreid taboe op onmacht en dus op de bijbehorende houding van fatalisme. In zijn redenering is het overigens wel een houding die vaak omslaat in 'fatalisme op andermans rekening'. In dat

539 Zie hoofdstukken 2 en 4

540 Ik erken overigens dat mijn betoog soms paradoxaal is. Fatalisme, aanvaarding van onmacht en verzoening met tragiek zijn nodig vanwege pluraliteit, complexiteit, incrementalisme. Veel bestuurlijke vernieuwing in de gedaante van vloeibaarheid, netwerken, horizontalisering is nu juist bedoeld als een prudent antwoord op deze maatschappelijke condities. Mark van Twist heeft me daar terecht op gewezen.

geval wijzen machthebbers erop dat zij al het mogelijke hebben gedaan, maar dat de garantie van absolute effectiviteit natuurlijk nooit kan worden gegeven. Risico's liggen dan als vanzelfsprekend bij de burger. Omdat burgers echter geen risico's zouden aanvaarden is er dan als antwoord, of beter: als ritueel, de regelreflex. De mythe van de maakbaarheid en de mythe van de volledig risico-averse burger versterken elkaar.[541] Beide mythes berusten op een onaanvaardbaar verklaren van welk risico dan ook. Dat is geen technocratische vanzelfsprekendheid, maar een morele keuze.

De morele keuze wordt een politieke keuze als de staat de risico's gaat beheersen. De kwalijke gevolgen daarvan heb ik vaak gekritiseerd: de burger komt dan terecht in geavanceerde panoptica van normalisering en disciplinering.

> 'This leads to a permanent threat of violation of the innocence principle in the domain of crime and security, of parental authority in the domain of education and upbringing, of privacy in the domain of surveillance and control, and of professional autonomy in the domain of education, welfare and youth care.'[542]

Van Eeten wijst erop dat een fatalistisch handelingsperspectief groot economisch voordeel biedt. Vaak is het efficiënter schadelast te vergoeden dan deze trachten te voorkomen. Tolereer de ellende maar, dat vermijdt grote kosten. Nietsdoen is een vorm van onverstoorbaarheid die ons in sommige gevallen zelfs superieur maakt: 'Het trotseren van het gevaar is een bewijs van moed.'[543]

De moed van onmacht is nodig omdat we de verleiding moeten weerstaan het kwaad uit de wereld te willen helpen. Dat we dit willen is weliswaar een begrijpelijk verlangen, maar dat we dit denken te kunnen en daarnaar handelen is gevaarlijk. En ondanks dat we het kwaad willen bestrijden, oefent het toch een grote fascinatie uit, omdat het vaak een sublieme gedaante heeft. Daarom is het politiek noodzakelijk altijd voor het minste kwaad te kiezen. Het fascinerende en het sublieme, noch het goede en het ware zijn wenselijke richtsnoeren voor

541 Van Eeten, 2010; Van Eeten, Noordegraaf-Eelens, Ferket & Drenth, 2012

542 Peeters, 2013: 418

543 Van Eeten, 2010: 27

politiek. Opportunistisch voortmodderen in een voortdurende zoektocht naar moeizame compromissen des te meer. Dat is vooral ook van belang omdat de aanvaarding van onmacht niet een laffe capitulatie is voor de subversiviteit en de reflexiviteit van de wereld. Nee, de moed van onmacht berust nu juist op een normatieve erkenning dat een wereld die terugpraat en soms ook terugvecht de beste garanties biedt tegen de hoogmoed van een politiek die tragiek wil bestrijden en daarmee altijd dreigt te bezwijken voor de totalitaire verleiding. Subversiviteit en reflexiviteit dienen de vrijheid.

De moed van de onmacht vraag om prudentie. Politiek slaagt er alleen in die op te brengen als distantie wordt betracht ten opzichte van de samenleving en als vanuit deze distantie tragiek wordt aanvaard. Alleen als *de* politiek ons daarmee weet te verzoenen, kan het gezag van *het* politieke worden hersteld.

Het minste kwaad

De zondeval is in de christelijke verbeelding het eerste teken van de hoogmoedige mens. Hij denkt te kunnen kiezen naar eigen inzicht en roept daarmee de toorn van het hogere over zich af. De ten onrechte gekozen vrijheid leidt tot de broedermoord. Het verhaal van de zondeval is dus een oorsprongsgeschiedenis van het kwaad die de vrijheid als bron aanwijst.

> 'We hoeven de duivel er niet bij te halen om het kwaad te begrijpen. Het kwaad hoort bij het drama van de menselijke vrijheid. Het is de prijs die we voor de vrijheid betalen.' [544]

Zo formuleert Saffranski kernachtig wat de ware aard van het kwaad is: voortbrengsel van de menselijke vrijheid.

In zijn fascinerende studie *Het kwaad* laat deze auteur zien dat de geschiedenis het toneel is van een onafzienbare reeks pogingen om het kwaad te bedwingen. De Grieken zochten verzoening met de tragiek en benadrukten de onafwend-

544 Safranski, 1998: 9

baarheid van het kwaad. Socrates en Plato zagen de filosofie echter als alternatief voor het politieke handelen dat vanwege de tragiek noodzakelijk was. Terwijl het klassieke denken de mens centraal stelt, neemt het christendom daar afscheid van. Het kwaad is volgens Augustinus gelegen in het 'verraad aan de transcendentie'. Daarom ook is de mensheid verdeeld geraakt in een soms ondraaglijke, want gewelddadige en uitsluitende pluraliteit, die door de staat moet worden bedwongen. Daar komen de instituten waarin de tradities zijn belichaamd nog bij. Staat en instituties moeten grenzen stellen om het drama dat de vrijheid is draaglijk te houden.

Met de definitieve dood van God neemt de mens zijn lot in eigen handen. Dat kan leiden tot zelfbinding en matiging, enerzijds door veel aan private en publieke domeinen over te laten, waar concurrentie en differentie de keerzijden zijn van de door machtenscheiding beteugelde staat. Maar dat kan ook leiden tot de onzalige projecten van de Verlichting die de mens van het kwade wilden bevrijden door hem 'goed' te maken. Met een afschuwwekkende finale:

> 'Hitler is de laatste ontremming van de moderniteit.'[545]

Of is het grootste kwaad pas nu in zicht, nu de mens overheerst zal gaan worden door zijn eigen schepping: de beschaving?

> 'Maar als het de structuren en de systeemlogica zijn die ons bepalen, betekent dit dat die voor ons een nieuw soort "heiligen" zijn geworden, rationeel en numineus tegelijk. Ze werken via ons maar wij zijn ze niet meer meester.'[546]

Opmerkelijk is natuurlijk dat dit besef er zeker is, maar dat het allerminst de morele inspiratie aantast om het kwaad, in zijn vorm van tragiek, leed, pech en risico, te bestrijden. De motieven zullen ongetwijfeld oprecht zijn: er wacht nog steeds een grootse opdracht om de mens van het kwaad dat hem bedreigt en van het kwaad dat hij aanricht te bevrijden. Burgers zijn dus dader én slachtoffer en

545 Ibidem, 1998: 12

546 Ibidem, 1998: 273

vormen zowel inspiratiebron als mikpunt van deze opdracht. Hoe dieper de morele overtuiging, hoe grootser vaak de wil om het kwaad uit te bannen. Vooral in het tweede hoofdstuk heb ik daarover al uitvoerig geschreven. Uitvoerders van het project van de voltooiing van de moderniteit hebben vaak de gedaante van zeloten. Dat we ze aantreffen in de positie van al dan niet mild despotische machthebbers, mag geen verbazing wekken. Het zijn ijveraars voor de goede zaak, zeker in eigen ogen. We zien dergelijke zeloten echter ook vaak in posities in het vooronder van de bureaucratie, waar beleid wordt uitgevoerd voor de zwakke burger met wie de 'street level bureaucrat' zich graag solidariseert. We zien ze bij toezichthouders, waar ze een diepe overtuiging koesteren dat met streng toezicht het kwaad niet alleen kan worden bestreden maar ook geëlimineerd. En we zien ze in de klassieke staatsapparaten die de monopolies van het geweld en de belastingen beheren, waar ze dromen van een wereld zonder wetsovertreding en volledige 'compliance'. Het zal duidelijk zijn dat dergelijke ijveraars gevaarlijk zijn, omdat ze de macht willen aanwenden voor het goede doel, de hoge moraal, de betere wereld. Dan heiligt het doel de middelen al snel en is er vaak kwaad noodzakelijk om het goede te bereiken. Dat is niet het dramatische paradigma van de uitzonderingstoestand als normaliteit dat Agamben schetst, maar eerder een morele hooggestemdheid die vooral alle kleine interventies rechtvaardigt, waarmee toch de grenzen voortdurend worden verlegd, zoals beschreven door Peeters.[547]

Achter dit morele engagement ligt vaak een fascinatie voor datzelfde kwaad dat bestrijding behoeft. In de literatuur is deze fascinatie verwoord door uiteenlopende auteurs als De Sade, Poe, Bataille, Genet, Jellinek, Littell. In de beeldende kunst door even verschillende kunstenaars als Goya, Dix, Pops, Bacon, Ophuis. Deleuze schrijft in het voorwoord bij de Engelse editie van zijn boek over Bacon:

> 'Bacon, to be sure, often traffics in the violence of a depicted scene: spectacles of horror, crucifixions, prostheses and mutilations, monsters. But these are overly facile detours, detours that the artist himself judges severely and condemns in his work. What directly interests him is a violence that is involved only with color and line: the violence of a sensation

547 Agamben, 2005; Peeters, 2013

(and not of representation), a static or potential violence, a violence of reaction and expression.'[548]

De esthetica van het kwaad is een esthetica voorbij alle waarden. Daarom wordt ook betoogd dat de vaak bepleite autonomie van de kunst bij uitstek zou gelden voor de kunst van het kwaad. Die gaat immers aan de morele veroordeling voorbij, juist door het potentieel sublieme van de esthetische ervaring van het kwaad te benadrukken en na te streven.[549] Als we dat doortrekken naar de wereld van politiek en staat kunnen we een aantal conclusies trekken.

Zo is ook het domein van politiek een autonoom domein, zoals ik in navolging van Machiavelli heb betoogd. Omdat politiek voorbijgaat aan waarheid en moraal en precies daarom ook noodzakelijk is, kan het kwaad als morele categorie geen goed richtsnoer zijn. We moeten het kwaad herkennen en de gedragingen die er het gevolg van zijn trachten te beteugelen. Dat kunnen we alleen maar doen als we ook erkennen dat het kwaad nu eenmaal met het menselijk bestaan verknoopt is: het is een onvermijdelijke consequentie van onze vrijheid. De instrumenten van de staat zijn die van het geweld. Als de staat deze toepast dan moet dat niet gebeuren vanwege een fascinatie met het kwaad en een obsessief engagement met de bestrijding ervan. Alleen dan kan de staat zichzelf onder politiek gezag verplichten altijd voor het minste kwaad te kiezen. Zoals Rorty betoogt moet het streven zijn 'to avoid the infliction of unnecessary pain and humiliation in terms of the distinction between the sublime and the beautiful. Radicals want sublimity, but liberals just want beauty.'[550] Het minste kwaad kiezen betekent altijd voorzichtigheid betrachten in de toepassing van dwang en drang. De inzet moet getuigen van proportionaliteit. Zelfbinding en matiging zijn van groot belang. Prudentie is nodig, juist omdat het kwaad uiteindelijk onuitroeibaar is. Prudentie is moedig omdat onverstoorbaarheid in het zicht van veel kwaad tot matiging van ambities, pretenties en vooral ook interventies leidt. Het moeizame compromis tussen minderheden verdient de voorkeur boven de doorzettingsmacht

548 Deleuze 2008: XII

549 Alt, 2010: 30. Deze auteur ontkent overigens de mogelijkheid van een dergelijke autonomie (ibidem, 2010: 551-532).

550 Rorty, 1998: 324

van de meerderheid. Het trotseren van het kwaad door het weinig opwindende opportunisme van het voortmodderen vergt moed. Dan zal steeds blijken dat het compromis weliswaar niet subliem, maar van een verrassende schoonheid kan zijn.

De schoonheid van het compromis

Margalit maakt een onderscheid tussen aanvaardbare en 'rotte' compromissen.[551] Naar verluidt zou Albert Einstein voor die laatste al gewaarschuwd hebben. Volgens Margalit moeten rotte compromissen koste wat kost worden vermeden, radicaal uitgesloten zelfs. Maar hij is vooral geïnteresseerd in al die compromissen die wel aanvaardbaar zijn. Daarom heeft hij in zijn boek als hoofddoel om de grootst mogelijke (morele) ruimte laten voor compromissen ter wille van de vrede, inclusief gevallen waarin vrede wordt bereikt ten koste van de rechtvaardigheid. Ik ben in dit boek eerder op zoek naar *een* vrede dan een rechtvaardige vrede. Vrede valt te rechtvaardigen ook zonder rechtvaardig te zijn. Alleen compromissen die 'een regime van wreedheid en vernedering' in stand houden zijn rot.[552]

Compromissen hebben in het dagelijkse spraakgebruik, zeker als het om politiek gaat, een slecht imago. Ze zijn slap, middelmatig, grijs, niet principieel. Ze verloochenen idealen en ze zijn waterig. Veel van de afkeer ertegen berust natuurlijk op historische gebeurtenissen, waarbij met moorddadige regimes compromissen zijn gesloten in het belang van de wereldvrede of de positie van slachtoffers van dat regime. Het Verdrag van München, de 'appeasement', mag als meest aansprekende en lugubere voorbeeld gelden. Het beoogde weliswaar de vrede te bewaren, maar werd gesloten met een regime waarvoor wreedheid en vernedering bijna eufemistische kwalificaties zouden blijken.

Dat compromissen met dergelijke regimes rot zijn en in absolute zin onaanvaardbaar zal menigeen snel beamen, zeker in historisch perspectief. Het wordt al wat ingewikkelder als het om de actualiteit gaat. Is bijvoorbeeld een compromis met de machthebbers in Syrië aanvaardbaar, of met de terroristen in Mali, of met het totalitaire regime in China? Naarmate het wrede of vernederende regime

551 Margalit, 2009

552 Ibidem, 2009: 9 en 10

minder machtig lijkt te zijn, zal het 'onaanvaardbaar' sneller worden uitgesproken. En soms kiezen we voor het kwaad om het radicale kwaad te voorkomen, zoals Churchill deed toen hij met 'duivel' Stalin pacteerde om 'Herr Hitler' te bestrijden.[553] En, zoals ik al eerder heb betoogd, een absolute moraal helpt in de overwegingen van internationale politiek niet. Daar geldt immers het inzicht van La Rochefoucauld dat hypocrisie het noodzakelijke eerbewijs van de ondeugd aan de deugd is.

De absolute verwerping van het compromis, al dan niet 'rot', is vaak gefundeerd in een religieuze opvatting van politiek, waarin een 'idee van het heilige' een belangrijke rol speelt. Daarover valt (uiteraard) niet te onderhandelen. Margalit onderscheidt de religieuze visie op politiek van de economische, waarin over alles te onderhandelen valt.[554] Deze visie van het heilige komt sterk overeen met wat Oakeshott de politiek van het geloof noemt.[555] En daarmee is een belangrijk aspect van de afkeer van het politieke compromis gegeven: als politiek zich richt op het ideaal, op het geloof in een betere wereld, op het heilige van de eigen ideologie of overtuiging, dan is het compromis natuurlijk verwerpelijk. Het is immers zondig, omdat het geloof, overtuiging dan wel ideaal bezoedelt en daarmee niet slechts afbreuk eraan doet, maar deze verraadt. Het compromis brengt de gelovige, en daarmee per definitie de wereld, in een staat van onreinheid. Vandaar dat zo vaak adjectieven als groezelig, grauw, grijs worden gebruikt om het compromis te kwalificeren. Net als de zonde is het compromis afkomstig uit de sfeer van achterkamertjes. Het is gesloten in het verborgene en het is daarom nooit helder, nooit transparant maar altijd onduidelijk, altijd verhullend.

Een dergelijke opvatting is natuurlijk gevaarlijk in het politieke domein. De staat is zelf een institutie die voortdurend tegen de absolute moraal zondigt door de toepassing van het geweld, ook in de uitzonderingstoestand. Het is een kwestie van prudentie om zo'n institutie niet te belasten met zuiverheid en heiligheid. Vanwege het kleine en het grote kwaad moet de staat enerzijds over het monopolie van het geweld beschikken en moet anderzijds de politiek voortdurend streven naar het compromis.

553 Ibidem, 2009: 168 e.v.

554 Ibidem, 2009: 29 e.v.

555 Oakeshott, 1966

Daarvoor zijn verschillende argumenten aan te voeren. Sinds Machiavelli weten we van de gebrokenheid van de wereld die het compromis onvermijdelijk maakt:

> 'Looking back we see that earlier versions of morality and humanity envisaged a world that was at least in theory unitary, in which all actions and values could coexist. After Machiavelli, we have had to live in a more complex world. We have gradually come to realize that liberalism, with its emphases on individual choice and responsibility, and on tolerance and compromise toward others, is the only practical solution to the plurality that Machiavelli eloquently makes unavoidable for us.'[556]

In een pluralistische wereld is het compromis onvermijdelijk en noodzakelijk om niet tot elkaar herleidbare te waarden verzoenen in een tussenpositie, in een midden. De oorspronkelijke waarden hoeven niet te worden opgeheven, maar blijven bestaan – zuiver, heilig, absoluut en wel. Toch kan er worden gehandeld, omdat er een midden is gevonden: het rookverbod geldt niet in kleine cafés; er is erkenning van gewetensbezwaren; de vaccinatie is niet verplicht; druggebruik wordt gedoogd; de leerplicht kent vrijstellingen. In een rijkgeschakeerde werkelijkheid moet er politiek over veel te onderhandelen zijn. We hebben in de politiek en het bestuur 'meesters van de kleine beweging' nodig, die ruimte maken waar en wanneer posities onverzoenlijk zijn.[557] Het compromis creëert de ruimte voor handelen, opdat in de pluraliteit de onbeweeglijkheid van de eigen positie kan worden gevierd. Het compromis is een elegante uitdrukking van de gebrokenheid van de wereld, omdat het uitgaat van de dubbelzinnigheid die daarvan het gevolg is. Het compromis is vanuit een meerderheidsperspectief natuurlijk gebrekkig, zo niet onaanvaardbaar. Dat geldt helemaal voor een populistische opvatting waarin het volk maar één opvatting – de juiste namelijk – heeft.[558]

556 Garver, 2003: 67

557 Rosenthal, Docters van Leeuwen, Van Eeten & Van Twist, 2001: 162

558 Volgens Safranski is deze opvatting ook te vinden bij Rousseau, wiens 'volonté générale' tegenover de 'fundamentele pluraliteit' van de wereld staat, zoals ook vele filosofen met hun begrip van 'de mens' zijn meervoudigheid lijken te ontkennen. (Safranski, 1998: 142)

Het compromis viert de matiging en de terughoudendheid, omdat het de onverzoenlijkheid van posities respecteert, maar toch handelen mogelijk maakt. Het is pragmatisch van aard, omdat het handelen boven principes stelt. Tegelijkertijd is het compromis altijd gefundeerd in een diep besef van de tekortkomingen van de wereld. Het viert daarom ook de handelingsverlegenheid. Nog niet handelen is altijd beter dan handelingsopties van partijen uitsluiten door voor een zuiver standpunt te kiezen. In de bereidheid tot het sluiten van een compromis ligt altijd besloten dat de standpunten van de andere partijen in zichzelf legitiem zijn of niet te veranderen. In het eerste geval gaat het om tolerantie voor de ander met het andere en vreemde standpunt, in het laatste geval gaat het om de aanvaarding van het onaanvaardbare. Het belang van vrede of stabiliteit is slechts te dienen door de te accepteren dat er altijd voor deze of gene partij ondraaglijke posities worden ingenomen door deze of gene andere partij.

De gebrokenheid van de wereld is de kern van de tragiek in de wereld. Daarom is het compromis van een grote schoonheid. Het wil immers deze gebrokenheid niet opheffen in een consensus, maar juist laten voortbestaan. Het verzoent de tegenstellingen door ze in hun tegengesteldheid te laten bestaan en in alle voorlopigheid een handelingsoptie voor te stellen. Het laat dus in belangrijke mate dingen op hun beloop, omdat het de contingentie én de pluraliteit aanvaardt, terwijl het handelen mogelijk maakt.[559] Het compromis hoort thuis in het domein van schipperen, van schikken en plooien. Pels spreekt over een actieve en offensieve vorm van relativisme: 'beschaafde onverschilligheid' noemt hij dat.[560] In een samenleving van minderheden – en welke samenleving is dat eigenlijk niet? – kan stabiliteit alleen maar bestaan als er een minimale overeenstemming is over de constitutionele bescherming van minderheidsposities en een institutionele vormgeving van differentie. Er zijn dan veel uitzonderingen op de regel, veel mogelijkheden tot gewetensbezwaren, er is veel acceptatie van dissensus. Voortmodderend compromissen sluiten is in een samenleving van minderheden de enige manier om dagelijkse politiek te bedrijven. De schoonheid daarvan is

559 Hariman, 2003: 298

560 Pels 2011b. Niet voor niets wordt de politieke cultuur van Nederland in zijn maatschappelijke, bestuurlijke en politieke verdeeldheid aangeduid als een politiek van 'schikken en plooien'. (Hendriks & Toonen, 1998)

gelegen in de vrijheid die zo wordt beschermd. Erkenning van deze vrijheid is een voorwaarde voor verzoening met tragiek.

Subversieve reflexiviteit

'Reflexiviteit is de spiegel van de menselijke vrijheid', zo houdt In 't Veld ons voor. 'De sociale werkelijkheid is door het optreden van reflexiviteit principieel onvoorspelbaar geworden.'[561] Beck, Giddens en Lash spreken over reflexiviteit als belangrijk kenmerk van de modernisering. Daarin ondermijnen de gevolgen van de modernisering de voorwaarden van de modernisering zelf die onder meer een steeds grotere beheersbaarheid en voorspelbaarheid zouden opleveren. In de risicosamenleving treedt voortdurend een patroon van latente neveneffecten op die maatschappelijke verandering ongewenst, ongezien en dwangmatig maken: het is een autonoom geworden dynamiek.[562] Deze auteurs wijzen erop dat het resultaat van reflexiviteit geen reflectie is, maar zelfconfrontatie. Misschien dat daarom 'kennisanarchie' een betere term is dan 'kennisdemocratie'. Het resultaat van onze vrijheid is dat we meer kennis over de wereld verwerven en deze daardoor in zijn toekomstige ontwikkeling minder gaan begrijpen. Ik noem reflexiviteit daarom subversief.

De onbedoelde gevolgen van de modernisering voltrekken zich op wereldschaal. Dat is het proces van globalisering. De gevolgen ervan zijn echter steeds lokaal traceerbaar. Sterker nog: de reactie op globalisering is ook steeds lokaal. Dat leidt tot het bekende proces van 'glokalisering'.[563] De wereld wordt, door technologie en media, groter en kleiner tegelijk. De afstanden nemen toe en af. Wat 'footloose' is geworden, wortelt met hetzelfde gemak in de eigen regio als duizenden kilometers verderop en blijft effecten sorteren. Daarom ook krijgt wat een globaal fenomeen is (popmuziek bijvoorbeeld), heel specifieke betekenis op het lokale niveau (popmuziek in dialect). Dat leidt weer tot fragmentatie op grotere schaal en dus tot meer onvoorspelbaarheid en onkenbaarheid.

561 In 't Veld, 2010: 35

562 Beck, Giddens & Lash, 1994: 5

563 Robertson, 1995

De bijzondere dynamiek van de mediasamenleving of netwerksamenleving draagt daaraan nog heel wat steentjes bij. Niet alleen zijn er patronen van tijd-ruimtelijke verdichting, er is ook sprake van radicale versnelling in de productie en de verspreiding van en de communicatie over informatie. Het is volkomen onmogelijk op welk disciplinair terrein dan ook het overzicht te hebben, al deze terreinen gezamenlijk produceren bovendien explosie na explosie van informatie en communicatie. We zijn in een beeldcultuur terechtgekomen waarvan de simulacra autonome bronnen van betekenisgeving zijn.

Zoals in de tragedie de held onafwendbaar het noodlot over zich afroept juist door zich ertegen te verzetten, is de producent van kennis ook een tragisch figuur omdat hij twee dingen weet, of in ieder geval moet weten. In de eerste plaats is de sociale werkelijkheid nooit helemaal kenbaar, omdat er nooit zekerheid is over de uitputtendheid van kennis over de variabelen of factoren.[564] In de tweede plaats verandert de sociale werkelijkheid door de geproduceerde kennis die er aan wordt toegevoegd. Actoren gaan van de kennis gebruikmaken, reageren erop of negeren deze. En vooral als actoren de kennis strategisch gebruiken kunnen ze de interventies die op de kennis worden gebaseerd ondermijnen. Meer dan ooit is daarom ons niet-weten eerder een nooit-weten dan een nog-niet-weten.

De tragiek van de wereld is een gevolg van toeval, van noodlot en van het handelen dat ertoe dient om toeval en noodlot te voorkomen en in de greep te krijgen. De tragische held, bijvoorbeeld Oedipus, handelt naar beste weten of in alle onschuld, maar komt te weten dat hij met dit handelen het noodlot over zichzelf heeft afgeroepen en moet daarom zichzelf veroordelen, al weet hij dat hem geen blaam treft.

> 'Die Klugheit der Tragödie besteht in dem Wissen um die Unmöglichkeit der Klugheit – und also um die Hinfälligkeit des Glaubens an die Gerechtigkeit der Welt, die ihre Möglichkeit verbürgen will.'[565]

564 Daar kan geen randomisatie tegenop natuurlijk, hoezeer de voorstanders van evidencebased beleidsinterventies er ook van overtuigd zijn dat alle bekende en onbekende prognostische factoren statistisch gelijk over groepen en proefpersonen te verdelen zijn. Daarachter schuilt natuurlijk de diepe overtuiging dat we op enig moment alles kunnen weten. Dan vergeet men Popper: causaliteit is altijd een hypothese; goede theorieën zijn immers altijd falsifieerbaar.

565 Menke, 2005: 17-21; 97

Daarom ook is de Platoonse idee van de 'koning-filosoof' geen goed idee. Wie toegang tot de waarheid claimt en op grond daarvan wil heersen, is gevaarlijk. Hij vergeet niet alleen dat de vrijheid van de mens ten grondslag ligt aan het kwaad, maar hij lijkt dat voor zijn eigen vrijheid te willen ontkennen. Zijn waarheid immers brengt het goede teweeg – daarop is zijn machtsaanspraak gebaseerd. Aan dergelijke machthebbers is de ironie niet besteed die volgens Menke eigen is aan de tragedie. De ironie betreft het handelen van de held: niet langer gaat het om de blinde noodzakelijkheid van het stomme toeval, maar om een noodlot dat de held over zichzelf afroept en waarmee de ironische distantie van de beschouwer of de toeschouwer onmiddellijk samenhangt.[566] Tussen tragische ironie en reflexiviteit – althans het weet hebben daarvan – bestaat een evidente verwantschap.

Dat brengt me weer bij de stelling dat reflexiviteit subversief is. Ze is immers mede gevolg van de menselijke vrijheid, net zoals het kwaad. Deze vrijheid produceert toeval en onvoorspelbaarheid en is daarom ook een bescherming tegen al te zeker weten van zich vergissende machthebbers, al helemaal als ze de totalitaire dromen hebben. Aanvaarding van een tragisch perspectief impliceert naar mijn oordeel ook helemaal niet een aanvaarding van de bestaande orde, zoals Combs en Nimmo suggereren. Hun alternatief – het perspectief van de komedie – staat heel dicht bij de tragische ironie. Deze ironie erkent de reflexiviteit van de sociale werkelijkheid en erkent daarmee ook het niet vaststaande karakter ervan. De geschiedenis herhaalt zich nooit, tenzij als tragedie en daarna als klucht, zoals Žižek in navolging van Marx betoogt.[567] Tragedie en komedie raken elkaar in de erkenning van het reflexieve karakter van de sociale werkelijkheid.

> 'A comic perspective fearlessly diagnoses the ridiculous in politics, including but not endorsing the harm or pain; it is irreverent, even subversive, but not doctrinaire, since doctrine is just another part of the political comedy; it assumes that politics is as much improvisation as plan, that politicians are fallible and certainly not perfectible; it stands

566 Menke, 2005: 63-66

567 Žižek, 2011: 19. Kennis is dan ook geen gezonde grondslag voor macht. 'Dit is misschien de les die getrokken moet worden uit de trauma's van de twintigste eeuw: Kennis en de functie van de Meester zo ver mogelijk van elkaar gescheiden houden.' (Ibidem, 2011: 224)

> apart from political folly through humorous reflection; and it celebrates the Dionysian cycle with hope for rebirth beyond birth, growth, decay, and death.'[568]

Als dit komisch perspectief niet wil vervallen in een politiek van de hoop, zal het de moed van de onmacht die in de deugd van prudentie besloten ligt moeten aanvaarden. Hoop in de hoofden van machthebbers is immers, zoals eerder gesteld, gevaarlijk. Niet voor niets verbindt Moïsi aan zijn optimisme de noodzaak van gevoel voor tragiek.[569] Alleen wie het menselijk tekort als fundamenteel en niet als overkomelijk ziet, kan de tragiek met ironie verbinden. En dan ligt de conclusie zeer voor de hand dat het handelen altijd van voorlopigheid moet getuigen. Meer nog: dat het handelen altijd het voorbehoud kent van het tekortschietende weten. Dat vermindert de noodzaak tot handelen natuurlijk allerminst. Maar het handelen vraagt dan wel om distantie: alleen zo is de tragiek te herkennen; alleen zo is ironie te betrachten. Distantie is niet nodig om vanuit overzicht snel en vaak te kunnen interveniëren. Distantie is juist nodig om traagheid in te bouwen: even nietsdoen is altijd te prefereren boven de onmiddellijkheid van de overhaaste interventie. Deze traagheid van de distantie kan bijdragen aan een herstel van gezag dat nodig is, omdat de politiek vastloopt in een hyperactiviteit van interventionisme wanneer zij de modernistische oplossing van de maakbaarheid als antwoord kiest voor de populistische uitdaging van de verlossing.

De traagheid van distantie: hersteld gezag

Representatie – de kern van de democratische politiek – is alleen mogelijk door afstand. De kloof tussen representant en gerepresenteerde is geen tekort, geen mankement van de democratie, maar principiële noodzaak. Directe democratie zonder bemiddeling is ondenkbaar, tenzij alle burgers in alle opvattingen en posities gelijk zijn. Dan houden ze echter op burger te zijn en is de democratie betekenisloos. Distantie is daarom voorwaarde voor democratische representatie.

568 Combs & Nimmo, 1996: 12

569 Moïsi, 2009: 234

Tussen politiek en de wereld hoort een breuk te bestaan. Als politiek en wereld samenvallen is er totalitarisme dat zich kenmerkt door een permanente vorm van activisme, dat voor een massa van geatomiseerde individuen net zo aantrekkelijk is gebleken als voor elites.[570] Vandaar dat het populisme – of het nu van links of van rechts komt – ervan droomt de gebrokenheid van de wereld op te heffen. Representatie is van die gebrokenheid juist de uitdrukking.

Afstand tussen politiek en wereld is ook voor een prudente omgang met tragiek van groot belang. Alleen afstand maakt het besef mogelijk dat krachtig interventionisme niet steeds is aangewezen vis à vis de noden van de moderne samenleving. De Mul verbindt tragiek uitdrukkelijk met menselijk handelen en dus met verantwoordelijkheid en schuld.

> 'Tragisch zijn die noodlottige gebeurtenissen die de persoon die ze overkomt zelf (mede) veroorzaakt.'[571]

Daarbij is de grens tussen goed en kwaad allerminst helder. Keuzes zijn vooral onmogelijk, maar moeten toch worden gemaakt. Tegelijkertijd bezwijkt de tragische held onder de last ervan. Volgens De Mul is 'een postmoderne verzoening met het noodlot' geboden die politiek alleen mogelijk is door een 'Zwak Bestuur' dat 'zich erop toelegt op de juiste momenten prudente terughoudendheid te betrachten' want 'op het juiste moment *niet* te handelen, terughoudend te zijn, vereist vaak nog meer moed dan ingrijpen.'[572]

Veel tragiek komt voort uit de wens tot krachtig en vaak ook snel interventionisme. Laïdi spreekt over een onmiddellijkheid van het hier en nu die heilig is verklaard. Het perspectivisme waarin de mens zowel temporeel als ruimtelijk afstand kan nemen van zichzelf en zijn wereld is vervangen door het besef dat alleen wat urgent is betekenis heeft en daarom tot handelen strekt. De urgentie is de nieuwe menselijke levensdrift geworden.[573] Wat dan resteert is een leven zonder gezichtspunt, van pure onmiddellijkheid. Dat nu is een wereld waaruit

570 Arendt, 1958: 325-326

571 De Mul, 2011: 132

572 Ibidem, 2011: 139-140 (cursivering auteur)

573 Laïdi, 2000: 94-97; 215 e.v.

het perspectief dat in staat stelt tot reflectie is verdwenen en daarmee natuurlijk de representatie.

> 'L'homme-présent est un homme sans point de vue. Privé des médiations de temps gui l'aidaient à penser et éprouver le monde, il est devenu immédiat à lui-même. (…) Qu'est-ce qu'un homme sans point de vue? C'est un homme privé de distance symbolique entre son être et le monde.'[574]

Deze tirannie van de urgentie en de onmiddellijkheid vergroot enerzijds de tragiek van het bestaan en van het politieke handelen dat door deze tirannie wordt opgejaagd. Anderzijds neemt de verblinding daardoor toe: de tragiek wordt niet meer gezien en slaat daardoor des te heftiger en vaker toe. De staat ontwikkelt zich tot een dolgedraaide interventiemachine, waarin de weigering de tragiek te aanvaarden is geïnstitutionaliseerd. Er ontwikkelt zich een razende beleidsaccumulatie, waarin de cyclus van beleid steeds korter en intensiever wordt. Minder dan ooit lijkt niets doen een optie.

Opnieuw is distantie geboden. Al was het maar omdat alleen deze positie tot traagheid en vertraging in staat stelt. We moeten immers afstand nemen om aan de interventiedwang te ontsnappen en om dingen op hun beloop te laten. Voorlopigheid en terughoudendheid zijn slechts op te brengen als er besef is van reflexiviteit, ook (en soms vooral) als het om het eigen handelen gaat. Een ander tijdsperspectief tegenover de razernij van de wereld is politiek noodzakelijk. Dat andere tijdsperspectief vraagt ook om een ander ruimtelijk perspectief en vice versa: distantie maakt traagheid mogelijk en vertraging leidt tot distantie. Distantie en traagheid zijn voorwaarden voor prudentie die aan gezagsherstel moet bijdragen.

Harriman wijst erop dat de postmoderne conditie een tragisch verhaal vertelt 'of good institutions gone awry, of success setting up failure, of learned ignorance, and of hubris.'[575] Prudentie is daarom geboden, niet in de eerste plaats in de vorm van een sterk pragmatisme, maar vooral als een politieke stijl te midden van tragische condities van onbeheersbaarheid en onvoorspelbaarheid. Daarin gaat

574 Ibidem, 2011: 241

575 Hariman, 2003: 287

het om oordeelsvorming en praktisch vernuft. Scott zou over 'metis' spreken: het toepassen van vuistregels in concrete omstandigheden.[576]

Prudentie heeft altijd oog voor beperkingen en grenzen, meer dan voor handelingsnoodzaak. Sterker nog, prudentie betekent vaak het stellen van grenzen en het institutionaliseren van beperkingen. Prudent handelen is daarom tegen de tijd in handelen en contrapunten maken, gebaseerd op 'contrafactische' overwegingen.

> 'In short, prudence is an ecological consciousness regarding the political system itself, which in turn requires an attentiveness to the limits on human productivity, expansion, and conquest, albeit without a secure normative grounding in a particular model of political order.'[577]

Prudentie werkt dus tegen de monoculturele rationaliteit van de Verlichting in door grenzen te stellen en de tijd meervoudig te willen maken: niet alleen volle kracht vooruit, maar ook afremmen en het honoreren van andere soorten tijd. De traagheid van het nietsdoen; dingen op hun gevarieerde beloop laten; de tijd zijn werk laten doen. De taal kent vele spreekwoorden om deze meervoudigheid te adresseren.

Prudentie heeft volgens Harriman altijd betrekking op drie aspecten van politiek: contingentie, pluralisme en 'praxis'. Contingentie is de onvoorspelbaarheid van de wereld als gevolg van voorkeuren, toeval en interdependenties. Pluralisme verwijst naar de fundamentele meervoudigheid van vaak autonome en botsende waarden. Praxis duidt erop dat 'at some point' prudente oordeelsvorming toch tot handelen noopt. Binnen het raamwerk opgespannen tussen deze aspecten zijn er dan drie mogelijke articulaties van prudentie. Normatieve prudentie ziet op het maken van de juiste keuzen in een overvloed van mogelijke opties. Calculerende prudentie betreft de noodzaak om beschikbare kennis te gebruiken, met name kennis over veranderende omstandigheden. Performatieve prudentie tenslotte betreft het politieke handelen als zodanig: wat is een verstandige roluitoefening die ook begrepen en aanvaard wordt, ergens tussen wijsheid en behoorlijkheid (decorum) in? Harriman spreekt over drie mentaliteiten, waarbij zowel het ka-

576 Ibidem, 2003: 292-293; Scott, 1998: 316

577 Hariman, 2003: 295

rakter van de handelende actor als het toeschouwende publiek van belang zijn.[578]

In dit perspectief op prudentie past de heilzaamheid van traagheid en vertraging. De wereld kent immers niet één richting, laat staan één snelheid. Tijd is een meervoudig begrip, ook in normatieve zin. Snelheid van verandering brengt maar al te vaak vernietiging van pluraliteit met zich. Hoe enkelvoudiger immers de richting, hoe lichter het opruimen van belemmeringen en hoe gemakkelijker het overwinnen van weerstand. Gebrek aan maatvoering is vaak een miskenning van historische achtergronden en van tradities. Niet willen veranderen geldt te gemakkelijk als conservatieve obstructie en verheerlijking van de status quo.

Instituties zijn de belichaming van belangrijke waarden die ordening en begrenzing opleveren in een al te grote en tumultueuze onmiddellijkheid van ervaringen, emoties en sensaties. Bezonkenheid is soms gewenst, zeker aan de kant van de instituties die grenzen bewaken en grenzen stellen, waarvoor van tijd tot tijd de inzet van het geweld noodzakelijk is. Bij dergelijke instituties is een al te grote wendbaarheid ongewenst. De staat kan maar beter traag zijn in het zicht van grote maatschappelijke dynamiek. Die traagheid is vooral ook nodig om de samenleving ruimte te laten. Ruimte ontstaat alleen als tempo, richting en inhoud van deze dynamiek meervoudig zijn en dus in hun uitkomsten onbestemd.

Distantie is een voorwaarde voor gezag. Distantie vraagt om beperking, matiging en dus ook om traagheid. Deze traagheid is nodig om niet voor elke interventiedrang te bezwijken en dus om aan de totalitaire verleiding te ontsnappen. Aangezien veel van deze interventiedrang voortspruit uit de weigering tragiek te aanvaarden, vergt traagheid de cognitieve, normatieve en performatieve moed om niets te doen. De cognitieve moed bestaat erin te erkennen dat ons weten fundamenteel begrensd is. De normatieve moed houdt in dat niet-handelen bij grote onzekerheden en bij grote pluraliteit vaak de voorkeur verdient. De performatieve moed valt te vertalen als de deugd van het 'op de handen zitten'. Gezamenlijk leiden deze vormen van moed ertoe dat de afwachtende houding veel vaker moet worden ingenomen. Er is altijd tijd voor bezinning. En die start altijd met de vraag of niets doen geen optie is. Politiek gezien is traagheid daarom een deugd.

578 Ibidem, 2003: 298-302

Epiloog

De tragedie leert ons dat veel tragiek haar oorsprong vindt in het menselijk streven naar beheersing van de wereld. In *Antigone* van Sophokles reflecteert het koor op de menselijke ambities en pretenties die zowel het goede als het kwade brengen.

'KOOR A Boven al wat ontzaglijk is
spant het menselijk wezen de kroon:
dat trekt zelfs over grauwe zee zijn baan
als storm en stortvloed 't dreigen te overstelpen;
en moeder Aarde, heiligste godin,
die onvermoeib're, laat hij nooit af te vermoeien
bij 't keren van de ploeg die jaar op jaar
haar met paardenspan omwoelt.

KOOR B Het dartel vogelvolk vangt handig hij,
dieren des velds ook en het zeebroed in
fijnmazige netten,
die vindingrijke mens; door dat vermogen
is ook 't wild in de bergen hij meester; hij vangt
het paard en de ontembare stier in zijn halster.

KOOR A Te spreken heeft hij zich geleerd, te denken
snel als de wind;
een samenleving heeft hij opgebouwd;
hij weet aan vorst en regen in de open lucht te ontkomen,
tot alles bewerktuigd en nooit
vindt morgen hem radeloos.
Wel ontloopt hij de dood niet, maar heeft
toch uit reddeloze kwalen
vaak uitweg gevonden.

KOOR B Ongelooflijke vaardigheid
leidt tot weldoordacht handelen,
ten goede of ten kwade: zolang
hij 's lands zeden maar hooghoudt en 't recht,
bij de goden bezworen, hoog staat hij
op de ranglijst der burgers. – Maar burger van niets
is hij die uit zelfzucht 't oneed'le verkiest.
Zij ik nooit zijn genoot of meeloper!'[579]

Het is een inzicht dat onontkoombaar lijkt. Toch heeft de geschiedenis niets nagelaten om dit inzicht te logenstraffen. De wereldreligies spreken over de verlossing van het aardse bestaan vol tragisch leed in een hiernamaals zonder tekort en gebrokenheid. Niet voor niets wijst Nietzsche erop dat het leven lijden is, hetgeen de Grieken al wisten, maar waarvoor de mens sindsdien 'moralen en religies of ascetische idealen' heeft ontworpen. Met het sterven van God en de komst van het nihilisme ziet de mens zich vooral geconfronteerd met een onaanvaardbaar besef van de zinloosheid van dit lijden. Daartegen neemt Nietzsche op de bekende wijze stelling door te betogen dat 'nur als ein ästhetisches Phänomen das Dasein und die Welt gerechtfertigt erscheint'.[580]

Ook voor de moderniteit is dit nihilisme onverdraaglijk. In een opmerkelijke verwantschap met het Christendom zoekt de moderne mens naar verlossing van

579 Sophokles, 1989: 152 (Koor A en Koor B verwijzen naar een van de helften van het koor)

580 Nietzsche, 1886: 107. Zie ook Van Tongeren, 2012: 60 en 125 e.v.

tragiek, maar nu door deze op te lossen als deel van een project van maakbaarheid dat om voltooiing vraagt.

De politieke noodzaak tragiek te aanvaarden

In dit boek heb ik een ander antwoord proberen te geven op de vraag naar onze omgang met tragiek. Geïnspireerd door het werk van De Mul en Van Eeten – hoe uiteenlopend ook – heb ik de tragische houding van het fatalisme verdedigd.[581] Net als de Grieken in hun tragedies moeten we ons weer leren verzoenen met tragiek. Althans, we moeten ons *politiek* verzoenen met tragiek.

Die verzoening is noodzakelijk, zo heb ik in dit boek trachten aan te tonen, om een aantal filosofische, theoretische en praktische redenen.

De politieke orde wordt uitgedaagd. Het populisme staat voor een vitale onmiddellijkheid die de verlossing propageert. In een radicaal democratisch pleidooi wordt een imaginair volk dat een identiteit en een geschiedenis zou delen op de troon gezet door 'boze, blanke, kale mannen' met hun symbolische discours van ressentiment. De tragiek van de ander en het andere vraagt om een onmiddellijke verlossing. De verraderlijke elite en de vreemde die het volksvreemde binnenbrengt moeten beide worden bestreden en uiteindelijk vernietigd: door aanpassing of verwijdering. Het is een droom van verlossing die natuurlijk politiek en maatschappelijk op een nachtmerrie kan uitlopen.

De bestaande politieke orde weet deze uitdaging slechts te pareren door een mythologie van waarheid en macht, die geen mythologie suggereert te zijn maar een diep gewenste voltooiing van de moderniteit. Meer dan ooit geldt het, de tragiek van de wereld op te lossen door een streven naar maakbaarheid waarvan een dolgedraaid interventionisme het ritueel is. De alom gediagnosticeerde complexiteit geldt als nieuw argument, maar verdiept feitelijk de tragiek en ondermijnt de legitimiteit van de orde.

Deze technocratische bestrijding van tragiek beoogt de kloof van de representatie te verminderen, maar verdiept deze eerder. De meritocratische paradox

581 Van Eeten, 2010; De Mul, 2006 en 2011

van de diplomademocratie maakt van de politieke orde een theater waarin politici zonder partij op zoek gaan naar burgers die door de bestaande orde worden buitengesloten. Ze verliezen of ontkennen hun burgerschap en zijn daardoor vatbaar voor het verlossingsappel van het populisme. Het bestuur probeert hardnekkig dit appel te verstaan en van technocratische antwoorden te voorzien. Dat brengt een spiraal van steeds intensiever interveniëren tot stand.

De gevolgen zijn ingrijpend. Gezag en traditie verdampen in de door de modernisering gebrachte 'Entzauberung der Welt'.[582] Pogingen de effectiviteit en de legitimiteit van de politiek te versterken leiden tot een beleidsmachinerie die steeds meer kennis gebruikt om zich uiteindelijk te verliezen in receptuur die tragiek versterkt. De kennisdemocratie is eerder een symptoom van fatale reflexiviteit dan het begin van een echte remedie. De staat kan nooit de wereld reproduceren, noch cognitief, noch structureel, noch procesmatig. Nieuwe vormen van stolling liggen eerder voor de hand dan horizontaliteit, nodaliteit of vloeibaarheid.

Het populisme daagt de politieke orde daarom zo ingrijpend uit omdat het meer dan de zittende elite weet lijkt te hebben van het symbolische karakter van deze orde. De systematische weigering oplossingen te bieden is daarvan een bewijs. De even systematische verontwaardiging die de bestaande orde daarover uit evenzeer.

De politieke orde bestaat echter vanwege de gebrokenheid van de wereld. De democratische rechtsstaat symboliseert daarom de onvoltooidheid van het politieke. Een democratische rechtsstaat die heelheid en voltooidheid nastreeft ondermijnt zichzelf. Voormalig minister van Justitie Donner zei bij zijn aftreden als gevolg van de Schipholbrand niet voor niets dat rechtsstaat en democratie in het gedrang komen bij overspannen verwachtingen van wat de overheid vermag. Daarom is de politieke aanvaarding van tragiek noodzakelijk. Juist in het dagelijkse leven zijn deze gebrokenheid en onvoltooidheid weliswaar tragisch, maar tevens een bescherming tegen de totalitaire verleiding waaraan de politiek steeds dreigt toe te geven.

De fundamentele meervoudigheid van de wereld leidt tot ambiguïteit waarop symboliek een antwoord verschaft. De politieke orde gaat in het bijzonder over

582 Trommel, 2009: 12-13; Weber, 2012: 20

de macht in een samenleving en heeft daarom van doen met de zingeving aan en door conflict, contradictie en strijd. Wanneer we deze trachten te beslechten in utopie of dictatuur vernietigen we echter politiek als symboliek, omdat het geweld en de permanentie van de uitzonderingstoestand dan gaan heersen. Dan is er geen verzoening met tragiek meer mogelijk omdat de soevereiniteit geen buiten meer is, maar samen is gaan vallen met de wereld.

Juist om dit samenvallen te vermijden is het vaak verdonkeremaande fatalisme van de 'cultural theory' wel een politieke positie die perspectief biedt. Het is immers voor beleidsmakers een realistische optie. Ze weten dat de wereld gedetermineerd is én contingent en dat ze dus moeten handelen in omstandigheden die hun beloop wel zullen nemen omdat vele krachten nu eenmaal groter en anoniemer zijn dan de individuele beleidsbepaler.[583]

Daarom is het ook zo belangrijk dat de politieke orde er een is van geïnstitutionaliseerde en zelfbeheersing. De politiek moet van terughoudendheid een belangrijke waarde maken om het geweld in symbolische zin te beteugelen. De constitutie is er om de vrijheid te garanderen, maar kan dat alleen door de mythe van de soevereiniteit die de mogelijkheid van de uitzonderingstoestand altijd open houdt en deze bij de staat legt. De verleiding om aan alle pech, risico en leed een einde te maken, moet juist daarom symbolisch en ritueel worden ingesnoerd.

De tragiek van de wereld vraagt om distantie van de macht. Die distantie is een belangrijk element van de representatie. Deze is er om de politieke gemeenschap te creëren, door deze enerzijds te vertegenwoordigen bij de macht van de soevereiniteit en om anderzijds deze te verbeelden in alle pluraliteit. Het is daarbij noodzakelijk te weten dat deze pluraliteit staat voor de tragische gebrokenheid van de wereld. Verzoening daarmee is de belangrijkste voorwaarde voor een vreedzame omgang met deze pluraliteit.

Representatie is een term met ook esthetische associaties. Ze laat ons zien dat politiek een esthetica heeft, een dramaturgie. Woorden en teksten zijn van het grootste gewicht. De performativiteit van het politieke krijgt in de concrete politiek steeds gestalte via de woorden waarmee de wereld met symbolische betekenis wordt geladen. Veel is daarom afhankelijk van de stijl waarmee de politieke

583 Kaplan, 2012

voorstelling wordt ingekleurd. Precies in deze stijl moet zich de noodzakelijke aanvaarding van tragiek politiek articuleren.

De fatale staat en zijn rituelen

> 'Niet elk onrecht kan worden gewroken, niet elk schandaal hoeft te worden ontvangen met verontwaardiging. Wat niet betekent dat men geen initiatieven meer hoeft te ontplooien, integendeel, hooguit dat acceptatie van een fundamentele onvolmaaktheid een groot goed is. De wereld beter maken lijkt actie te veronderstellen. Misschien maak je de wereld juist beter door je in de kast op te sluiten en helemaal niets te doen.'

Zo formuleert Arnon Grunberg het in een als altijd fascinerende 'Voetnoot'.[584]

Het fatalisme als verzoening met de tragiek van het bestaan heb ik in dit boek op verschillende manieren proberen uit te werken. Het gaat daarbij eerst en vooral om een esthetische positie in filosofische en theoretische zin. Voorbij waarheid en moraal zie ik de politieke orde als een symbolische orde, waarin betekenis moet worden gegeven aan de gebrokenheid van de wereld, het tekortschieten van ons handelen en de permanente onenigheid over wat het goede leven is of zou moeten zijn.

Ik heb daarom betoogd dat de staat alleen op afstand kan blijven en worden gehouden van de vrijheid als deze dit fatale karakter van het bestaan, deze tragiek aanvaardt. Fatalisme is daarom een keuze die door de fatale helden van de politiek moet worden gemaakt om niet in de val te trappen van de technocratische verleiding van de maakbaarheid. Scepticisme aan de kant van machthebbers valt daarom te prefereren boven hoop. Scepsis is juist een teken van moed en dus van heroïsch weerstaan van het interventionistische appel.

Daartegenover moet gezocht worden naar elegante alternatieven. Juist vanwege die elegantie dient zich de begrenzing aan. Vrijheid vraagt daar immers om, om begrenzing. De zware monopolies van de staat zijn voor deze begrenzing

584 Grunberg, 2013

onontbeerlijk. Zwaarte is echter allerminst elegant. Daarom moeten de monopolies zelf onderhevig zijn aan begrenzing. Hun inzet moet niet door idealen en idealisme, maar door rechtsstatelijkheid worden bepaald: in de begrenzing, niet in de te verwezenlijken idealen vindt de staat zijn normering. Idealen zijn grenzeloos en willen altijd de middelen heiligen die voor hun verwerkelijking moeten worden ingezet. Hier geldt de omkering: het zijn de middelen die het doel moeten heiligen. Alleen het voortbestaan van de staat heiligt de inzet van de zwaarste middelen.

Incrementalisme is in dit licht van een grote schoonheid en niet teken van tekortschietend handelen ten opzichte van een synoptische droom. Incrementalisme is geen middelmatigheid. Voortmodderen is een normatief wenselijk repertoire, omdat we ons steevast kunnen en ook zullen vergissen. We weten het immers nooit en al helemaal niet zeker. Tegenover de grenzeloosheid van het modernistisch maakbaarheidsideaal heb ik de begrenzing van contrapunt en 'contrafactisch' handelen gesteld. Waardenpluralisme vraagt om stevige normering van statelijk handelen. Dergelijke normering heeft weer symboliek en ritualisering nodig.

De wetenschap en in haar kielzog de technocratie vertelt ons dat we geen symboliek meer nodig hebben. De onttovering van de wereld laat ons geloven dat we geloof kunnen missen. We kunnen er immers van verzekerd zijn dat de oplossing van welk probleem dan ook binnen handbereik is gekomen. De mythologie van de maakbaarheid is zo succesvol dat deze kan ontkennen mythologisch te zijn.[585] Maar Nietzsche heeft ons er al op gewezen dat ook het geloof in de wetenschap en haar objectivistische claims van de oplossing van alle wereldleed een geloof is. Het verschilt daarmee niet wezenlijk van het geloof in verlossing die de religie ons in het vooruitzicht stelt.

> 'Allebei geloven ze in een waarheid die letterlijk on-aards is in haar eeuwigheid en allebei laten ze het tijdelijke, materiële en eindige opgaan in de illusie van tijdloze zuiverheid.'[586]

585 Van Rooden, 2010

586 Groot, 2012. Wie weleens het CERN in Genève heeft bezocht zal getroffen zijn door de welhaast religieuze bevlogenheid waarmee in deze kathedraal van het moderne weten gezocht wordt naar de 'theory of everything'. Desgevraagd ontkennen zo goed als alle onderzoekers deze religieuze drijfveer overigens.

In alle culturen zijn het rituelen die ons juist met het aardse tekort moeten verzoenen. De werkelijkheid is in de kern gebroken, gefragmenteerd. Onze aanwezigheid in de wereld lijkt geen doel of zin te hebben. Dat is immers de ultieme consequentie van de onttovering van de wereld. Het ritueel kan dan verzoening bieden omdat het betekenis geeft aan de wereld door het articuleren van symboliek. Deze wordt gedramatiseerd en gerelateerd aan mythen, zoals Geertz betoogt:

> 'It is in some sort of ceremonial form – even if that form be hardly more than the recitation of a myth, the consultation of an oracle, or the decoration of a grave – that the moods and motivations which sacred symbols induce in men and the general conceptions of the order of existence which they formulate for men meet and reinforce one another. In a ritual, the world as lived and the world as imagined, fused under a single set of symbolic forms, turn out to be the same world (...).'[587]

Daarom spelen ook in de maakbaarheid van de moderniteit rituelen en symboliek een belangrijke rol. Dat is de kern van wat wordt bedoeld met de uitspraak dat de politieke orde een symbolische orde is. Het populisme daagt de bestaande orde uitgerekend in deze symbolische gedaante uit. Precies in deze uitdaging kunnen we de populistische leider ook als een tragische held begrijpen. Zijn electoraat verlangt geen oplossingen, maar een rituele bevestiging van het leed dat men ondergaat. Zijn volgelingen willen verlossing in een ritueel conflict met de elite die de belangrijke burgerlijke waarden van de normaliteit stelselmatig verraadt. Juist de symboliek van de xenofobie en de mythe van de totale veiligheid worden door de technocratie van de bestaande orde naar de normaliteit gehaald – daarin schuilt het grootste gevaar.

De politiek noodzakelijke verzoening met tragiek vraagt om een symbolische orde van het politieke waarin deze tragiek ritueel aanvaardbaar wordt gemaakt. Dit betekent dat tegenover de technocratische stijl van modernistische maakbaarheid een stijl van incrementele voorlopigheid dient te komen. En tegenover de politieke stijl van doorzettingsmacht en leiderschap met uitroeptekens en hoofdletters

587 Geertz, 1973: 112

verdienen de elegantie en de hoffelijkheid van matiging en zelfbeperking verre de voorkeur. Dienaren van de staat moeten tegenspreken en moeten voortdurend complexiteit en reflexiviteit als wezenlijke elementen van het sociale benadrukken tegenover de ordenende begeerte van de macht. Ze dienen deze elementen eerder te appreciëren als kenmerken van een open samenleving dan deze te beschouwen als belemmeringen voor een strategie van beheersing of op verandering gericht interventionisme van de tekentafel.

Er is een nieuwe heroïek nodig van matiging en zelfbeperking. Deze deugden heb ik eerder al besproken als belangrijke eigenschappen van een aristocratische politiek.[588] In het streven naar excellentie waarop een deugdenethiek mikt, tekent zich al heroïek af. Het gaat echter, zoals gezegd, om een heroïek van matiging en zelfbeperking. Non-interventie is doorgaans lastiger op te brengen dan bemoeizucht. Die laatste is gemakzuchtig. En in het bezit van het zwaarste middel – dat van het geweld – ligt de plicht tot zelfbinding en zelfbeheersing besloten.[589] Deugdzaamheid dwingt tot een keuze tussen uitersten, in het midden. Juist in het midden is de verzoening met tragiek te vinden. De schoonheid van het compromis drukt dit uit: tussen alles of niets, van verschillende posities een beetje, daarom zonder scherpe randen, de extremen aan beide kanten matigend.

We hebben in politiek en staat dus 'helden van de terugtocht' nodig, zoals Enzensberger hen in een beschouwing over een politieke moraal van het machtsverlies betitelt:

> 'Het was Clausewitz, de grootmeester van het strategisch denken, die heeft aangetoond dat de terugtocht de moeilijkste van alle operaties is. Dat geldt ook voor de politiek. Het *non plus ultra* van de kunst van het mogelijke is het opgeven van een onmogelijke positie. Wanneer echter de grootheid van een held bepaald wordt door de moeilijkheid van de

588 Frissen, 2009: 243 e.v.

589 Dat tekent ook het gevaar van technologische innovaties die de beslissing tot het aanwenden van geweld al te gemakkelijk loskoppelen van de ervaren effecten ervan. Dat besef klinkt ook door in het principiële bezwaar dat Amerikaanse veteranen hebben gemaakt tegen het onderscheiden van militairen die 'drones' besturen. De oorlog mag nooit een anonieme aangelegenheid zijn. Zij kunnen steun vinden in de befaamde grafrede van Pericles waarin hij het staatsburgerschap opvat als een moedige deugd die uiteindelijk de inzet van het eigen leven vergt.

> opgave waarvoor hij zich gesteld ziet, dan vloeit daaruit voort dat het heroïsche schema niet alleen gecorrigeerd maar omgekeerd moet worden. Elke idioot kan een bom gooien. Duizend keer zo moeilijk is het die onschadelijk te maken.'[590]

Ook Weber wijst op de geduldige en moeizame arbeid die politiek is – 'krachtig en langzaam boren in harde planken'[591] – waarbij het vermogen tot oordeelsvorming cruciaal is. Dat vraagt om politici die de zwakte van het bestuur weten te vieren. Alleen als het geweldsmonopolie in het geding is, moet politiek compromisloos zijn. In alle andere gevallen moet de staat ervan worden weerhouden de samenleving als een oefenterrein voor maakbaarheidsambities of als een object van grote verhalen en absolute waarheden te zien en te bejegenen.

De terugtocht die hier wordt bepleit, betekent een teruggave van de tragiek aan de samenleving. Het is immers aan de burger en zijn verbanden om de omgang met de tekortkomingen van het bestaan te bepalen. Ook dat is een wezenlijk aspect van de vrijheid. Het gaat om zijn of haar opvatting van het goede leven, alle daarbij behorende bedreigingen en belemmeringen en alle pogingen om tot oplossing dan wel verlossing te komen. Het politieke domein is de arena waar deze opvattingen en bijbehorende pogingen een representatie krijgen. Kern van het politieke is dat deze representaties de pluraliteit van de wereld uitdrukken en via deze verbeelding ook tot stand brengen. In een democratische rechtsstaat gaat het dan uiteindelijk altijd om de bescherming en instandhouding van deze pluraliteit. Juist daarom is verzoening met de onmogelijkheid van definitieve oplossingen en met de onwenselijkheid van het dominant worden van één opvatting zo belangrijk.

Politiek krijgt dit de rituele vorm van 'Zwak Bestuur'.[592] Constitutioneel vraagt dit om allerlei vormen van zelfbinding en matiging. De machten van de trias kunnen elkaar alleen in evenwicht houden, als ze ten opzichte van elkaar hoffelijkheid in acht nemen. Dat impliceert een zorgvuldige en elegante omgang met de instituties van recht en rechtspraak. Dat impliceert bovendien een vol-

590 Enzensberger, 1990: 220 (cursivering auteur)

591 Weber, 2012: 105

592 De Mul, 2011: 128 en 140

hardende aandacht voor het onderhoud van de parlementaire democratie. Dit vraagt om betekenisvolle performativiteit: scherp debat, stevige controle, strenge verantwoording. Symbolische vormgeving daarvan in rituelen is van het grootste belang. Een zo'n ritueel is het nemen van verantwoordelijkheid bij vastgesteld falen. Aftreden is een reinigingsritueel dat de symbolische orde van het politieke moet herstellen nadat deze is geschonden. Het gaat echter om symboliek, niet om morele schuld of objectieve waarheidsvaststelling. Verantwoordelijkheid is immers een fictie, politieke waarheid een mythe. De falende minister is niet moreel fout. Evenmin heeft hij toerekenbare schuld in causale zin.[593] Als de minister aftreedt, pleegt hij of zij namens de politieke orde een symbolisch offer.

Het is daarom ook niet passend dienaren van de staat als 'gewone' werknemers in privaatrechtelijke zin te beschouwen of te behandelen. Staatsdienaren leggen terecht een eed of een gelofte af waarmee zij trouw aan de constitutie en haar instituties uitspreken. Hun relatie met de staat is geen contractuele, zoals werknemers in andere domeinen die met een werkgever hebben. De symbolische orde van het politieke waarbinnen de staat zich bevindt vraagt om zorgvuldig onderhoud van de rituelen die het symbolische karakter van deze orde schragen. De lege plek van de macht heeft een dergelijke symbolische orde nodig, omdat anders slechts de bloedeloze pragmatiek van een voortrazende bestuurstechnologie resteert.[594]

Het in dit boek bepleite fatalisme als bestuurlijke stijl is daarom niet primair instrumenteel gemotiveerd. Natuurlijk, vaak werkt fatalisme beter, zoals Van Eeten overtuigend laat zien.[595] Waar het mij echter vooral om gaat, is dat fatalisme berust op een besef van de tragiek van de wereld die onvermijdelijk en onoplosbaar is. De wereld is gebroken en wij schieten daarom altijd tekort. In politieke zin is

593 Ik zie dan nog af van het verschijnsel van de 'outcome bias': een fout bij het beoordelen van de kwaliteit van een beslissing wanneer de uitkomst bekend is. Beslissingen worden altijd onder condities van (gedeeltelijke) onzekerheid genomen. Daarom zijn de gevolgen nooit causaal tot de beslissing te herleiden, zelfs als ze beoogd zijn. Voorbeeld: de Onderzoeksraad voor de Veiligheid stelt vast dat de slachtoffers van de Schipholbrand het gevolg zijn van falend overheidsbeleid. Sterker nog: als de overheid anders zou hebben gehandeld zouden er volgens de Raad geen doden te betreuren zijn geweest. Dat is zowel methodologisch als juridisch een onaanvaardbare conclusie. Dat echter ministers aftreden als er doden in een gevangenis vallen als gevolg van een brand is in symbolische zin natuurlijk een betekenisvol ritueel.

594 Terecht kritiseert Paul Kuypers mijn eerdere werk over de teloorgang van het primaat van de politiek vanwege de miskenning van deze onverbiddelijke consequentie. (Kuypers, 2003: 112)

595 Van Eeten, 2010

dat maar goed ook: fatalisme behoedt ons voor de totalitaire verleiding. De staat is – om noodzakelijke en dus goede redenen – een gewelddadige institutie die van tijd tot tijd leed moet toevoegen. Zijn monopolie op het geweld is daarom ijzingwekkend en geruststellend tegelijk. De fatale staat moet voortdurend afwegen wanneer strengheid en onverbiddelijkheid nodig zijn en wanneer deze de vrijheid van de burger bedreigen. Deugdzaamheid is daarbij richtsnoer.

Als we ons politiek met tragiek weten te verzoenen blijven we aan de goede kant. Die kant is geen extreem, evenmin een zuiver midden, maar altijd een 'tussen'.

> 'Ik heb nooit geloofd dat het midden gelijk heeft, ik meende juist dat de slinger, die zich tussen twee uitersten beweegt, gelijk heeft. Laat ik niet vrij zijn van uitersten; ik bevind mij ertussen, maar niet precies in het midden.'[596]

596 Konrád, 1989: 419

Literatuur

Abts, K., S. Rummens (2007) 'Populism versus Democracy' *Political Studies* 55(2): 405-424

Achterhuis, H.J. (1999) *Politiek van goede bedoelingen*. Amsterdam: Boom

Achterhuis, H.J. (2008) *Met alle geweld*. Een filosofische zoektocht. Rotterdam: Lemniscaat

Achterhuis, H.J. (2010) *De utopie van de vrije markt*. Rotterdam: Lemniscaat

Adams, M. (2008) 'Lettres Persanes 12. Populisme en representatieve democratie', *Rechtsfilosofie en Rechtstheorie* 37(3): 267-277

Adriaenssen, L. (2007) *Staatsvormend geweld*. Overleven aan de frontlinies in de meierij van Den Bosch, 1572-1629. Tilburg: Stichting Zuidelijk Historisch Contact

Aerts, R. (2009) *Het aanzien van de politiek*. Geschiedenis van een functionele fictie. Amsterdam: Uitgeverij Bert Bakker

Agamben, G. (2002) *Homo Sacer*. De soevereine macht en het naakte leven. Amsterdam: Boom/Parrèsia

Agamben, G. (2005) *State of Exception*. Chicago/London: The University of Chicago Press

Akkerman, T. (2003) 'Populism and Democracy: Challenge or Pathology?', *Acta Politica* 38: 147-159

Almond, G.A., S. Verba (1963) *The Civic Culture*. Political Attitudes and Democracy in Five Nations. Boston: Little, Brown and Company

Alt, P.-A. (2010) *Ästhetik des Bösen*. München: C.H. Beck

Andeweg, R.B. (2003) 'Beyond representativeness? Trends in political representation', *European Review* 11(2): 147-161

Andeweg, R.B., J.A. Thomassen (2005) 'Modes of Political Representation: Toward a New Typology', *Legislative Studies Quarterly* XXX: 507-528

Andeweg, R.B., J.A. Thomassen (2011) *Van afspiegelen naar afrekenen?* De toekomst van de Nederlandse democratie. Leiden: Leiden University Press

Ankersmit, F.R. (1996) *Aesthetic Politics*. Political Philosophy Beyond Fact and Value. Stanford: Stanford University Press
Ankersmit, F.R. (2000) 'Politieke stijl: Schumann en Schiller', in D. Pels. H. te Velde (red.) *Politieke Stijl*. Over presentatie en optreden in de politiek, pp. 15-42. Amsterdam: Het Spinhuis
Arditi, B. (2010) 'Populism is Hegemony in Politics? On Ernesto Laclau's *On Populist Reason*', *Constellations* 17(3): 488-497
Arendt, H. (1958) *The Origins of Totalitarianism*. Cleveland: The World Publishing Company
Arendt, H. (2009) *De menselijke conditie*. Amsterdam: Boom
Aristoteles (2005) *Ethica Nicomachea*. Budel: Damon
Aristoteles (2012) *Politica*. Groningen: Historische Uitgevers
Arnhart, L. (1985) 'Murray Edelman, Political Symbolism, and the Incoherence of Political Science', *The Political Science Reviewer* 15: 185-213
Ashby, W.R. (1958) 'Requisite variety and its implications for the control of complex systems', *Cybernetica 1(2): 83-99*
Austin, J.L. (1975) *How to Do Things with Words*. Cambridge, Massachusetts: Harvard University Press
Axford, B., R. Huggins (1998) 'Anti-politics or the triumph of postmodern populism in promotional cultures?', *Telematics and Informatics* 15: 181-202

Bailey, F.G. (1983) *The Tactical Uses of Passion*. An Essay on Power, Reason, and Reality. Ithaca/London: Cornell University Press
Baudet, T. (2012) *De aanval op de natiestaat*. Amsterdam: Uitgeverij Bert Bakker
Baudet, T., M. Visser (red.) (2010) *Conservatieve vooruitgang*. De grootste denkers van de twintigste eeuw. Amsterdam: Uitgeverij Bert Bakker
Baudet, T., M. Visser (red.) (2012) *Revolutionair verval* en de conservatieve vooruitgang in de achttiende en negentiende eeuw. Amsterdam: Uitgeverij Bert Bakker
Bauman, Z. (2000) *Liquid Modernity*. Cambridge: Polity Press
Bauman, Z. (2007) *Liquid Times*. Living in an Age of Uncertainty. Cambridge: Polity Press
Beck, U. (1986) *Risikogesellschaft*. Auf dem Weg in eine andere Moderne. Frankfurt am Main: Suhrkamp
Beck, U., A. Giddens, S. Lash (1994) *Reflexive Modernization*. Politics, Tradition and Aesthetics in the Modern Social Order. Cambridge: Polity Press
Benford, R.D., S.H. Hunt (1992) 'Dramaturgy and Social Movements: The Social Construction and Communication of Power', *Sociological Inquiry* 62(1): 36-54
Berezin, M. (1997) 'Politics and Culture: A Less Fissured Terrain', *Annual Review of Sociology* 23: 361-383
Berger, P.L., A.C. Zijderveld (2010) *Lof der Twijfel*. Hoe we overtuigingen kunnen koesteren zonder daarbij fanatiek te worden. Amsterdam: Cossee

Berghe, P. Vanden, W. Lemmens, J. Taels (red.) (2005) *Tragisch*. Over tragedie en ethiek in de 21e eeuw. Budel: Damon

Berlin, I. (1996) *Twee opvattingen van vrijheid*. Amsterdam/Meppel: Boom

Betz, H.G. (1993) 'The New Politics of Resentment. Radical Right-Wing Populist Parties in Western Europe', *Comparative Politics* 25(4): 413-427

Bleiker, R. (2009) *Aesthetics and World Polities*. Basingstoke: Palgrave MacMillan

Blokland, H. (2001) *De modernisering en haar politieke gevolgen: Weber, Mannheim en Schumpeter*. Een rehabilitatie van de politiek. Deel I. Amsterdam: Boom

Blühdorn, I. (2007) 'Sustaining the Unsustainable: Symbolic Politics and the Politics of Simulation', *Environmental Politics* 16(2007)2: 251-275

Boin, A. (2006) 'Complexiteit: inzichten uit een baanbrekend onderzoeksveld', *Bestuurskunde* 15(1): 93-100

Boin, A., M. van Eeten (2013) 'Maatschappelijke veerkracht: een nieuw ideaal doorgrond', in Raad voor Maatschappelijke Ontwikkeling *Terugtreden is vooruitzien*. Maatschappelijke veerkracht in het publieke domein. Advies 54, pp. 66-113. Den Haag: Raad voor Maatschappelijke Ontwikkeling

Bolkestein, F. (2011) *De intellectuele verleiding*. Gevaarlijke ideeën in de politiek. Amsterdam: Uitgeverij Bert Bakker

Bos, R. ten (2011) *Stilte, geste, stem*. Een filosofisch drieluik. Amsterdam: Boom

Bosma, M. (2011) *De schijn-élite van de valse munters*. Drees, extreem rechts, de sixties, nuttige idioten, Groep Wilders en ik. Amsterdam: Uitgeverij Bert Bakker

Bourdieu, P. (1979) *La distinction*. Critique sociale du jugement. Paris: Les Éditions de Minuit

Boutellier, H. (2002) *De veiligheidsutopie*. Hedendaags onbehagen en verlangen rond misdaad en straf. Den Haag: Boom Juridische uitgevers

Boutellier, H. (2011) *De improvisatiemaatschappij*. Over de sociale ordening van een onbegrensde wereld. Den Haag: Boom Lemma Uitgevers

Bovens, M. (2006) 'De diplomademocratie. Over de spanning tussen meritocratie en democratie', *b en m* 33(4): 205-218

Bovens, M., A. Wille (2011) *Diplomademocratie*. Over de spanning tussen meritocratie en democratie. Amsterdam: Uitgeverij Bert Bakker

Braet, A. (2007) *Retorische kritiek*. Overtuigingskracht van Cicero tot Balkenende. Den Haag: Sdu Uitgevers

Brink, G. van den (2007) *Moderniteit als opgave*. Een antwoord aan relativisme en conservatisme. Amsterdam: SUN

Brink, G. van den (red.) (2012) *De Lage Landen en het hogere*. De betekenis van geestelijke beginselen in het moderne bestaan. Amsterdam: Amsterdam University Press

Bruijn, H. de (2011) *Framing*. Over de macht van taal in de politiek. Amsterdam: Atlas

Buchanan, J. M. (2003) 'Politics as Tragedy in Several Acts', *Economics & Politics* 15(2): 181-191

Burleigh, M. (2007) *Heilige doelen*. Religie en politiek in Europa van de Europese dictators tot Al Qaida. Amsterdam: De Bezige Bij

Butler, J. (1997) *Excitable Speech.* A Politics of the Performative. New York/London: Routledge
Butler, J. (2011) *Bodies That Matter.* On the discursive limits of 'sex'. New York/London: Routledge
Buzan, B., O. Wæver, J. de Wilde (1998) *Security: A New Framework for Analysis.* Boulder: Lynne Rienner Publishers

Canovan, M. (1999) 'Trust the People! Populism and the Two Faces of Democracy', *Political Studies* XLVII: 2-16
Canovan, M. (2002) 'Taking Politics to the People: Populism as the Ideology of Democracy', in Y. Mévin, Y. Surel (eds.) *Democracies and the Populist Challenge,* pp. 25-44. Basingstoke/New York: Palgrave MacMillan
Cassirer, E. (1974) *The Myth of the State.* New Haven/London: Yale University Press
Castells, M. (1996) *The Rise of the Network Society.* The Information Age: Economy, Society and Culture. Volume I. London: Blackwell
Castells, M. (1997) *The Power of Identity.* The Information Age: Economie, Society and Culture. Volume II. London: Blackwell
Castells, M. (1998) *End of Millennium.* The Information Age: Economy, Society and Culture. Volume III. London: Blackwell
Chytry, J. (1989) *The Aesthetic State.* A Quest in Modern German Thought. Berkeley/Los Angeles/London: University of California Press
Claassen, R. (2011) *Het huis van de vrijheid.* Een politieke filosofie voor vandaag. Amsterdam: Ambo
Clausewitz, C. von (2011) *Vom Kriege.* Reinbek bei Hamburg: Rowohlt
Cohen, A. (1979) 'Political Symbolism', *Annual Review of Anthropology* 8: 87-113
Combs, J.E., D. Nimmo (1996) *The Comedy of Democracy.* Westport/London: Praeger
Cornelissen, E.M.H., P.H.A. Frissen, S. Kensen, T. Brandsen (red.) (2007) *Betoverend bestuur.* Legitimiteit, vitaliteit, meervoudigheid. Den Haag: Lemma
Coser, L.A. (1974) *Greedy Institutions; Patterns of Undivided Commitment.* New York: Free Press
Coskun, D. (2007) *Law as Symbolic Form.* Ernst Cassirer and the Anthropocentric View of Law. Law and Philosophy Library 82. Berlin: Springer
Coughlin, R.M., C. Lockhart (1998) 'Grid-Group Theory and Political Ideology. A Consideration of their Relative Strengths and Weaknesses for Explaining the Structure of Mass Belief Systems', *Journal of Theoretical Politics* 10(1): 33-58
Creveld, M. van (2009) *Oorlogscultuur.* Houten: Spectrum
Culler, J. (2000) 'Philosophy and Literature: The Fortunes of the Performative', *Poetics Today* 21(3): 503-519

Daloz, J.-P. (2010) 'How political representatives earn legitimacy: a symbolic approach', *International Social Science Journal* 60(196): 285-296
Deleuze, G. (2008) *Francis Bacon: The Logic of Sensation.* London/New York: Continuum

Deleuze, G. (2011) *Verschil en herhaling.* Amsterdam: Boom
Dijstelbloem, H., J.W. Holtslag (2010) 'De veranderende architectuur van het bestuur', in H.Dijstelbloem, P. den Hoed, J.W. Holtslag, S. Schouten (red.) *Het gezicht van de publieke zaak,* pp. 15-54. Amsterdam: Amsterdam University Press
Docters van Leeuwen, A. (2009) 'Leviathan of Golem. Over Populisme, de kloof en de elite', *Bestuurskunde* 18(1): 34-44
Doorn, J.A.A. van (2009) *Nederlandse Democratie.* Historische en sociologische waarnemingen. Amsterdam: Mets & Schilt
Douglas, M. (1966) *Purity and Danger.* An Analysis of Concepts of Pollution and Taboo. London: Routledge & Kegan Paul
Douglas, M. (1970) *Natural Symbols.* Explorations in Cosmology. New York: Pantheon Books
Douglas, M. (1986) *How Institutions Think.* Syracuse, New York: Syracuse University Press
Douglas, M. (2002) *A feeling for Hierarchy.* Marianist Award Lecture 2002. Dayton: The University of Dayton
Duffel, S. van (2007) 'Een kritische inleiding tot libertarisme', *Algemeen Nederlands Tijdschrift voor Wijsbegeerte* 99(1): 53-66
Duyvendak, J.W., I. de Haan (red.) (1997) *Maakbaarheid.* Liberale wortels en hedendaagse kritiek van de maakbare samenleving. Amsterdam: Amsterdam University Press

Edelman, M. (1971) *Politics as Symbolic Action.* Mass Arousal and Quiescence. New York/ San Francisco/London: Academic Pres
Edelman, M. (1977) *Political Language.* Words that Succeed and Policies That Fail. New York/ San Francisco/London: Academic Press
Edelman, M. (1985) *The Symbolic Uses of Politics.* Urbana/Chicago: University of Illinois Press
Edelman, M. (1988) *Constructing the Political Spectacle.* Chicago/London: The University of Chicago Press
Eeten, M. van (2010) *Techniek van de onmacht.* Fatalisme in politiek en technologie. Den Haag: Nederlandse School voor Openbaar Bestuur
Eeten, M. van (2011) 'Engagement is populisme voor mensen met een diploma. Coreferaat van Slingelandtlezing Rick van der Ploeg', *Bestuurskunde* 20(1): 93-96
Eeten, M. van, L. Noordegraaf-Eelens, J. Ferket, M. Drenth (2012) 'Waarom burgers risico's accepteren en waarom politici dat niet zien', in *Nieuwe perspectieven bij het omgaan met risico's en verantwoordelijkheden*, pp. 96-132. Den Haag: Ministerie van Binnenlandse Zaken en Koninkrijksrelaties.
Elzinga, D.J. (2009) 'Monarchy, Political Leadership, and Democracy: On the Importance of Neutral Institutions', in J. Kane, H. Patapan, P. 't Hart (eds.), *Dispersed Democratic Leadership: Origins, Dynamics, and Implications,* pp. 105-117. Oxford/New York: Oxford University Press
Engbersen, G. (2009) *Fatale remedies.* Over onbedoelde gevolgen van beleid en kennis. Amsterdam: Amsterdam University Press

Enzensberger, H.M. (1990) 'De helden van de terugtocht', in H.M. Enzensberger, *Lof van de inconsequentie*, pp. 220-228. Amsterdam: De Bezige Bij

Farmer, D.J. (1999) 'Public Administration Discourse. A Matter of Style?' *Administration & Society* 31(3): 299-320

Fennema, M. (2010) *Geert Wilders.* Tovenaarsleerling. Amsterdam: Uitgeverij Bert Bakker

Fisher, F. (1990) *Technocracy and the Politics of Expertise.* Newbury Park/London/New Delhi: Sage

Foqué, R. (2011) *De democratische rechtsstaat: een onrustig bezit?* Utrecht: Forum

Freeman, T., E. Peck (2007) 'Performing Governance: A Partnership Board Dramaturgy', *Public Administration* 85(4): 907-929

Frissen, P.H.A. (1989) *Bureacratische cultuur en informatisering.* Een studie naar de betekenis van informatisering voor de cultuur van een overheidsorganisatie. 's-Gravenhage: SDU

Frissen, P.H.A. (1996) *De virtuele staat.* Politiek, bestuur, technologie: een postmodern verhaal. Schoonhoven: Academic Service

Frissen, P.H.A. (1999) *De lege staat.* Amsterdam: Nieuwezijds

Frissen, P.H.A. (2002) *De staat.* Een drieluik. Amsterdam: De Balie

Frissen, P.H.A. (2007) *De Staat van Verschil.* Een Kritiek van de Gelijkheid. Amsterdam: Van Gennep

Frissen, P.H.A. (2008) 'De preventieve staat: waarom de droom van de gelijke samenleving een nachtmerrie is', in F. Ankersmit, L. Klinkers (red.) *De tien plagen van de staat. De bedrijfsmatige overheid gewogen,* pp. 148-169. Amsterdam: Van Gennep

Frissen, P.H.A. (2009) *Gevaar verplicht.* Over de noodzaak van aristocratische politiek. Amsterdam: Van Gennep

Frissen, P.H.A. (2012) 'Fortuyns tragische erfenis', *Beleid en Maatschappij* 39(2): 242-243

Frissen, R. (2010) *The face of terror.* The enemy image in counter-terrorism training programs. Utrecht: Forum

Frissen, R., F. Müller (2012) *Beeldenstrijd in Crisistijd.* Een onderzoek naar de ontwikkeling en impact van crisisberichtgeving over maatschappelijke spanningen. Den Haag: Boom Lemma Uitgevers

Frissen, V., L. Kool, M. van Lieshout (red.) (2011) *De transparante samenleving.* Jaarboek ICT en samenleving 2011. Gorredijk: Media Update Vakpublicaties

Furedi, F. (2008) 'Fear and Security: A Vulnerability-led Policy Perspective', *Social Policy & Administration* 42(6): 645-661

Gamble, A. (2000) *Politics and Fate.* Cambridge: Polity

Garver, E. (2003) 'After *Virtù*: Rhetoric, Prudence, and Moral Pluralism in Machiavelli', in Robert Harriman (ed.) *Prudence.* Classical Virtue, Postmodern Practice, pp. 67-97. University Park, Pennsylvania: The Pennsylvania State University Press

Geertz, C. (1973) *The Interpretation of Cultures.* Selected Essays. New York: Basie Books

Gellner, D.N. (1999) 'Religion, politics, and ritual. Remarks on Geertz and Bloch', *Social Anthropology* 7(2): 135-153

Ginneken, J. van (2013) *Stranger Danger and the Epidemic of Fear.* On the Psychology of Recent Western Reactions to Others. Den Haag: Forum, Eleven International Publishing

Goffman, E. (1986) *Frame Analysis.* An Essay on the Organization of Experience. Boston: Northeastern University Press

Graaf, B. de (2010) *Theater van de angst.* De strijd tegen terrorisme in Nederland, Duitsland, Italië en Amerika. Amsterdam: Boom

Gramsci, A. (1971) *Selections from the Prison Notebooks.* London: Lawrence and Wishart

Gray, J. (2007) *Zwarte mis.* Apocalyptische religie en de moderne utopieën. Amsterdam: Ambo

Gregor, A.J. (2005) *Mussolini's Intellectuals.* Fascist Social and Political Thought. Princeton/ Oxford: Princeton University Press

Grendstad, G. (1999) 'A political cultural map of Europe. A survey approach', *Geo Journal* 47: 463-475

Griffin, R. (2007) *Modernism and Fascism.* The Sense of Beginning under Mussolini and Hitler. Hampshire/ New York: Palgrave MacMillan

Grin, J., M. Hajer, W. Versteeg (red.) (2006) *Meervoudige democratie.* Ervaringen met vernieuwend bestuur. Amsterdam: Aksant

Groot, G. (2005) 'Ramkoers: Antigone tegenover Kreon', in P. Vanden Berghe, W. Lemmens, J. Taels (red.) *Tragisch.* Over tragedie en ethiek in de 21e eeuw, pp. 17-41. Budel: Damon

Groot, G. (2011) *Het belang van naïviteit.* Rotterdam: Departement Rotterdam van de Maatschappij tot nut van 't Algemeen

Groot, G. (2012) 'Rituelen zijn tenminste echt', *NRC Handelsblad* 26 & 27 mei

Grunberg, A. (2013) 'Voetnoot. Fatalisme', *De Volkskrant* 19 februari

Gunsteren, H. van (1994) *Culturen van besturen.* Meppel: Boom

Gunsteren, H. van (2006) *Vertrouwen in democratie.* Over de principes van zelforganisatie. Amsterdam: Van Gennep

Gunsteren, H. van, R. Andeweg (1994) *Het grote ongenoegen.* Over de kloof tussen burgers en politiek. Haarlem: Aremith

Haan, I. de (2000) 'Stijl, vorm, ontwerp. Nadeel en nut van het stijlbegrip voor de politiek', in D. Pels, H. te Velde (red.) *Politieke stijl.* Over presentatie en optreden in de politiek, pp. 226-251. Amsterdam: Het Spinhuis

Habermas, J. (1985) 'Modernity: An Incomplete Project', in H. Foster (ed.) *Postmodern Culture,* pp. 3-15. London: Pluto

Hajer, M.A. (1995) *The Politics of Environmental Discourse.* Ecological Modernization and the Policy Process. Oxford: Clarendon Press

Hajer, M.A (2000) *Politiek als vormgeving.* Amsterdam: Vossiuspers AUP

Hajer, M.A. (2005) 'Setting the Stage. A Dramaturgy of Policy Deliberation', *Administration & Society* 36(6): 624-647

Hariman, R. (1995) *Political Style.* The Artistry of Power. Chicago/London: The University of Chicago Press

Hariman, R. (ed.) (2003) *Prudence.* Classical Virtue, Postmodern Practice. University Park, Pennsylvania: The Pennsylvania State University Press

Havenaar, R. (2011) *Te licht bevonden.* Over PVV-ideoloog Martin Bosma. Amsterdam: Van Oorschot

Hay, C. (2007) *Why We Hate Politics.* Cambridge/Malden: Polity Press

Heijne, B. (2011) *Moeten wij van elkaar houden?* Het populisme ontleed. Amsterdam: De Bezige Bij

Helsloot, I. (2007) *Voorbij de symboliek.* Over de noodzaak van een rationeel perspectief op fysiek veiligheidsbeleid. Den Haag: Boom Juridische uitgevers

Hendriks, F. (2006) *Vitale democratie.* Theorie van democratie in actie. Amsterdam: Amsterdam University Press

Hendriks, F. (2011) 'Iedereen bemoeit zich met alles: over effectiviteit en geloofwaardigheid van de Nederlandse democratie', in R. Andeweg, J. Thomassen (samenstelling) *Democratie doorgelicht.* Het functioneren van de Nederlandse democratie, pp. 427-438. Leiden: Leiden University Press

Hendriks, F. (2012) *Democratie onder druk.* Over de uitdaging van de stemmingendemocratie. Amsterdam: Van Gennep

Hendriks, F., Th. Toonen (red.) (1998) *Schikken en plooien.* De stroperige staat bij nader inzien. Assen: Van Gorcum

Heysse, T. (2011) 'Claude Lefort: geen politiek zonder representatie', *Wijsgerig Perspectief op Maatschappij en Wetenschap* 51(4): 6-13

Hobbes, T. (2007) *Leviathan.* Amsterdam: Boom

Hood, C. (1998) *The Art of the State.* Culture, Rhetoric, and Public Management. Oxford: Clarendon Press

Hoogers, G. (1999) *De verbeelding van het soevereine.* Een onderzoek naar de theoretische grondslagen van politieke representatie. Deventer: Kluwer

Hotz, F.B. (1996) 'Theodicee', in F.B. Hotz *De vertegenwoordigers.* Verhalen en beschouwingen, pp. 21-27. Amsterdam/Antwerpen: De Arbeiderspers

Hume, P. (2007) *Traktaat over de menselijke natuur.* Amsterdam: Boom

Jacobs, J. (1992) *Systems of Survival.* A Dialogue on the Moral Foundations of Commerce and Politics. New York: Random House

Jansen, R.S. (2011) 'Populist Mobilization: A New Theoretical Approach to Populism', *Sociological Theory* 29(2): 75-96

Jenkins, L. (2011) 'The Difference Genealogy Makes: Strategies for Politicisation or How to Extend Capacities for Autonomy', *Political Studies* 59: 156-174

Jessop, B. (2003) 'Governance and meta-governance: on reflexivity, requisite variety and requisite irony', in H.P. Bang (ed.) *Governance as social and political communication,*

pp. 101-116. Manchester: Manchester University Press
Joseph, J.E. (2006) *Language and Politics*. Edinburgh: Edinburgh University Press
Judt, T. (2010) *Het land is moe*. Verhandeling over onze ontevredenheid. Amsterdam/Antwerpen: Uitgeverij Contact

Kahan, A.S. (2001) *Aristocratic Liberalism*. The Social and Political thought of Jacob Burchhardt, John Stewart Mill and Alexis de Tocqueville. New Bromwich/London: Transaction Publishers
Kantorowicz, E.H. (1957) *The King's Two bodies*. A Study in Mediaeval Political Theology. Princeton, New Jersey: Princeton University Press
Kaplan, R.D. (2012) *The Revenge of Geography*. What the Map Tells Us about Coming Conflicts and the Battle Against Fate. New York: Random House
Kateb, G. (2000) 'Aestheticism and Morality. Their Cooperative and Hostility', *Political Theory* 28(1): 5-37
Keane, J. (2009) *The Life and Death of Democracy*. London/New York/Sidney/Toronto: Simon & Schuster
Kinneging, A. (2005) *Geografie van goed en kwaad*. Filosofische essays. Utrecht: Spectrum
Kleinpaste, T. (2013) *Nederland als vervlogen droom*. Amsterdam: Uitgeverij Bert Bakker
Klop, C. (red.) (1999) *Verbeelding van de macht*. Ethiek en esthetica in architectuur, ornamentiek en kunst in overheidsgebouwen. Nijmegen: Valkhof Pers
Koenis, S. (2008) *Het verlangen naar cultuur*. Nederland en het einde van het geloof in een moderne politiek. Amsterdam: Van Gennep
Konrád, G. (1989) *Tuinfeest*. Roman. Amsterdam: Van Gennep
Kruiter, A.J. (2010) *Mild despotisme*. Democratie en verzorgingsstaat door de ogen van Alexis de Tocqueville. Amsterdam: Van Gennep
Ku, A.S. (1998) 'Boundary Politics in the Public Sphere: Openness, Secrecy, and Leak', *Sociological Theory* 16: 172-192
Kuypers, P. (2003) *De staat der Nederlanden*. Opstellen en brieven tegen de tijdgeest. Amsterdam: Uitgeverij de Balie
Kuitenbrouwer, J. (2011) 'Mag het debat misschien een toontje harder?', *NRC Handelsblad* 3 augustus

Laclau, E. (2005) *On Populist Reason*. London/New York: Verso
Laermans, R. (2009) 'Soevereiniteit, biopolitiek en moderniteit. Een kritische lezing van Giorgio Agambens *Homo Sacer*', *Krisis* 29(3): 52-67
Laïdi, Z. (2002) *Le sacre du présent*. Paris: Flammarion
Lakoff, G., M. Johnson (1980) *Metaphors We Live By*. Chicago/London: The University of Chicago Press
Latour, B., P. Weibel (eds.) (2005) *Making Things Public*. Atmospheres of Democracy. Cambridge/London: ZKM|Center for Art and Media Karlsruhe/The MIT Press

Latten, J.J. (2005) *Zwanger van segregratie.* Een toekomst van sociale en ruimtelijke segregratie? Amsterdam: Amsterdam University Press
Lebow, R.N. (2003) *The Tragic Vision of Politics.* Ethics, Interests and Orders. Cambridge: Cambridge University Press
Leeuw, F.L. (2008) *Gedragsmechanismen achter overheidsinterventies en rechtsregels.* Maastricht: Maastricht University
Lefort, C. (1986) *Essays sur le politique.* XIXe-XXe siècles. Paris: Éditions du Seuil
Lemmens, W. (2005) 'Inleiding: De tragedie en de ethiek van het "tragische"', in P. Vanden Berghe, W. Lemmens, J. Taels (red.) *Tragisch.* Over tragedie en ethiek in de 21e eeuw, pp. 7-15. Budel: Damon
Lijphart, A. (2007) *Verzuiling, pacificatie en kentering in de Nederlandse politiek.* Amsterdam: Athenaeum Boekhandel Canon
Lindahl, H. (1998) 'Democracy and the Symbolic Constitution of Society', *Ratio Juris* 11(1): 12-37
Lindahl, H. (2008) 'Democratie als heteronome autonomie', *Nederlands Tijdschrift voor Rechtsfilosofie en rechtstheorie* 37(1): 3-12
Lindblom, C.E. (1959) 'The Science of Muddling Through', *Public Administration Review* 19(spring): 79-88
Lloyd, M. (1999) 'Performativity, Parody, Politics', *Theory, Culture & Society* 16(2): 195-213
Lock, G.E. (1985) *De lichamelijke staat.* Rationaliteit en mystiek in de politieke theorie en filosofie. Leiden: E.J. Brill

Machiavelli, N. (1976) *De Heerser.* Amsterdam: Athenaeum – Polak & Van Gennep
Machiavelli, N. (1997) *Discorsi.* Gedachten over Staat en Politiek. Amsterdam/Antwerpen: Ambo/Kritak
Madison, J., A. Hamilton, J. Jay (1987) *The Federalist Papers.* London: Penguin Books
Malraux, A. (1933) *La Condition Humaine.* Paris: Gallimard
Mamadouh, V. (1999) 'Grid-group cultural theory: an introduction', *Geo Journal* 47:395-409
Manin, B. (1997) *The principles of representative government.* Cambridge: Cambridge University Press
Manning, P.K. (1996) 'Dramaturgy, Politics and the Axial Media Event', *The Sociological Quarterly* 37(2): 261-278
March, J.G., J.P. Olsen (1984) 'The New Institutionalism: Organizational Factors in Political Life', *The American Political Science Review* 78(4): 734-749
Marchart, O. (2007) *Post-Foundational Political Thought.* Political Difference in Nancy, Lefort, Badiou and Laclau. Edinburgh: Edinburgh University Press
Margalit, A. (2009) *Compromissen en rotte compromissen.* Amsterdam: Boom
Marx, K., F. Engels (1974) *De duitse ideologie, deel I: Feuerbach.* Nijmegen: SUN/Socialistische Uitgeverij Nijmegen

Menke, C. (2005) *Die Gegenwart der Tragödie.* Versuch über Urteil und Spiel. Frankfurt am Main: Suhrkamp

Mény, Y., Y. Surel (eds.) (2002) *Democracies and the Populist Challenge.* Basingstoke/New York: Palgrave MacMillan

Mertens, F.J.H., R. Pieterman, C.J.M. Schuyt, G. de Vries (2003) *Pech moet weg.* Amsterdam: Amsterdam University Press

Merton, R.K. (1936) 'The Unanticipated Consequences of Purposive Social Action', *American Sociological Review* 1(6): 894-904

Meyer, T. (1992) *Die Inszenierung des Scheins.* Voraussetzungen und Folgen symbolischer Politik. Frankfurt am Main: Suhrkamp

Middelaar, L. van (1999) *Politicide.* De moord op de politiek in de Franse filosofie. Amsterdam: Van Gennep

Middelaar, L. van (2009) *De passage naar Europa.* Geschiedenis van een begin. Groningen: Historische Uitgeverij

Moïsi, D. (2009) *De geopolitiek van emotie.* Hoe culturen van angst, vernedering en hoop de wereld veranderen. Amsterdam: Nieuw Amsterdam Uitgevers

Mouffe, C. (2008) *Over het politieke.* Kampen/Kapellen: Klement/Pelchmans

Moyaert, M. (2009) 'Religion in the Public Arena: Recognition, Vulnerability and Tragedy', *Ethical Perspectives* 16(3): 283-309

Mudde, C. (2004) 'The Populist Zeitgeist', *Government and Opposition* 39(4): 541-563

Mudde, C. (2007) *Populist Radical Right Parties in Europe.* Cambridge/New York/Melbourne/Madrid/Cape Town/Singapore/São Paulo: Cambridge University Press

Mul, J. de (2006) *De domesticatie van het noodlot.* De wedergeboorte van de tragedie uit de geest van de technologie. Kampen/Kapellen: Klement/Pelchmans

Mul, J. de (2011) *Paniek in de Polder.* Polytiek en populisme in Nederland. Zoetermeer: Klement

Nietzsche, F. (1886) *Die Geburt der Tragödie oder Griechentum und Pessimismus.* Werke in zwei Bänden, pp. 7-110. Darmstadt: May & Co.

Oakeshott, M. (1966) *The Politics of Faith and the Politics of Scepticism.* New Haven/London: Yale University Press

Olick, J., T. Omeltchenko (2007) 'Political Culture', in W.A. Darity Jr. (ed.) *International Encyclopedia of the Social Sciences*, pp. 300-302. Farmington Hills: MacMillan Reference USA

Olsthoorn, P.H.J. (2000) *Eer in de politieke filosofie.* Leiden: Thela-Thesis

Ophuls, W. (1997) *Requiem for Modern Politics.* The Tragedy of the Enlightenment and the Challenge of the New Millennium. Boulder, Colorado/Oxford: Westview Press

O'Shaugnessy, N. (2003) 'The symbolic state: a British experience', *Journal of Public Affairs* 3(4): 297-312

Oudenampsen, M. (2010) 'Politiek populisme. Spreken tot de verbeelding', *Open* 10(20): 6-21

Oversloot, H. (1995) 'Terug naar de politiek', in H. van Gunsteren, E. van Ruyven (red.) *Bestuur in de ongekende samenleving*, pp. 123-135. Den Haag: Sdu Uitgeverij

Peeters, R. (2013) *The Preventive Gaze.* How Prevention Transforms Our Understanding of the State. Den Haag: Eleven International Publishing

Pels, D. (2003) *De geest van Pim.* Het gedachtegoed van een politieke dandy. Amsterdam: Anthos

Pels, D. (2011a) *Het volk bestaat niet.* Leiderschap en populisme in de mediademocratie. Amsterdam: De Bezige Bij

Pels, D. (2011b) 'Beschaafde onverschilligheid', *De Groene Amsterdammer* 19 mei

Pels, D., H. te Velde (red.)(2000) *Politieke stijl.* Over presentatie en optreden in de politiek. Amsterdam: Het Spinhuis

Peper, B., P. Schnabel, H. Tjeenk Willink, B. Tromp (2002) *Haagse tegenstrijdigheden.* Vier essays over burgers, overheid en politieke partijen in Nederland. Amsterdam: Amsterdam University Press

Piret, J.M. (2002) 'Conservatisme in de eenentwintigste eeuw', *Nederlands Tijdschrift voor Rechtsfilosofie en Rechtstheorie* 31(1): 11-26

Pressman, J.L., A. Wildavsky (1984) *Implementation.* How Great Expectations in Washington are Dashed in Oakland; Or, Why it's Amazing That Federal Programs Work at All, This Being a Saga of the Economic Development Administration as Told by Two Sympathetic Observers Who Seek to Build Morals on a Foundation of Ruined Hopes. The Oakland Project. Berkley/Los Angeles/London: University of California Press

Raad voor het openbaar bestuur (2010) *Vertrouwen op democratie.* Den Haag: Raad voor het openbaar bestuur

Raad voor het openbaar bestuur (2012) *Loslaten in vertrouwen.* Naar een nieuwe verhouding tussen, overheid, markt én samenleving. Den Haag: Raad voor het openbaar bestuur

Raad voor Maatschappelijke Ontwikkeling (2003) *Medialogica.* Over het krachtenveld tussen burgers, media en politiek. Advies 26. Den Haag: Sdu Uitgevers

Raad voor Maatschappelijke Ontwikkeling (2006) *Vormen van democratie.* Een advies over democratische gezindheid. Advies 42. Amsterdam: Uitgeverij SWP

Raad voor Maatschappelijke Ontwikkeling (2008) *De ontkokering voorbij.* Slim organiseren voor meer regelruimte. Advies 44. Amsterdam: Uitgeverij SWP

Raad voor Maatschappelijke Ontwikkeling (2011a) *Nieuwe ronde, nieuwe kansen.* Sociale stijging en daling in perspectief. Advies 47. Den Haag: Raad voor Maatschappelijke Ontwikkeling

Raad voor Maatschappelijke Ontwikkeling (2011b) *Migratiepolitiek voor een open samenleving.* Advies 48. Den Haag: Raad voor Maatschappelijke Ontwikkeling

Raad voor Maatschappelijke Ontwikkeling (2011c) *De nieuwe regels van het spel.* Internet en publiek debat. Advies 49. Den Haag: Raad voor Maatschappelijke Ontwikkeling

Raad voor Maatschappelijke Ontwikkeling (2013) *Terugtreden is vooruitzien*. Maatschappelijke veerkracht in het publieke domein. Advies 54. Den Haag: Raad voor Maatschappelijke Ontwikkeling
Rancière, J. (2004) *The Politics of Aesthetics*. The Distribution of the Sensible. London, New York: Continuum
Reinelt, J.G. (2002) 'The Politics of Discourse: Performativity Meets Theatricality', *Substance* 31(2/3): 201-215
Reybrouck, D. van (2008) *Pleidooi voor populisme*. Pamflet. Amsterdam/Antwerpen: Querido
Ringeling, A. (2004) *Het imago van de overheid*. De beoordeling van prestaties van de publieke sector. 's-Gravenhage: Vuga
Ringeling, A. (2007) *Tussen Distantie en Betrokkenheid*. Een Bericht aan de Tovenaarsleerlingen. Delft: Eburon
Robbin, A. (2000) 'Administrative Policy as Symbol System. Political Conflict and the Social Construction of Identity', *Administration & Society* 32(4): 398-431
Robertson, R. (1995) 'Globalization: Time-Space and Homogeneity-Heterogeneity', in M. Featherstone, S. Lash, R. Robertson (eds.) *Global Modernities*, pp. 25-44. London: Sage
Roermund, B. van (2011) 'De halve waarheid van het populisme', *Rechtsfilosofie en Rechtstheorie* 40(2): 118-130
Rooden, A. van (2010) 'De mythe van de moderne politiek. Een onmogelijke constitutie', *Open* 10(20): 106-112
Rorty, R. (1991) *Objectivity, Relativism, and Truth*. Philosophical Papers 1. Cambridge: Cambridge University Press
Rorty, R. (1992) *Contingentie, ironie en solidariteit*. Kampen: Kok Agora
Rorty, R. (1998) *Truth and Progress*. Philosophical Papers 3. Cambridge: Cambridge University Press
Rosanvallon, P. (2006) *La contre-démocratie*. La politique à l'âge de la défiance. Paris: Éditions du Seuil
Rosenthal, U., A.W.H. Docters van Leeuwen, M.J.G. van Eeten, M.J.W. van Twist (2001) *Ambtelijke vertellingen*. Over verschijnselen die niet onbenoemd mogen blijven. Utrecht: Lemma
Rummens, S. (2011) 'Deliberatie zonder representatie? Over de (on)zichtbaarheid van politiek', *Wijsgerig Perspectief op Maatschappij en Wetenschap* 51(4): 14-21

Safranski, R. (1998) *Het kwaad*. Of het drama van de vrijheid. Amsterdam, Antwerpen: Atlas
Sartwell, C. (2010) *Political Aesthetics*. Ithaca/London: Cornell University Press
Schedler, A. (1997) 'Introduction: Antipolitics – Closing and Colonizing the Public Sphere', in A. Schedler (ed.) *The End of Politics?* Explorations into Modern Antipolitics, pp. 1-20. Basingstoke/London: MacMillan Press
Scheffer, P. (2007) *Het land van aankomst*. Amsterdam: De Bezige Bij

Schinkel, W. (2008) *Denken in een tijd van sociale hypochondrie.* Aanzet tot een theorie voorbij de maatschappij. Kampen: Klement

Schinkel, W. (2010) 'Populisme. Kanttekeningen bij een democratisch verlangen', *Open* 10(20): 114-121

Schinkel, W. (2012) *De nieuwe democratie.* Naar andere vormen van politiek. Amsterdam: De Bezige Bij

Schmitt, C. (2001) *Het begrip politiek.* Amsterdam: Boom/Parrèsia

Schmitt, C. (2005) *Political Theology.* Four Chapters on the Concept of Sovereignty. Chicago/London: The University of Chicago Press

Scholtes, E. (2012) *Transparantie, icoon van een dolende overheid.* Den Haag: Boom Lemma

Schwarz, M., M. Thompson (1990) *Divided We Stand.* Redefining Politics, Technology and Social Choice. Philadelphia: University of Pennsylvania Press

Scott, J.C. (1998) *Seeing Like a State.* How Certain Schemes to Improve the Human Condition Have Failed. New Haven/London: Yale University Press

Scott, J.C. (2012) *Two Cheers for Anarchism.* Six Essay Pieces on Autonomy, Dignity, and Meaningful Work and Play. Princeton/Oxford: Princeton University Press

Slama, A.-G. (1993) *L'angélisme exterminateur.* Essai sur l'ordre moral contemporain. Paris: Bernard Grasset

Sloterdijk, P. (2007) *Woede en tijd.* Een politiek-psychologisch essay. Amsterdam: SUN

Smeets, H. (2011) 'Het helige ideaal en de foute middelen', *NRC Handelsblad* 30&31 juli

Snellen, I.Th.M. (1987) *Boeiend en geboeid.* Ambivalenties en ambities in de bestuurskunde. Alphen aan den Rijn: Samsom H.D. Tjeenk Willink

Sophocles (1989) *Zeven tragedies.* Baarn: Ambo

Sorel, G. (1999) *Reflections on Violence.* Cambridge: Cambridge University Press

Spangenberg, F., M. Lampert, B. van der Lelij (2009) *Stand.tv.* Meting 26: de achterban van de PVV. Factsheet. Amsterdam: Motivaction

Spek, J. van der, P. Frissen, R. Rouw, M. van der Steen (2009) *Het gezicht van de staat.* Breda/Den Haag: Graphic Design Museum/Nederlandse School voor Openbaar Bestuur

Spong, G. (2012) *De rechtsstaat: oase of fata morgana?* Den Haag: Forum/Boom Lemma

Staatsregeling voor het Bataafsche Volk 1798 (2005) De eerste Grondwet van Nederland. Inleiding Joost Rosendaal. Nijmegen: Uitgeverij Vantilt

Stears, M. (2007) 'Liberalism and the Politics of Compulsion', *British Journal of Political Science* 37: 533-553

Steen, M. van der, M van Twist (2010) *Veranderende vernieuwing: op weg naar vloeibaar bestuur.* Een beschouwing over 60 jaar vernieuwing van de rijksdienst. Den Haag: Nederlandse School voor Openbaar Bestuur

Stokkom, B. van (2010) *Wat een hufter!* Ergenis, lichtgeraaktheid en maatschappelijke verruwing. Amsterdam: Boom

Stone, C.N. (1989) *Regime Politics.* Governing Atlanta, 1946-1988. Lawrence, Kansas: University Press of Kansas

Stuurman, S. (2009) *De uitvinding van de mensheid.* Korte wereldgeschiedenis van het denken over gelijkheid en cultuurverschil. Amsterdam: Uitgeverij Bert Bakker

Tanja, E. (2010) *Goede politiek.* De parlementaire cultuur van de Tweede Kamer, 1866-1940. Amsterdam: Boom

Terpstra, M. (1997) *Maakbaarheid en normativiteit.* Inleiding tot de filosofie van bestuur en beleid. Nijmegen: SUN

Teulings, C., L. Bovenberg, H. van Dalen (2005) *De cirkel van goede intenties.* De economie van het publieke belang. Amsterdam: Amsterdam University Press

Thompson, M., R. Ellis, A. Wildavsky (1990) *Cultural Theory.* Boulder/San Francisco/Oxford: Westview Press

Tiemeijer, W.L. (2006) *Het geheim van de burger.* Over staat en opinieonderzoek. Amsterdam: Aksant

Tindemans, K., D. Janssens (2007) 'Over de wet. Tragedie, politiek en representatie', *De Uil van Minerva: Tijdschrift voor Geschiedenis en Wijsbegeerte van Cultuur* 21(4): 149-166

Tocqueville, A. de (2011) *Over de democratie in Amerika.* Boek I (1835)/Boek II (1840). Rotterdam: Lemniscaat

Todorov, T. (2009) *Angst voor de barbaren.* De botsende beschavingen voorbij. Amsterdam, Antwerpen: Atlas

Tongeren, P. van (2012) *Het Europese nihilisme.* Friedrich Nietzsche over een dreiging die niemand schijnt te deren. Nijmegen: Vantilt

Tops, P. (2007) *Regimeverandering in Rotterdam.* Hoe een stadsbestuur zichzelf opnieuw uitvond. Amsterdam, Antwerpen: Atlas

Trommel, W. (2009) *Gulzig bestuur.* Den Haag: Boom/Lemma

Truijens, A. (2011) 'Het spel van Anders', *de Volkskrant* 26 juli

Twist, M.J.W. van (1995) *Verbale vernieuwing.* Aantekeningen over de kunst van bestuurskunde. 's-Gravenhage: VUGA

Twist, M.J.W. van (2010) *Over (on)macht en (on)behagen in de beleidsadvisering.* Den Haag: Uitgeverij Lemma

Uitermark, J., M. Oudenampsen, B. van Heerikhuizen, R. van Reekum (red.)(2012) *'Power to the people!'* Een anatomie van het populisme. Den Haag: Boom/Lemma

Veld, R.J. in 't (2010a) *Kennisdemocratie.* Opkomend stormtij. Schoonhoven: Academic Service

Veld, R.J. in 't (ed.)(2010b) *Knowledge Democracy.* Consequences for Science, Politics, and Media. Heidelberg/Dordrecht/London/New York: Springer

Versteeg, W., M. Hajer (2010) 'Van ondergraving naar ondervraging. Over de vormgeving van gezag in een gemediatiseerde wereld', in H. Dijstelbloem, P. den Hoed, J.W. Holtslag, S. Schouten (red.) *Het gezicht van de publieke zaak,* WRR, pp. 333-359. Amsterdam: Amsterdam University Press

Weber, M. (1985) *Wirtschaft und Gesellschaft*. Grundriss der verstehenden Soziologie. Tübingen: J.C.B. Mohr (Paul Siebeck)
Weber, M. (2012) *Wetenschap als beroep/Politiek als beroep*. Nijmegen: Uitgeverij van Tilt
Wessels, L.H.M., T. Bosch (red.)(2012) *Nationalisme, naties en staten*. Europa vanaf circa 1800 tot heden. Nijmegen: Uitgeverij van Tilt
Wetenschappelijke Raad voor het Regeringsbeleid (2009) *Onzekere veiligheid*. Verantwoordelijkheden rond fysieke veiligheid. Amsterdam: Amsterdam University Press
Wetenschappelijke Raad voor het Regeringsbeleid (2012a) *Publieke zaken in de marktsamenleving*. Amsterdam: Amsterdam University Press
Wetenschappelijke Raad voor het Regeringsbeleid (2012b) *Vertrouwen in burgers*. Amsterdam: Amsterdam University Press
Weymans, W. (2005) 'Op zoek naar het onvindbare volk. Pierre Rosanvallon en het probleem van de politieke representatie', *Tijdschrift voor Sociologie* 26(4): 328-352
Wildavsky, A.B. (1979) *Speaking Truth to Power*. The Art and Craft of Policy Analysis. Boston: Little, Brown
Wildavsky, A.B. (1987) 'Choosing Preferences by Constructing Institutions: A Cultural Theory of Preference Formation', *American Political Science Review* 81(1): 3-21
Willke, H. (1992) *Ironie des Staates*. Grundlinien einer Staatstheorie polyzentrischer Gesellschaft. Frankfurt am Main: Suhrkamp
Willke, H. (2001) *Atopia*. Studien zur atopischen Gesellschaft. Frankfurt am Main: Suhrkamp
Wilson, W. (1887) 'The Study of Administration', *Political Science Quarterly* II(2): 197-222
Witteveen, W. (2000) *De denkbeeldige staat*. Voorstellingen van democratische vernieuwing. Amsterdam: Amsterdam University Press
Woensel, O. van (2013) *Oedipus*. Rotterdam/Amsterdam: RO Theater/Uitgeverij International Theatre & Film Books

Yanow, D. (1996) *How Does a Policy Mean?* Interpreting Policy and Organizational Actions. Washington, D.C.: Georgetown University Press
Young, M. (1961), *The Rise of the Meritocracy 1870-2033*. An Essay on Education and Equality. Harmondsworth: Penguin Books

Zijderveld, A.C. (2000) *The Institutional Imperative*. The Interface of Institutions and Networks. Amsterdam: Amsterdam University Press
Zijderveld, A.C. (2009) *Populisme als politiek drijfzand*. Amsterdam: Cossee
Žižek, S. (2009) *Geweld*. Zes zijdelingse bespiegelingen. Amsterdam: Boom
Žižek, S. (2011) *Eerst als tragedie, dan als klucht*. Amsterdam: Boom
Zouridis, S. (2009) *De dynamiek van bestuur en recht*. Over de rechtsstaat als bestuurswetenschappelijk fenomeen. Den Haag: Lemma